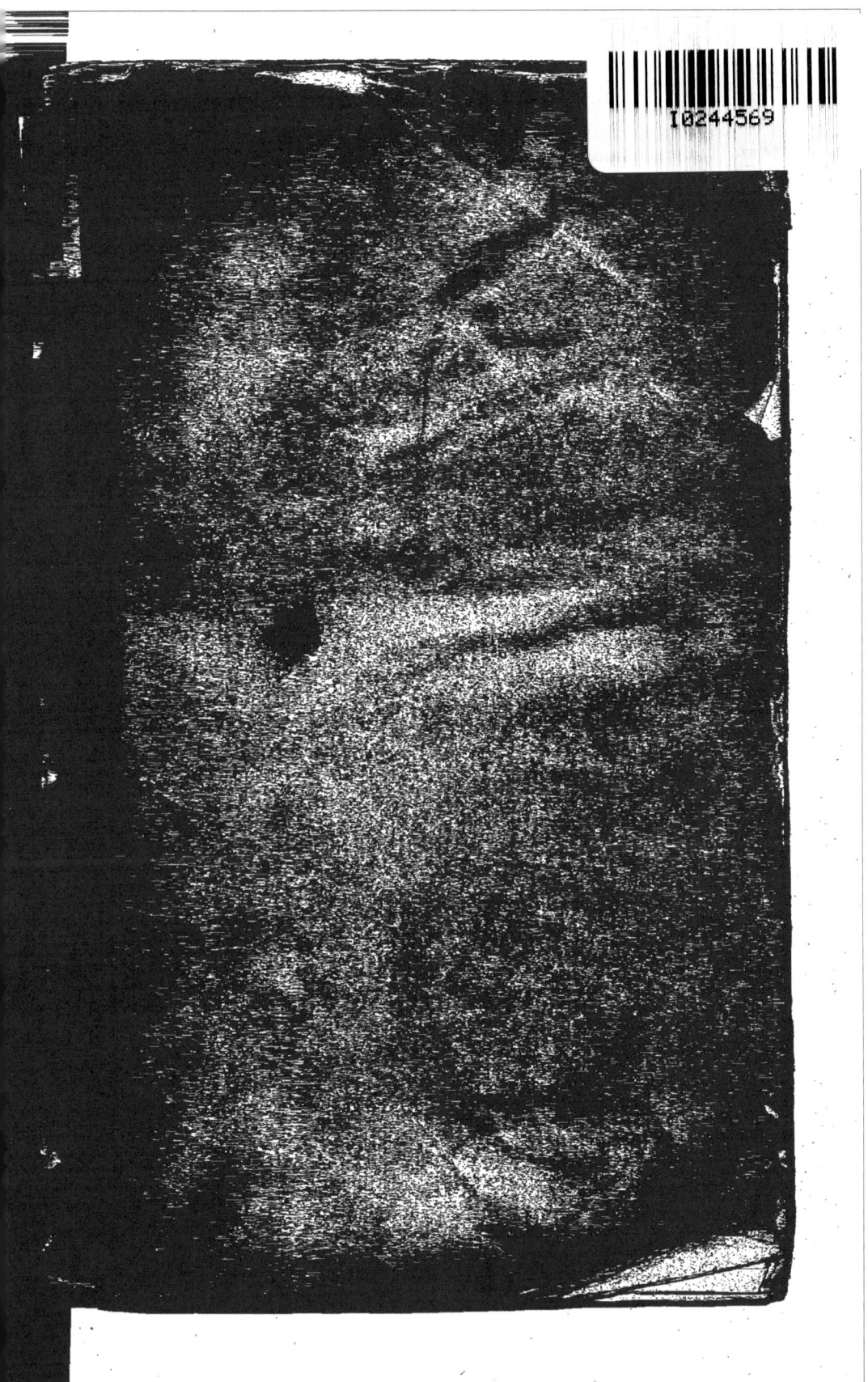

MUSÉE

DE BORDEAUX

MUSÉE

DE BORDEAUX

PARIS

IMPRIMERIE DE J. CLAYE

RUE SAINT-BENOIT, 7

1855

AVERTISSEMENT

L'importance et l'utilité scientifiques des catalogues d'objets d'art furent méconnues au Moyen âge, pendant la Renaissance, et jusqu'au xviiie siècle. Ces inven-- taires ne pouvaient se perfectionner qu'après la forma- tion des musées. Or, la création des musées, à peine en germe sous le règne de Louis XVI, ne s'est effectuée et développée que dans les premières années du siècle actuel.

Il existe aujourd'hui des règles et des préceptes pour la confection des catalogues. Déjà quelques inventaires sont rédigés et peuvent servir de modèles (1). Nous n'avions peut-être rien de mieux à faire que de nous conformer le plus possible à ces exemples et à ces pré- ceptes. Cependant nous nous en sommes éloigné en certains points, et nous croyons nécessaire de donner ici quelques explications à ce sujet.

Quelle que soit la richesse d'un musée de province, il ne peut aspirer à la possession d'un spécimen complet du style et du caractère des diverses écoles de peinture

---

1. Les meilleurs ouvrages que nous connaissions en ce genre, sont : le travail publié par M. de Chenevières de Pointel dans l'*Annuaire de l'Institut des provinces* en 1852, et les excellents catalogues des tableaux du Louvre publiés par M. Frédéric Villot.

AVERTISSEMENT.

à toutes les époques de l'histoire de l'art. Dès lors, dans
ces sortes de collections, le classement par écoles, ou
par ordre chronologique, ne peut être d'aucune utilité,
et l'ordre alphabétique est infiniment préférable. Ces
divisions prétendues savantes nous paraissent plus séduisantes en théorie qu'en réalité. Un artiste flamand
ou français, fixé ou formé en Italie, ne cesse pas pour
cela d'appartenir à l'École flamande ou française; et, les
Italiens ont beau dire, nous continuerons à regarder
comme Français : N. Poussin, Claude Gelée, J. Callot, etc. C'est également une erreur de croire que,
dans un catalogue, l'ordre chronologique peut être plus
utile que l'ordre alphabétique. Chaque chose a son but
et son utilité propres. Le catalogue d'une collection de
tableaux est un simple répertoire : les annales des arts
exigeraient plus et mieux que cela. Très-souvent un
artiste né avant un autre n'a étudié ou n'est devenu
célèbre que plus tard; en sorte que dans un catalogue
de tableaux, l'ordre prétendu chronologique ne pro-
cure d'autres résultats que de donner beaucoup de
peine à celui qui l'établit, pour que celui qui le consulte
en soit fatigué à son tour.

L'ordre complétement alphabétique nous a donc paru
le plus simple et le plus convenable; mais quelque
simple qu'il soit, son application soulève plusieurs dif-
ficultés. Les artistes doivent-ils être inscrits à la place
que leur assigne leur nom de famille, ou faut-il qu'ils le
soient à la place que leur assignent les surnoms par lesquels ils sont généralement désignés? Il y a des exemples
pour et contre. Dans cette incertitude, nous nous sommes fait cette demande : l'usage des noms de famille

AVERTISSEMENT.

adopté par la civilisation moderne, est-il préférable à l'usage d'un nom distinct pour chaque individu, usage que suivaient les peuples anciens, et que pratiquent encore les peuples sauvages? Poser ainsi la question, c'est la résoudre ; et dût l'Europe entière en être déroutée, Mirabeau doit figurer, dans un dictionnaire, au nom de Riquety, et non pas à celui qu'il a rendu populaire. Nous avons soumis tous les artistes à la même règle ; et, sans examiner s'ils ont été plus ou moins connus par un surnom, nous les avons placés tous à leur nom de famille ; cependant nous n'avons pas négligé de les classer par des renvois, à leurs surnoms ou à leurs *sobriquets*.

Une autre difficulté s'est présentée relativement aux prénoms. Quelque séduisant qu'il puisse paraître d'orthographier les prénoms selon le génie de la langue même de l'artiste qui les portait, comme tous les lecteurs n'ont pas le don des langues, ils ne reconnaîtraient peut-être pas aisément que *John*, *Hans*, *Giovanni*, *Jouan*, etc., sont des modifications du même nom *Jean*. Les différentes formes d'un même nom sont d'ailleurs orthographiées de plusieurs manières dans les divers dialectes de la même langue, et quelquefois écrits avec des changements importants par le même artiste. Dans cette situation, il nous a paru convenable, puisque nous écrivons en français, de traduire tous les prénoms en notre langue ; ou, qu'on nous permette cette expression, de les réduire tous au même dénominateur.

Il est difficile de déterminer exactement la place que doivent occuper les noms hollandais, flamands, etc.,

AVERTISSEMENT.

qui commencent par les mots *van*, *vanden*, *vander*, etc. Faut-il, imitant les auteurs qui placent *Lafontaine* à la lettre F, et *Delacroix*, *Delaroche*, etc., à la lettre C ou R, supprimer irrévocablement tous les *van*, *vander*, etc., qui se trouvent au commencement des noms propres, et placer Vandermeulen à la lettre M, Vandyk au D, Vanloo au L, etc.? Il nous semblerait difficile d'admettre, par exemple, que des noms de fils de meuniers ou de forgerons aient été précédés d'une particule aristocratique; et, comme d'ailleurs il est impossible qu'un étranger soit assez familier avec le génie de la langue hollandaise pour reconnaître avec certitude les cas où ces particules faisaient ou ne faisaient pas partie intégrante d'un nom, nous avons suivi l'exemple donné par le rédacteur de l'excellent catalogue du musée d'Anvers, placé dans des conditions si favorables pour agir en parfaite connaissance de cause, et nous avons constamment écrit ces sortes de noms à la lettre V.

Dans tout le reste, nous nous sommes conformé le mieux que nous avons pu aux préceptes donnés par nos devanciers et nos maîtres; nous croyons cependant devoir déclarer qu'il est une de leurs recommandations que nous avons exécutée avec regret : c'est celle de ne donner aucune appréciation du mérite des tableaux. Pour qu'un catalogue fût complet, il faudrait, selon nous, qu'il indiquât à ceux qui le consultent non-seulement l'action que le peintre a voulu représenter, mais encore les qualités principales de chaque tableau. De même que tous les visiteurs ne connaissent pas toutes les anecdotes de toutes les histoires et de tous les

AVERTISSEMENT.

romans, de même ils peuvent ne pas connaître très-bien les mérites et les défauts des diverses parties d'un tableau. Mais nous marchions sur un terrain où nous devions nécessairement faire beaucoup de faux pas, et nous n'avons pas voulu ajouter un nouveau danger à tous ceux que nous nous efforcions d'éviter.

Les notices, dans lesquelles nous avons résumé avec impartialité la biographie des artistes, ont été composées d'après les documents qui nous ont paru les plus authentiques, et non pas dans le but de justifier telle ou telle attribution; en sorte que certaines notices contredisent formellement quelques-unes des attributions de notre catalogue. On nous pardonnera peut-être de nous être laissé entraîner à cet égard par un usage qu'une sévère et trop rigoureuse probité pourrait seule condamner, si l'on songe que dans les arts, comme dans les autres parties de l'intelligence humaine, il n'y a que quelques centaines d'individualités puissantes dont les noms soient connus et auxquels on attribue instinctivement, quand on n'a pas la preuve du contraire, toutes les œuvres qui sont faites dans leur manière. Ainsi, il y a des milliers de générations d'artistes dont les œuvres originales très-nombreuses et les copies ou imitations, encore plus nombreuses, sont invariablement attribuées à des artistes plus connus. Jamais les usurpations de titres de noblesse n'ont été aussi fréquentes que les usurpations d'attributions artistiques. Cet usage est tellement répandu, qu'il est non-seulement permis, mais nécessaire, et l'on peut même dire indispensable. Combien de galeries et de musées résisteraient à un examen sérieux et rigoureux des attributions? On pourra s'en faire une juste idée si l'on parcourt dans ce but quelques-unes de nos notices.

Du reste, dans la rédaction de ces notices, le même motif qui nous a porté à ne pas faire apprécier le mérite de nos divers tableaux, nous a obligé à nous attacher moins à caractériser le talent des artistes qu'à recueillir les détails si souvent pittoresques et accidentés de leur existence matérielle. Par un privilége singulier, tandis que les détails de la vie des savants, des guerriers, des princes et des hommes les plus éminents, sont très-souvent inconnus ou négligés, presque toujours ceux de la vie des artistes ont été recueillis et embellis avec un soin minutieux. On dirait que quelque mince que soit l'estime apparente accordée aux artistes et même à leurs ouvrages, on les a toujours regardés comme une classe à part et douée, comme celle des poëtes, de quelque chose de surnaturel et de sacré. La vie des artistes présente généralement une réunion de faits originaux et extraordinaires qui en forme réellement une classe privilégiée. Le pape Pie VII avait été frappé de cette observation, et disait, à propos de Pinelli qui avait osé publiquement rectifier l'orthographe de son nom sur le poteau où on l'avait inscrit : « Pourquoi y avez-vous compris les artistes? ce sont des gens à part. » *Sono genti a parte*, disait-il, et il répétait encore : *sono genti a parte*.

Nous espérons qu'en cette considération on nous pardonnera non-seulement de nous être attaché plutôt à faire connaître la vie des artistes que le caractère de leur talent, mais encore d'avoir donné proportionnellement un trop grand dépeloppement à quelques notices

AVERTISSEMENT. 7

sur des artistes bordelais. On a trop longtemps accusé, et l'on accuse trop souvent encore la ville de Bordeaux de n'avoir pas le goût des arts, pour que nous ne saisissions pas cette occasion de combattre un préjugé faux en lui-même, et plus faux encore relativement aux autres villes de province. Nous prouverons ainsi que s'il s'est passé à Bordeaux, comme ailleurs, et même dans la capitale, quelques faits anti-artistiques, il n'est pas juste d'imputer à tous l'ignorance ou le manque de goût d'un seul, et d'ériger des exceptions en règle générale. Nous montrerons aussi que ce ne sont pas les bons artistes qui manquent aux Bordelais, mais les bons ouvrages des artistes bordelais qui manquent à notre Musée. Ce catalogue nous a fourni l'occasion de faire revivre le souvenir presque effacé de quelques-uns de nos compatriotes, et nous serions heureux que cette publication pût faire sentir combien il serait intéressant et utile que le musée de la ville possédât une salle spécialement consacrée aux œuvres des artistes bordelais. Une collection de ce genre réclamée par tous les bons esprits dans chaque province, et déjà établie dans quelques-unes, répondrait victorieusement à tous les reproches qu'on nous a adressés, et serait aussi utile à l'histoire générale des arts qu'une bonne histoire locale pourrait l'être à l'histoire générale de France [1]. Malheu-

1. L'administration municipale partage complètement cette idée, et M. le maire l'a consignée en ces termes dans une lettre écrite au directeur du Musée :

« Monsieur le Conservateur,

« J'ai lu avec un véritable intérêt la lettre que vous m'avez

AVERTISSEMENT.

reusement, quelques efforts que le directeur du Musée ait faits jusqu'ici pour arriver à ce but, nous sommes encore loin d'un résultat satisfaisant à cet égard. Sans compter beaucoup d'artistes bordelais dont nous n'avons que des œuvres qui sont peu propres à donner une idée réelle de leur talent, comme celles de MM. Brascassat, Gué, Gassies, Monvoisin, Taillasson, etc.; combien n'y a-t-il pas d'autres peintres depuis Goya, Netscher, Sicardi, C. Vernet, etc., qui sont morts, jusqu'aux artistes actuellement vivants, tels que MM. Jean Alaux, Frédéric d'Andiran, Raymond Auguste, Isidore et Rosa Bonheur, Henri Stock et beaucoup d'autres, dont le Musée de Bordeaux ne peut montrer aucun ouvrage?

Qu'on ne nous objecte pas qu'une réunion de tableaux

adressée et qui contient l'idée développée d'une collection historique de l'art à Bordeaux.

« Je l'approuve en principe, et je crois en effet que dans le Musée futur qui devra avant longtemps combler les vœux de tous les amis des arts à Bordeaux, il sera bien de réserver une salle pour les œuvres des artistes bordelais.....

« Je crois comme vous, Monsieur, que l'on ne saurait trop tôt recueillir ce qu'il en reste disséminé chez nos concitoyens..... Le Musée de Bordeaux vous devrait une véritable reconnaissance, si vous pouviez, dans le but de la réalisation de votre projet, que, je le répète, j'adopte en principe, préparer un catalogue des artistes bordelais.....

« Il est une autre partie de votre proposition que j'approuve aussi, celle d'une galerie de portraits des hommes marquants que Bordeaux a produits. Malheureusement elle est d'une plus difficile application, et dans ce panthéon bordelais où s'arrêterait-on?..... Mais qu'importe, l'idée en elle-même est bonne et mérite d'être appliquée.

« Agréez, etc.

« Le maire de Bordeaux,

« J.-F. Gautier. »

AVERTISSEMENT.

faite dans un but semblable renfermerait beaucoup d'œuvres médiocres et même des tableaux au-dessous du médiocre, ou bien nous demanderions à combien de volumes se réduirait une bibliothèque où l'on n'admettrait que des chefs-d'œuvre. Il en est des tableaux comme des livres, et d'ailleurs la mode et les goûts sont changeants. N'a-t-on pas préféré Ronsard à Virgile, et ne place-t-on pas aujourd'hui Homère au-dessus de Chapelain? Un musée n'est pas seulement destiné aux élèves qui veulent copier des tableaux, comme une bibliothèque n'est pas seulement destinée aux apprentis littéraires. Or, comment peut-on connaître et faire comprendre l'histoire des arts ou celle de la littérature, si l'on n'étudie pas les médiocrités qui ont précédé, accompagné ou suivi la production des chefs-d'œuvre? Ne tenir compte que des œuvres produites dans la force et la puissance d'un artiste ou d'un peuple, c'est vouloir ne regarder dans la vie d'un homme que les années de son âge mûr. Cimabuë, Giotto, Pérugin, ne méritent-ils aucune attention, parce que sont venus Raphaël, Paul Veronèse ou Rubens?

L'histoire des arts est aussi intéressante à étudier que n'importe quelle partie du développement de l'intelligence humaine, et rien ne peut lui être plus utile que la formation de musées spéciaux pour chaque province.

INTRODUCTION

ORIGINE ET FORMATION

DU

MUSÉE DE BORDEAUX

L'origine et la fondation du musée n'est pas la partie la moins intéressante de l'histoire des arts à Bordeaux.

Sans rechercher à qui doit remonter la gloire de la première idée de la formation d'un musée public de tableaux, il est certain que c'est à la Révolution Française que les départements doivent la création de leurs galeries de tableaux. Nous n'avons pas besoin de mentionner ici tous les décrets votés sur les propositions des Roland, Barrère de Vieuzac, Sergent, David, Mathieu et autres conventionnels amis ou ennemis des arts[1]. Nous nous bornerons à citer ceux de ces décrets dont l'exécution à pu exercer quelque influence sur la formation du Musée de Bordeaux.

L'Assemblée constituante s'était occupée de cet important

---

1. M. Frédéric Villot, conservateur des peintures au Louvre, a annoncé qu'il s'occupait de ce travail important. Nul mieux que lui ne peut le mener à bonne fin.

INTRODUCTION.

objet dès le 5 novembre 1790 ; mais ce n'est que le 6 frimaire an VII (26 novembre 1798) que Heurtaut de Laneuville, conseiller d'État, reprenant une idée dont la gloire remonte à Colbert, et qui ne fut exécutée qu'à Bordeaux, celle de la formation, dans les provinces, d'académies de peinture dépendantes de l'Académie de Paris [1], avait proposé, au nom des commissions d'instruction publique, la fondation dans les départements d'écoles de peinture et de collections d'objets d'arts. Les événements firent ajourner quelque temps cette proposition ; mais lorsque les conquêtes de la France eurent accumulé au Musée central de Paris, déjà si riche des dépouilles des églises et des collections particulières, les chefs-d'œuvre enlevés à presque toutes les capitales de l'Europe, le gouvernement se décida enfin à créer vingt-deux musées départementaux. Il leur distribua environ neuf cents tableaux, provenant soit des conquêtes, soit de l'ancien cabinet du roi, soit des églises de Paris ; tableaux précieux pour la plupart, mais dégradés et dont on ne savait que faire à Paris [2].

Dès 1802, le citoyen Dubois, alors préfet du département de la Gironde, reçut du ministre Chaptal et du directeur du Musée Central, Vivent Denon, l'annonce officielle que la ville de Bordeaux avait été comprise dans cette distribution de neuf cents toiles pour quarante-cinq tableaux, dont on lui envoyait les noms et les dimensions.

Nous n'avons pas à examiner ici la valeur de ces quarante-cinq tableaux, ni si la ville de Bordeaux reçut ou non un lot proportionné à son importance ; il est certain que c'est à cette mesure que notre ville doit la formation du précieux musée quelle possède aujourd'hui, et qu'en présence de la reconnaissance que ce fait inspire, toute remarque critique doit s'effacer ou s'amoindrir.

---

1. Voyez *Actes de l'Académie de Bordeaux* 1853 : *Fragments de l'Histoire des Arts à Bordeaux*, par Jules Delpit.

2. D'après les *Notices historiques sur le Musée de Rouen*, par M. Ch. de Beaurepaire, ces tableaux avaient été répartis, par la voie du sort seulement, entre quinze musées. Rouen obtint le cinquième lot, composé de trente-huit tableaux.

INTRODUCTION.

Ces quarante-cinq tableaux étaient ainsi désignés : dix-neuf tableaux en bon état, savoir :

1. BOL .... Abraham et ses Serviteurs.
2. *Id.* .... Apollon et Marsyas.
3. CARAVAGE............... Saint Jean dans le Désert.
4. P. DE CORTONE .... La Vierge et l'enfant Jésus.
5. COYPEL .... Allégorie religieuse.
6. GIORDANO .... Tête de vieille.
7. GUERCHIN .... Saint Bernard.
8. MIGNARD............... Portrait d'un Guerrier.
9. POUSSIN................ Sainte Famille.
10. RESTOUT .... Un Prophète.
11. RUBENS .... Christ en croix.
12. *Id.* .... Martyre de saint Georges.
13. TREVISANI............. Tête de Femme.
14. OTTO VENIUS........... Tête d'après Corrège.
15. P. VÉRONÈSE........... Adoration des Mages.
16. *Id.* .... La Femme adultère.
17. ÉCOLE FLAMANDE .... Portrait.
18. *Id.* .... Cérémonie turque.
19. *Id.* .... *Id.*

Onze tableaux avaient seulement besoin d'être nettoyés.

1. CARAVAGE.............. Couronnement d'épines.
2. PH. DE CHAMPAIGNE...... Salutation angélique (songe de saint Joseph).
3. MICHEL CORNEILLE....... Baptême de Constantin.
4. GIORDANO .... Hercule et Omphale
5. JORDAENS .... Christ en croix (retiré par ordre).
6. MARIANNE LOIR......... Mme Duchatelet.
7. SOLIMÈNE.............. Joseph expliquant les songes.
8. TITIEN................ La Madelaine.
9. VANDYCK.............. Marie de Médicis.
10. P. VÉRONÈSE ou son oncle. Sainte Famille.
11. ÉCOLE DE VÉRONÈSE...... Sainte Famille.

14 INTRODUCTION.

Enfin quinze tableaux avaient besoin d'être restaurés ou rentoilés.

1. BASSAN................... Sortie de l'arche.
2. *Id.* .... Jésus entre Marthe et Marie.
3. BUNEL................... L'Assomption.
4. CRAYER................... Adoration des Bergers (à rentoiler).
5. PÉRUGIN .... La Vierge, saint Augustin et saint Jérôme.
6. RESTOUT................... Présentation au Temple (à rentoiler).
7. RUBENS................... Chasse aux Lions.
8. TITIEN................... Lucrèce.
9. ÉCOLE DE TITIEN........... La Femme adultère.
10. VANDYCK (copie).......... Sainte Famille et saint François.
11. ÉCOLE FLAMANDE.......... Adoration des Anges.
12. ÉCOLE ITALIENNE.......... Homme à bonnet à poil.
13. ÉCOLE VÉNITIENNE........ Homme entre deux miroirs.
14. Inconnu................. David devant Saül.
15. *Id.* .... Jésus donnant les clefs à saint Pierre.

Ainsi, la liste officielle émanée du ministère annonçait au Préfet l'envoi de quarante-cinq tableaux ; cependant une autre liste, envoyée par l'administration du Musée Central, renfermait quarante-six numéros. Il est facile d'expliquer cette différence apparente. Le tableau de Ph. de Champaigne avait été indiqué dans quelques listes sous deux désignations également vicieuses, tantôt sous le titre de la *Situation Angélique*, tantôt sous celui de la *Salutation Angélique*. Un commis chargé de transcrire cette liste, et trouvant dans les notes un tableau du même artiste, intitulé : *Songe de saint Joseph*, crut que cela faisait deux tableaux distincts ; mais comme dans le *Songe de saint Joseph* on voit dans le fond la *Salutation Angélique*, il est probable que le copiste aura pris la rectification d'un titre pour un nouveau tableau, d'autant plus que le *Songe* se trouve avoir précisément les mêmes dimensions

INTRODUCTION. 15

attribuées à la *Salutation*. Le Musée ne devait donc réellement recevoir que quarante-cinq tableaux.

Dans l'arrêté ministériel, il avait été expressément spécifié que l'envoi et la restauration des tableaux seraient faits sous les yeux et par les soins de l'administration du Musée Central. En conséquence, cette administration demanda l'envoi préalable d'une somme de 800 francs pour les frais présumés de l'emballage des tableaux, et celui de 3,000 francs pour les frais de restauration des tableaux dégradés.

Le département de la Gironde était à cette époque dirigé par le préfet Dubois, lequel s'employa avec beaucoup de zèle à procurer le plus tôt possible à ses administrés la jouissance de ces œuvres d'art ; mais alors, comme depuis, les ressources financières des administrations locales étaient excessivement restreintes, il fut donc fort difficile de se procurer une somme que beaucoup de personnes trouvaient exorbitante. C'était en moyenne 115 francs par tableau, et la plupart n'avaient besoin que d'être nettoyés. Le préfet employa tous les moyens possibles pour soustraire la ville à cette obligation, ou du moins, pour en diminuer le poids ; tout fut inutile. Notre compatriote le citoyen Lacour était alors à Paris : élève de Vien, camarade de David, de Vincent, de Ménageot, ses talents étaient personnellement connus des administrateurs du Musée Central ; le Préfet lui écrivit, le 28 fructidor an x (15 septembre 1802), de tâcher de s'entendre avec l'administration du Musée, et de vouloir bien se charger de restaurer lui-même ces tableaux quand ils seraient arrivés à Bordeaux ; mais toutes les tentatives de ce genre échouèrent devant la rigidité des mesures arrêtées par l'administration supérieure. On conçoit, en effet, qu'indépendamment de la prudence, qui faisait une loi de ne pas se laisser fléchir trop aisément, l'administration ne pouvait guère renoncer aux énormes préparatifs qu'elle avait dû faire pour se mettre en mesure d'exécuter promptement au moins 70,000 francs de restaurations, si l'on admet que les autres musées n'eussent pas été plus favorablement traités que celui de Bordeaux.

Il fallut donc se résigner et prendre des mesures pour procurer les sommes demandées. Le zèle du préfet ne se ralentit pas. Après une multitude de démarches dans lesquelles il fut obligé d'avoir recours à l'intervention et même à la bourse des citoyens Journu-Auber, Sers, Legrix, etc., les tableaux désignés comme en bon état arrivèrent à Bordeaux; mais il n'y en avait que dix-huit au lieu de dix-neuf. Le *Pietre de Cortone* annoncé comme en bon état, avait été retenu pour être restauré, de sorte que l'ensemble des tableaux donnés se trouvait réduit à quarante-quatre au lieu de quarante-cinq, parce que le plus grand et peut-être le plus beau de tous, le *Christ en croix*, par Jordaens, avait été *retiré par ordre*.

Pourquoi ce tableau avait-il été retiré? nous n'en avons trouvé aucune trace; nous savons seulement que de nouvelles et actives démarches du Préfet parvinrent à faire restituer ce chef-d'œuvre à la ville, et qu'il était compris dans le second envoi qui arriva à Bordeaux en l'an xii [1].

Ce dernier envoi, qui primitivement ne devait contenir que vingt-six tableaux, aurait dû en renfermer vingt-sept, puisque le *Pietre de Cortone*, noté comme en bon état, avait été retenu pour être restauré; mais n'en contenait que vingt-six. Un tableau désigné dans la liste officielle, comme représentant : *Portrait d'un homme entre deux miroirs*, par un maître inconnu [2], devait figurer dans l'envoi, puisqu'il avait besoin d'être restauré, et ne s'y trouva pas. A-t-il été détruit, *retenu par ordre*, oublié ou envoyé ailleurs par les restaurateurs ? Nous ne saurions le dire. Dans tous les cas, cette perte ne peut avoir une grande importance, mais elle réduit à quarante-quatre le nombre des tableaux reçus par le musée de Bordeaux.

1. Dans l'intervalle, le préfet Dieudonné Dubois, qui avait laissé de si honorables souvenirs à Bordeaux, avait été forcé d'abandonner l'administration du département de la Gironde. Atteint d'une maladie de poitrine aggravée par un excès de travail, il voulut respirer l'air natal; mais il eut juste assez de force pour achever le voyage, et mourut en arrivant à Saint-Dié, dans les Vosges, au commencement de 1804. Il fut remplacé par M. Delacroix, père de M. le général Ch. Delacroix et de M. Eugène Delacroix, l'artiste éminent, qui dut peut-être à cette circonstance, comme nous le dirons à son article, le développement de son génie artistique.

2. Hauteur de la toile : 2 pieds 10 pouces ; largeur : 4 pieds 9 pouces.

INTRODUCTION.

Nous nous servons des mots : *musée de Bordeaux*, pour nous conformer au style des lettres officielles de l'époque, car il est positif qu'avant l'arrivée des tableaux donnés par le gouvernement, il n'existait pas de musée de tableaux à Bordeaux. On ne pouvait, en effet, décorer du nom de musée la réunion de huit toiles assez médiocres que la tourmente révolutionnaire avait seules épargnées de toutes les richesses artistiques que devaient posséder l'administration de la ville ou celle du département [1].

De la collection des portaits officiels des Jurats, et de celle des princes ou des hauts fonctionnaires dont la ville avait reçu ou fait faire les portraits ; des tableaux qui décoraient les salles de l'ancien parlement, de l'intendance, de la mairie, du gouvernement, etc., il ne restait rien. Les tableaux des couvents ou des églises avaient été , pour la plupart, entassés dans l'église Sainte-Eulalie, où ils avaient beaucoup souffert du manque de soin et même de la brutalité de quelques-uns des magistrats révolutionnaires [2]. Quelques tableaux avaient été détruits, d'autres avaient disparu ou ne convenaient pas à un musée ; enfin, la ville ne possédait d'autres tableaux que ceux qu'avaient pu conserver le zèle et le courage d'un artiste éminent dont il est inutile de répéter le nom.

Ces tableaux, au nombre de huit, étaient :

1. Le Tombeau d'Élysée.... par Taillasson.
2. Saint Jérôme.......... Gedam.
3. Portrait de M. Thomire, académicien.
4. Portrait de M. Batanchon, académicien (rendu à sa famille en 1826).

---

1. Il avait existé à Bordeaux, avant la Révolution, une réunion littéraire connue sous le nom de *Musée*, mais ce n'était pas une galerie de tableaux. Plus tard, les citoyens Rodrigues et Goëthals créèrent le *Muséum d'instruction publique* qui posséda quelques tableaux; mais cette entreprise particulière ne pouvait tenir lieu d'un musée municipal, et n'avait rien de commun avec le musée actuel.

2. Nous n'avons pu retrouver aucune trace des inventaires d'objets d'art qui durent être faits comme celui des livres, lequel est conservé à la Bibliothèque.

INTRODUCTION.

5. Portrait d'un juge, par un inconnu.
6. Portrait d'un homme qui écrit, par un inconnu.
7. Le Christ en croix, par FRANCK, venant d'une église.
8. Même sujet....... *Id.* *Id.*

Ces tableaux, réunis au quarante-quatre toiles données par le gouvernement, composèrent le musée de Bordeaux qui se trouva ainsi renfermer, en 1804, cinquante-deux tableaux. On peut y ajouter deux bustes en marbre, l'un qu'on croit être P. Michel, seigneur Duplessy, ingénieur du roi à Bordeaux vers 1670, lequel dirigea probablement les travaux de la construction du Château-Trompette sous Vauban. L'autre, celui de Mgr. le cardinal de Sourdis, qui fut donné à l'église Saint-Bruno, en 1826.

Ces tableaux furent déposés dans une des salles de l'hôtel que la générosité de J.-J. Bel avait légué à l'ancienne académie des sciences et belles-lettres pour y établir une bibliothèque publique. De toutes les églises, de tous les couvents, de tous les monuments publics ou particuliers dont la Révolution avait dépouillé leurs propriétaires, il ne restait aucun local où l'administration pût exposer convenablement cinquante-deux tableaux. Tout avait été détruit ou vendu ; et le préfet fut obligé de demander au bibliothécaire encombré de l'immense amas de toutes les bibliothèques saisies, de vouloir bien déblayer une salle pour pouvoir y déposer ces tableaux.

Quelques mois avant que le Musée central eût réparti entre les musées des départements les tableaux qui encombraient ses greniers, il était venu s'établir à Bordeaux un ancien orfévre de Paris, originaire de Nantes, et qui avait fait une fortune considérable dans son commerce. M. Doucet ne séjourna guère que deux ans à Bordeaux ; mais, dans cet intervalle, il s'était lié d'amitié avec M. Lacour, qui seul avait soutenu pendant longtemps, à ses frais, l'ancienne école de dessin de la ville. Les qualités aimables autant que la sollicitude toute paternelle de M. Lacour pour ses enfants adoptifs, inspirèrent un si vif intérêt à M. Doucet, qu'avant de quitter Bordeaux pour retourner à Nantes, où l'appelaient les vœux de sa famille,

INTRODUCTION. 19

il voulut donner à la classe industrielle des artistes, à cause de leur représentant à Bordeaux, un témoignage perpétuel de reconnaissance pour les services que les artistes lui avaient rendus. En conséquence, il laissa entre les mains de M. Lacour le capital d'une rente de 500 francs pour l'employer, de la manière la plus convenable, aux besoins et aux études des élèves de l'école de dessin ; et, confondant avec raison dans une même pensée le Musée et l'école de peinture, il donna aussi à la ville deux bustes en biscuit de Sèvres[1], quelques gravures, une pendule et une collection de quatorze tableaux, qui, se joignant aux cinquante-deux que la ville possédait déjà, commencèrent à donner une certaine importance à notre musée.

Les quatorze tableaux donnés par M. Doucet sont : quatre toiles de Grimoux (n°' 169, 170, 171, 339), trois de Sneyders (n°' 345, 346, 347), deux de Zauffely (n°' 445, 446), une de Lucas Giordano (n° 160), une de l'école de Titien (n° 423), une de l'école de madame Lebrun (n° 404), une aquarelle de Caresme (n° 71), et un petit tableau sans nom d'auteur, représentant *une Nourrice et son nourrisson*, qui ne se trouve pas au musée, soit qu'il n'y ait jamais été mis, soit que, peint sur papier, comme le petit Caresme, il ait été gâté ou détruit[2].

Mentionnons en passant que, le 21 septembre 1808, M. De-

1 Ces deux petits bustes représentaient, l'un la tête de l'Empereur, par Boisot : il a été détruit en 1814 ; l'autre, celle de *Guillaume-Tell* (n° 470).

2. François-Lucie Doucet, pour assurer, dès son vivant, les donations qu'il voulait faire à la ville, avait passé une procuration devant Me Maillères, le 28 prairial an XIII (17 juin 1805), par laquelle il chargeait M. Lacour, peintre, et M. Petit, orfévre, de donner et d'administrer les objets dont il se dessaisissait en faveur de la ville. A la mort de M. Doucet, arrivée à Paris le 3 août 1809, il se trouva que son testament, passé, le 15 juillet précédent, devant Me Edon, instituait sa nièce, la dame Mitois, sa légataire universelle, et ne parlait pas du capital de la rente de 500 francs donnée à l'école de dessin. Il s'éleva à ce sujet quelques contestations ; mais, en définitive, la procuration passée devant Me Maillères fut jugée suffisante pour assurer à la ville la jouissance de tous les objets donnés, et leur valeur fut augmentée de celle des honoraires du notaire que Me Maillères refusa de recevoir.

INTRODUCTION.

non écrivit au maire de Bordeaux qu'il venait de faire expédier à son adresse le buste en bronze de S. M., par Chaudet, que l'Empereur avait donné à la ville. Toutes nos recherches n'ont pu nous faire découvrir si ce buste était réellement arrivé à Bordeaux, ou ce qu'il y est devenu.

A partir de 1809, il existe des traces plus régulières et plus exactes des faits qui concernent la formation et l'accroissement du Musée. Dès le mois de juillet de cette année, l'architecte de la ville, M. Bonfin, avait présenté les plans pour l'arrangement des bâtiments de l'ancien hôtel de l'Académie, de manière à pouvoir y placer assez commodément la bibliothèque, le musée d'histoire naturelle, la galerie des tableaux, l'école de peinture, etc. Ces plans approuvés, les travaux furent mis en adjudication le 12 septembre 1809, et le sieur A. Bacquey en fut déclaré adjudicataire pour la somme de 25,850 francs. Ces travaux employèrent toute la durée de l'année 1810; et ce fut au plus tôt à la fin de cette année que le public put enfin jouir de la vue des soixante-cinq tableaux qui composaient notre musée.

Cette pénurie de tableaux ne choquait alors personne. Cependant, un décret de l'Empereur, du 15 février 1811, suivi d'une décision du ministre de l'intérieur, du 21 mars, ayant ordonné qu'une nouvelle distribution de trois cent dix-sept anciens tableaux serait faite entre les villes de l'Empire, M. Garry, alors préfet du département de la Gironde, se plaignit au ministre que le musée de Bordeaux n'ait pas été compris dans cette nouvelle distribution. Nous ne savons si sa réclamation fut accueillie, mais il existe au Musée trois tableaux donnés par le gouvernement à une époque dont il ne reste aucune trace, et qui pourraient venir de cette distribution : *La Vierge à la chaise*, copie en tapisserie d'après Raphaël (n° 340); *Portrait de Rubens*, copie par Cosson (n° 325); *Fuite en Égypte*, par Singher (n° 344). Les préoccupations causées par les événements des dernières années de l'Empire et des premières de la Restauration empêchèrent probablement nos magistrats de s'occuper utilement de l'accroissement de notre Musée, du moins il n'en existe aucune

INTRODUCTION.

trace. Ils regardaient sans doute le Musée comme complet ; et le fait est, comme nous allons bientôt en voir la preuve, que l'architecte lui-même, qui venait de disposer les salles destinées à le recevoir, n'avait nullement songé à la probabilité de l'accroissement de nos richesses.

Cependant, le 28 janvier 1814 mourut l'homme qui, pendant trente ans, avait été le plus zélé et pour ainsi dire le seul soutien du culte des arts à Bordeaux. Ses héritiers donnèrent au Musée de la ville un des tableaux les plus considérables qu'il ait exécuté : *Les habitants de Nole se réfugiant sous la protection de saint Paulin*, et le portrait de M. F.-L. Doucet, que M. Lacour avait eu bien de la peine d'obtenir de la modestie de son ami.

A peu près à la même époque arriva au musée le buste en marbre de l'Empereur, par Bartholini, sans qu'on sache qui l'avait envoyé.

En 1816, les événements politiques ayant porté au pouvoir plusieurs bordelais éminents, ceux-ci tinrent à honneur de faire participer le musée de leur ville à la distribution des tableaux que le gouvernement achète chaque année pour encourager les arts, et de laquelle la ville de Bordeaux avait été, jusqu'à cette époque, soigneusement exclue. Leur attention fut d'autant plus vivement appelée sur cet objet, que, dès les premiers jours de la seconde Restauration, notre Musée, à peine formé, avait été menacé d'une destruction presque complète.

Dans une intention qu'il ne nous est pas permis d'apprécier faute de renseignements, mais dont la réalisation pouvait avoir une certaine gravité, par les ordres de M. le comte de Pradel, directeur-général de la maison du Roi, le secrétaire-général du musée de Paris, M. Lavallée, avait écrit, le 15 février 1816, qu'il avait été précédemment autorisé à désigner aux commissions belges les villes du royaume où il avait été envoyé des tableaux provenant des Pays-Bas, et à prévenir qu'on n'opposât aucune résistance à l'enlèvement de ces tableaux, si des commissaires se présentaient pour les reprendre ; que Bordeaux avait été désignée comme possé-

INTRODUCTION.

dant quatre de ces tableaux. De nouvelles réclamations, et
l'obligation de régulariser d'une manière positive et uniforme
la restitution de ces tableaux, disait M. Lavallée, ont déterminé M. le comte de Pradel à faire revenir à Paris non-seulement les tableaux de la Belgique, mais encore ceux qui pro-
viennent d'Italie, d'Autriche, etc., et qui sont réclamés. En
conséquence, il envoyait une liste des tableaux du musée de
Bordeaux qui étaient réclamés et donnait l'ordre de les expédier à Paris aux frais du ministère de la maison du Roi. Cette
liste renfermait quatorze tableaux, dont M. de Pradel donnait
les dimensions et l'origine : Cinq provenaient de la Belgique,
deux de la collection du Stathouder, trois d'Italie, et quatre
du palais du Roi.

Remarquons, sans nous y arrêter, que quatre de ces tableaux, provenant de l'ancienne collection des rois de France,
n'étaient pas réclamés par les commissaires étrangers, et que
personne ne parlait du remboursement des frais de restauration, de transport, etc., que ces tableaux avaient occasionnés
à la ville.

Heureusement pour notre Musée, on ne se pressa pas à Bordeaux d'exécuter cet ordre irrégulier; et, dans l'intervalle,
M. le comte de Vaublanc, ministre de l'intérieur, ayant eu
avis de cette singulière circulaire, écrivit au préfet de la
Gironde, le 5 mars 1816, que, les musées du royaume dépendant de son ministère, il ne devait en être rien distrait sans
une autorisation spéciale de sa part.

Le malheur auquel venait d'échapper notre musée naissant,
loin de lui nuire, servit au contraire à sa conservation et à
son accroissement. Cet événement éveilla la sollicitude de nos
magistrats et de nos concitoyens sur son importance et sur sa
valeur. Non-seulement les administrateurs, mais les particuliers et les corps constitués s'en émurent. M. le vicomte de
Gourgues, maire de Bordeaux, écrivit, le 17 août 1816, au nouveau conservateur des tableaux du Musée, qu'il venait de re-
nouveler ses instances auprès du ministre de l'intérieur pour
obtenir, conformément au vœu du conseil municipal et du conseil général, une part dans les distributions des tableaux faites

INTRODUCTION. 23

aux musées des départements, et qu'il espérait que, malgré l'appauvrissement des musées de la capitale, on pourrait faire quelque chose en faveur du nôtre.

Remarquons, en passant, que M. le maire n'avait alors en vue que les distributions des tableaux anciens enfouis dans les greniers du Louvre, qu'il ne songeait même pas que Bordeaux peut avoir une part dans les achats qui sont faits chaque année par le gouvernement pour l'encouragement des arts. M. Lainé, alors ministre de l'intérieur, promit de joindre ses efforts à ceux de M. le comte de Tournon, préfet de la Gironde, et à ceux de M. le vicomte de Gourgues, pour obtenir de nouveaux dons; mais il fallait, avant tout, lui soumettre le catalogue des tableaux possédés par la ville. Ce catalogue renfermait en tout, comme nous venons de le voir, soixante-dix tableaux. La liste en fut transmise à Son Excellence le ministre de l'intérieur; et, dès le 14 septembre 1816, M. Lainé annonçait à M. le comte de Tournon que, sur sa demande, le gouvernement venait d'accorder au musée de Bordeaux trois des tableaux acquis à la suite des expositions de 1812 et de 1814 : *Ganymède*, par Granger; *Arrivée de Jacob en Mésopotamie*, par Heim; *Bajazet et le Berger*, par Dedreux Dorcy.

C'était la première fois que Bordeaux participait ainsi aux achats faits par le gouvernement. A l'exposition suivante, qui eut lieu en 1817, le ministre de l'intérieur, M. Lainé, eut encore soin que le Musée de sa ville natale ne fût pas oublié dans la distribution des tableaux achetés par le gouvernement. Le Musée de Bordeaux reçut trois tableaux et deux bustes en marbre :

La duchesse d'Angoulême et l'abbé Edgeworth, par Menjaud; *Poussin présenté à Louis XIII*, par Ansiaux; *Baptême de Clorinde*, par Mauzaise; buste en marbre de M. le comte d'Artois, par Romagnesi; buste en marbre de M. et madame la duchesse d'Angoulême, par Valois.

On n'avait pas compté, comme nous l'avons dit, que le Musée de Bordeaux dût jamais s'augmenter : préparé pour con-

24 INTRODUCTION.

tenir soixante-cinq tableaux, il n'était plus suffisant pour en
contenir soixante-seize. A l'arrivée des trois tableaux achetés
à l'exposition de 1817, on fut obligé, pour les recevoir, de sortir de la galerie le *Christ en croix* de Jordaens, que quelques personnes, alors influentes, ne trouvaient pas digne de
figurer dans notre musée. Le conservateur fut obligé de
prendre sa défense avec chaleur ; il refusa d'ouvrir le musée
au public tant que cette grande toile resterait à terre, sur
l'escalier, exposée à toute espèce de dégradation, et ne céda
que lorsque, sur sa proposition, ce précieux tableau eut été
déposé provisoirement dans l'église, où il est encore aujourd'hui.

L'année 1819 est célèbre en France dans l'histoire des arts.
Au milieu de l'enthousiasme général qu'excitèrent nos triom-
phes artistiques, les hommes éminents que le département de
la Gironde avait fournis aux plus hautes régions du pouvoir,
ne laissèrent point refroidir leur zèle pour l'accroissement
de notre Musée, ils luttèrent pour ainsi dire d'influence pour
faire accorder à leur patrie la plus belle part possible dans
les distributions d'objets d'art. Le département de la Gironde fut largement indemnisé, cette année, de la parci-
monie dont on avait usé à son égard dans les distributions
précédentes.

Louis XVIII avait ordonné qu'il serait fait une nouvelle distribution, entre les villes de France, de quatre cent vingt anciens tableaux dont on ne faisait rien dans les greniers du
Louvre ; les églises de Paris devaient en recevoir trois cents,
et les églises ou les musées des quatre-vingt-cinq autres départements, cent vingt.

Par l'intermédiaire de M. Decazes, la ville de Libourne reçut huit tableaux anciens pour son musée et ses églises.

La cathédrale de Bordeaux ne fut pas oubliée ; elle reçut
deux tableaux d'assez petites dimensions : *la Fuite en Égypte*,
par Allegrain, et *la Sainte Famille*, par André del Sarto.
M. le préfet proposa de faire un échange du *Christ en croix*
de Jordaens, dont les dimensions gênaient beaucoup dans

INTRODUCTION. 25

notre Musée, avec les tableaux donnés à la cathédrale, et dont les proportions auraient été à peine aperçues dans une aussi vaste nef. En autorisant cet échange, M. Labroue, adjoint du maire, fit remarquer très-judicieusement que la ville, ayant supporté les frais de transport des tableaux, devait trouver un dédommagement équivalent dans la supériorité des tableaux qu'elle acquérait sur ceux qu'elle donnait. Le tableau d'André del Sarto parut aux conseillers de la ville remplir à lui seul toutes les conditions recommandées par la sollicitude du premier adjoint, et l'échange fut opéré.

Le Musée de Bordeaux reçut quatre tableaux anciens : *Vénus et Adonis*, par l'Albane ; *Intérieur d'une caverne*, par Breemberg ; *Fleuve poursuivant une nymphe*, d'après Lebrun ; *Portrait d'un prince palatin*, d'après Vandyck.

Ce nouvel envoi, quelque minime qu'il fût, rendait tout à fait indispensable l'agrandissement du Musée ou son transport dans un autre local. Dès le 16 juin 1819, M. le vicomte de Gourgues avait fait prendre une délibération par le conseil municipal pour solliciter du Roi la permission de transporter le musée des tableaux et l'école de peinture dans une des ailes du château royal. La ville obtint en effet de la liste civile la concession gratuite pour cinq années du loyer des salles du château royal donnant sur la rue Monbazon, pour y placer le musée des tableaux. Cette translation fut opérée au commencement de l'année 1820, et les frais qu'elle occasionna, ainsi que l'arrangement du local, sous la direction de M. Bonfin, coûtèrent à la ville la somme de 10,000 francs.

Les faveurs accordées au département de la Gironde ne ne s'arrêtèrent pas là. Pendant que s'exécutaient les travaux du Musée, le gouvernement donna à la ville de Libourne, à la suite du salon de 1819, la *statue de Montaigne*, par Lesueur ; à la ville de Bordeaux, pour son musée, la *statue en marbre de Phocion*, par Delaistre ; la *statue en marbre de Cydippe*, par Mansion ; le *buste en marbre de Montaigne*, par Deseine ; *Tobie rendant la vue à son père*, par Léon Pallière ; *Berger en repos*, par le même ; *Adieux d'Hector et d'Andromaque*, par Trezel ; *le duc d'Angoulême armant*

2

un *officier, chevalier de Saint-Louis,* par Menjaud; pour
le palais de Justice, une *statue en marbre de Montesquieu,*
par Raggi; pour la chapelle des Sourds-Muets, une *Descente
de croix,* par Blondel; pour la cathédrale, *le Couronnement
d'épines,* par Bergeret. Le ministre commanda en outre un
tableau à M. Léon Pallière pour l'église Saint-Pierre; un
portrait du Roi, à M. Gassies, pour le palais de Justice. Une
collection de plâtres moulés sur l'antique, et pesant 7,505 ki-
logrammes, fut donnée au musée de Bordeaux, et une autre
collection à peu près semblable au musée de Libourne, avec
une somme de 600 francs pour payer les frais de transport.
Ainsi, les encouragements aux arts arrivaient à Bordeaux sous
toutes les formes, et le Roi souscrivait en outre pour vingt-
cinq actions d'une *Société des Amis des Arts* qui venait de se
former dans la ville.

Ce n'était pas tout. Un des tableaux les plus remarqués du
salon et l'un des plus beaux du célèbre élève de David, le baron Gros, représentait *le départ de la duchesse d'Angoulême
de Pauillac;* c'était pour ainsi dire l'histoire particulière de
Bordeaux. Le préfet fit entendre au ministre que les populations de la Gironde réclamaient comme un bienfait le don de
ce tableau. En conséquence, le 17 février 1820, pour donner
plus d'éclat à cette donation et en faire pour ainsi dire un
acte politique, une ordonnance royale, motivée par un rapport spécial de M. le comte Decazes, accorda le tableau de
M. Gros au musée de Bordeaux. Pour augmenter le retentis-
sement de ce don, le maire voulut que son exhibition et l'ou-
verture du nouveau Musée fussent retardées et coïncidassent
avec l'anniversaire du 12 mars.

L'année 1819 fut donc, pour le musée de Bordeaux, la plus
remarquable qu'il ait eue depuis sa fondation : il reçut à la
fois un nouveau local, une collection de statues en plâtre
d'après l'antique, deux statues et un buste en marbre, quatre
tableaux anciens et cinq tableaux modernes. Cependant, l'ensemble de ses tableaux ne s'élevait encore qu'à quatre-vingt-
cinq, et ne suffisait pas à couvrir convenablement les murs du
nouveau et splendide local affecté au Musée. Le 30 août 1821,

INTRODUCTION. 27

le maire écrivit qu'il venait de faire de nouvelles démarches auprès du ministre pour obtenir une part dans les tableaux que le gouvernement achèterait au prochain salon.

Les accroissements merveilleux de notre Musée et la beauté du local où il était exposé répandit partout sa gloire ; de tous côtés on offrit à la ville des tableaux ou des objets d'art, dignes, disait-on, d'augmenter cette splendeur ; mais les finances de la ville étaient épuisées, et il fallut nécessairement refuser ou ajourner la plupart de ces propositions. Il y eut une exception pour le portrait de Louis XIV, par Mignard, que la ville acheta, en 1823, 2,400 francs. Dans le nombre des autres propositions, il y en eut une qui, quoique ajournée pour long-temps, mérite, par son importance, d'être mentionnée à sa date.

Le 30 août 1821, M. de Montpezat demanda et obtint du maire de Bordeaux la permission d'exposer, dans une des salles du Musée, la collection de tableaux que M. le marquis de La-caze[1] proposait de vendre à la ville. Cette importante collec-tion, déposée dans une des salles du musée, fut soumise, par ordre de M. le maire, à l'appréciation de M. Lacour, conser-vateur des tableaux de la ville. Le rapport de M. Lacour cons-tata que cette collection, composée de deux cent soixante-dix-neuf tableaux, pouvait être divisée en trois classes : la pre-mière, renfermant des tableaux très-beaux et hors ligne, lui paraissait comprendre quarante tableaux ; la deuxième, cent trente bons tableaux ; et la troisième, cent neuf moins bons ou médiocres. M. Lacour concluait néanmoins en demandant l'acquisition d'une collection qui augmenterait tout à coup et d'une manière si heureuse l'honneur et l'utilité de notre Mu-sée. Le zèle que déployèrent en cette occasion le préfet, M. le baron de Breteuil, et le maire, M. le vicomte Duhamel, ne

---

1. Denis-Charles-Henri Gauldrée de Boileau, marquis de Lacaze, che-valier des Ordres royaux de Saint-Louis et de la Légion d'Honneur, membre de la Chambre des députés, demeurait alors à son château de Lacaze, commune de Parlebon, près de Gabaret, département des Landes ; son mandataire à Bordeaux était, en 1821, M. de Montpezat, et, en 1830, M. le vicomte de Châtaigner.

28 INTRODUCTION.

purent amener aucun résultat, à cause du mauvais état des finances de la ville. M. le marquis de Lacaze, qui, primitive-ment, demandait 156,000 francs de sa collection, offrait alors de la céder pour 80,000 francs. Une commission, prise dans le sein du conseil municipal, avait fait un rapport favorable à cette proposition, et demandait que la collection fût payée en huit pactes annuels de 10,000 francs chacun. Mais le conseil municipal, par une délibération du 28 juin 1822, refusa de conclure le marché à ce prix. Cette grande affaire fut donc indéfiniment ajournée, et ce n'est qu'après neuf années que nous la verrons arriver enfin à une conclusion.

Enregistrons, en attendant, les divers événements qui signalèrent l'existence de notre Musée.

Dans les premières années de la Restauration, la ville reçut trois portraits officiels : *le duc d'Angoulême*, par M. Kin-son; *la duchesse d'Angoulême*, par madame Desperiers; et *le duc de Bordeaux*, par M. Dubois Drahonet.

A la suite de l'exposition de 1822, la ville reçut du gouver-nement le tableau de M. Guilhon Lethière, *Saint Louis visi-tant les blessés;* celui de M. Monvoisin, *Jésus guérissant un possédé;* et peut-être aussi le *Portrait de Louis XVIII*, par un anonyme, et qui était destiné à orner la salle de la mai-rie. C'est aussi à cette époque que M. le maire autorisa le conservateur à rendre à M. Batanchon le portrait de son père, qui avait appartenu à l'ancienne académie de peinture.

A la suite de l'exposition de 1824, la ville reçut le buste en marbre du duc d'Angoulême, par Valois.

En 1825, M. Brascassat mérita le grand prix de paysage historique, que la faveur fit donner à l'un de ses concurrents; pour dédommager notre compatriote, le gouvernement envoya exceptionnellement M. Brascassat à Rome, et M. de Peyron-net acheta son tableau, qu'il donna au Musée.

La même année, la ville acheta au sieur Landy, mouleur, six statues en plâtre, d'après l'antique, qui manquaient à la collection donnée par le gouvernement.

Le 9 mai 1826, le Musée donna à l'église Saint-Bruno le buste en marbre du cardinal de Sourdis.

INTRODUCTION. 29

Le 25 août 1826 eut lieu la cérémonie solennelle de la pose de la première pierre du piédestal de la statue de Louis XVI, par M. Raggi. Cette statue colossale en bronze, payée par une souscription publique, est aujourd'hui, malgré les sommes énormes qu'elle a coûtées, enfouie dans quelque atelier de la capitale.

Les tableaux de M. le marquis de Lacaze étaient toujours dans une des salles du musée. Le public s'était pour ainsi dire accoutumé à les regarder comme lui appartenant ; mais rien n'avait encore été conclu. Le 5 octobre 1827, M. le marquis de Labouillerie, ministre de la maison du Roi, écrivit que S. M. Charles X, voulant donner à la fois un témoignage de sa munificence à la ville de Bordeaux et une marque d'intérêt à un serviteur dévoué, consentait à payer 40,000 francs sur sa cassette pour l'achat de cette galerie. Une nouvelle commission fut nommée dans le sein du conseil municipal, et conclut, le 28 novembre 1827, que la ville ne pouvait pas encore accepter ce marché.

En attendant, plusieurs offres de vente de tableaux furent faites à la ville ; mais le conseil municipal était trop préoccupé d'un achat aussi important que celui de la collection de M. le marquis de Lacaze pour se laisser tenter par d'autres acquisitions. Il ne fut fait d'exception que pour un des meilleurs tableaux du célèbre Vincent, *la Leçon de labourage*. Au mois de février 1828, M. F.-B Boyer-Fonfrède, ancien fabricant à Toulouse, envoya à son fils, avocat à Bordeaux, ce tableau de Vincent, qu'il avait payé 6,000 francs à l'auteur lui-même, dont il demandait alors 4,000 francs, et qu'il finit par céder à la ville, en 1830, pour 2,000 francs.

Au commencement de l'année 1828, le conseil municipal de Bordeaux fut de nouveau saisi de l'affaire de l'achat des tableaux de M. le marquis de Lacaze. M. Lucadou, adjoint de maire, écrivit que M. le marquis de Lacaze, ayant retiré quelques tableaux de sa collection, et consentant à réduire ses prétentions à 60,000 francs, il serait peut-être possible de conclure cette affaire sur ces nouvelles bases. En effet, le conseil municipal, après avoir entendu le rapport d'une commis-

30   INTRODUCTION.

sion présidée par M. Victor Desèze donna enfin, le 8 février
1828, son consentement à cet achat en ces termes :

« M. le maire est prié d'écrire à M. le ministre d'État, in-
« tendant-général de la maison du Roi, que, dans le cas où
« Sa Majesté voudrait faire don à la ville de la collection des
« tableaux de M. le marquis de Lacaze, la ville s'oblige d'a-
« jouter une somme de 20,000 francs à celle qui serait payée
« par Sa Majesté... Ladite somme ne sera payée que sous la
« condition, préalablement remplie par M. le marquis de La-
« caze, de rétablir dans le Musée de la ville la totalité des
« tableaux compris dans son catalogue. »

Le 20 juin 1828, sept tableaux, retirés à différentes époques
par M. le marquis de Lacaze, furent renvoyés de Paris par
M. Selme, et la ville de Bordeaux devint enfin propriétaire
d'une collection de tableaux qui se composait alors de deux
cent soixante-cinq tableaux. D'après les prix d'achat affirmés
par M. le marquis de Lacaze, ils avaient coûté ensemble
159,174 francs, ou, en moyenne, 600 francs 65 centimes. La
vente avait eu lieu pour 60,000 francs; mais le Roi, faisant à
cette occasion cadeau de 40,000 francs à la ville, celle-ci ne
payait ces deux cent soixante-cinq tableaux que 20,000 fr.,
c'est-à-dire, en moyenne, 75 francs 47 centimes chacun, ou un
huitième de leur valeur [1]; car, si quelques-uns des prix cotés
par M. le marquis de Lacaze peuvent être considérés comme
exagérés, le plus grand nombre de ces toiles avait été acquis
pour un prix évidemment inférieur à celui de leur valeur
réelle. Néanmoins, la conclusion de cette affaire éprouva encore une certaine opposition dans le sein du conseil municipal.

Depuis le dépôt de cette collection dans le Musée, en
1821, M. le marquis de Lacaze avait, à différentes reprises,
retiré et remis quelques-uns des principaux tableaux dont l'absence ou la rentrée avaient été soigneusement constatées. Les
opposants en ayant été instruits, en firent l'objet des attaques

---

1. La restauration seule des tableaux donnés à la ville par le musée
central de Paris avait coûté en moyenne, pour chaque tableau, 115 fr.

INTRODUCTION.

les plus vives contre l'administration dans le sein même du conseil municipal; ils prétendirent que M. de Lacaze n'avait pas livré tous les tableaux qu'il avait vendus, et que la ville payait ainsi des objets qu'elle ne recevait pas.

Le fait est que M. le marquis de Lacaze, qui s'en rapportait complétement à la loyauté du conservateur du Musée, avait déposé ses tableaux sans en retirer de reçu, et n'avait remis aucun catalogue certifié de sa collection. Il en avait donné deux inventaires informes, faits à différentes époques, lesquels présentaient quelques différences résultant de fausses attributions ou d'autres erreurs, et trois des tableaux mentionnés dans un de ces inventaires n'avaient jamais été déposés au musée. Les prix payés par M. le marquis de Lacaze, pour l'acquisition de ces trois derniers tableaux, s'élevaient ensemble à 360 francs. Cette différence était de trop peu d'importance pour que l'administration s'y arrêtât, et la ville fut enfin mise en possession de cette belle et riche collection de tableaux, qu'elle payait, comme nous l'avons dit, l'un dans l'autre, environ 75 francs chacun.

Il n'est peut-être pas inutile de constater ici que, depuis que M. de Lacaze était possesseur de ces tableaux, soixante-trois avaient été réparés par le célèbre marchand et restaurateur, M. Lebrun, et vingt-trois par un restaurateur espagnol, M. Ruiz, sans compter les réparations plus anciennes.

Cette importante affaire avait tellement traîné en longueur, comme nous venons de le voir, qu'elle était à peine conclue, lorsque la révolution de 1830 arriva, et qu'une nouvelle dynastie se trouvait installée, avant que l'ancienne monarchie eut achevé de payer les tableaux dont sa générosité venait de nous enrichir.

Cette acquisition est, relativement, si importante dans l'histoire du musée, qu'il n'est peut-être pas inutile de nous arrêter ici un instant pour faire la récapitulation des différentes provenances des tableaux qui composaient notre collection au moment où la révolution de Juillet éclata.

INTRODUCTION.

Tableaux anciens donnés par le gouvernement impérial, en 1802 et 1811........................   47

Tableaux anciens et modernes donnés, à différentes
époques, par le gouvernement de la Restauration.   21

Tableaux anciens formant les deux tiers de la collection de M. le marquis de Lacaze, payés par le
gouvernement de la Restauration.............. 176

Tableaux anciens et modernes appartenant à la
ville...   8

Tableaux de Mignard et de Vincent achetés par la
ville 4,400 francs............................   2

Tableaux anciens formant le tiers de la collection de
M. le marquis de Lacaze, payés par la ville
20,000 francs................................   89

Tableaux donnés à la ville par M. Doucet, les héritiers Lacour et M. de Peyronnet..............   16
                                              _____
                               Total..... 359

Il serait juste de comprendre, dans la liste des objets d'art
venus au Musée pendant la Restauration, les tableaux achetés
à des artistes bordelais pour la somme de 3,000 francs, en
conséquence du vote émis par le conseil municipal, le 9 septembre 1828. Cependant, cette sage mesure, destinée à procurer peu à peu au musée de la ville une collection composée
des œuvres des artistes distingués de Bordeaux, ne reçut pas
une exécution immédiate; et, dans l'intervalle, la révolution
de Juillet, qui survint, retarda et dénatura en quelque sorte
le but de cette mesure.

Il y avait alors à Bordeaux une *Exposition annuelle des
Produits de l'Industrie et des Arts.* Le directeur du musée
et l'architecte de la ville, réunis, proposèrent de répartir les
3,000 francs votés sur quelques tableaux exécutés par des
artistes bordelais résidant à Paris ou domiciliés à Bordeaux.
La Révolution arrivée, le nouveau conseil municipal décida
qu'il fallait acheter, avec la somme votée, le plus grand
nombre possible de tableaux exécutés à Bordeaux. Il y avait
une centaine de tableaux exposés; on en fit acheter dix-huit.

INTRODUCTION.

Il est facile de deviner ce que pouvaient être les tableaux achetés au-dessous du prix moyen, lequel les faisait ressortir à 166 francs, cadre compris. Ce début de l'administration nouvelle ne fut pas heureux et dut naturellement s'opposer au retour d'une dépense qui avait amené de pareils résultats.

Ce n'est pas tout. La nouvelle municipalité oublia qu'une œuvre d'art ne participe pas aux passions politiques; et, suivant l'exemple de ceux qui s'imaginent anéantir l'histoire en brisant quelques monuments, elle exigea la destruction des bustes en marbre de quelques membres de la dynastie déchue. C'est ainsi qu'ont disparu les nᵒˢ 498, 499, 500. Heureusement, l'exemple donné par le nouveau gouvernement avertit bientôt l'administration municipale qu'elle avait tort de s'avancer dans cette voie, et le Musée n'eut pas de destructions plus importantes à regretter.

Le 27 janvier 1832, le conservateur du Musée avait été obligé de prévenir le maire du mauvais état des salles où étaient exposés les tableaux, et de proposer de les déposer dans les salles du rez-de-chaussée de l'ancien château royal, devenu récemment le palais de l'Hôtel-de-Ville. Ce transport était d'autant plus nécessaire, que le gouvernement, après avoir demandé d'installer provisoirement la cour d'assises dans les salles alors occupées par le musée des tableaux, y fit établir, quelque temps après, la Faculté des sciences et des lettres, dont Bordeaux venait d'être enrichie. Ce nouveau déménagement eut lieu au mois de septembre 1839. C'est ainsi que nos tableaux occupent encore des salles incommodes et obscures, où ils attendent la construction si souvent promise d'un local spécial, que l'accroissement de nos tableaux et le soin de leur conservation rendent chaque jour plus nécessaire et plus urgent.

Dans l'intervalle, l'esprit qui dirigeait l'administration municipale avait tout à fait changé en ce qui concerne les arts. Au lieu de poursuivre la destruction des monuments artistiques qui pouvaient rappeler les gouvernements précédents, le nouveau maire, M. Brun, pour en assurer la conservation,

2.

s'enquit avec soin de ce qu'étaient devenus tous les monuments de ce genre qui avaient appartenu au Musée. Il commença par réclamer, pour être immédiatement réexposé, le buste en marbre de Napoléon, par Bartholini; puis fit dérouler le tableau de M. Gros, l'*Embarquement de madame la duchesse d'Angoulême à Pauillac;* puis les portraits de Louis XVIII, de Louis XIV, etc. Toutes ces toiles se retrouvèrent; il ne manqua que les trois bustes en marbre dont la destruction avait été impérieusement ordonnée, et le buste du maréchal d'Ornano, buste qui avait autrefois peut-être fait partie du musée des antiques, mais qui, mutilé sans doute dans quelque déménagement, avait disparu.

De 1830 à 1848, les dons du gouvernement au Musée furent proportionnellement moins nombreux qu'ils ne l'avaient été jusqu'alors; mais ils ne laissent pas, néanmoins, d'avoir une certaine importance. Voici la liste des tableaux :

BERGERET............	Portrait du roi Louis-Philippe Ier.
BOULANGER............	Vendanges en Médoc.
BRUNE-PAGÈS............	Moyse sauvé des eaux.
CAMINADE............	Visite aux blessés de Juillet.
DEDREUX,............	Portrait du duc d'Orléans.
GUDIN............	Dévouement du capitaine Desse,
JOLIVARD............	Paysage.
JOUY............	Supplice d'Urbain Grandier.
MARANDON............	Vue d'Italie.
TREZEL............	Circé.

En sculpture, le Musée reçut, dans la même période : *Euridice*, statue en marbre par M. Legendre Héral. En 1835, le ministre annonça qu'il avait accordé au musée de Bordeaux les réductions en bronze de *Milon de Crotone*, de Puget, et de *Moyse*, de Michel-Ange; mais le *Milon* seul nous est arrivé. À la même époque, un publiciste éminent légua à la ville de Bordeaux le buste en marbre de M. Casimir Périer, exécuté par M. Maggesi.

Les dons de tableaux faits à la ville par des particuliers

INTRODUCTION. 35

égalèrent en nombre, sinon en importance, ceux faits par le gouvernement.

BOULANGER..............	Portrait de Mr Donnet, archevêque de Bordeaux.
COURT...................	Portrait de Henri Fonfrède.
DELACROIX (CH.)..........	Un Lion, — Un Arabe, exécutés par son frère.
DURAND-BRAGER	Une marine.
DUTROUILH...............	Charles-Quint ramassant le pinceau de Titien, par M. Bergeret.
FELON..................	Diane chasseresse.
MARANDON	Vue des Pyrénées.
Mme la vi^{cesse} PUTHOD.......	Portrait de madame la duchesse d'Abrantès, par Pellegrini.

La fabrique de l'église Sainte-Croix donna à la ville *un tableau gothique*, et la ville fit passer des galeries de l'école de dessin dans celles de son musée, le tableau de M. Balat: *l'Hercule scythique*. M. Fieffé ayant gagné à la loterie la statue de *Giotto*, par M. Maggesi, la donna au Musée.

Dans le même espace de temps, la ville acheta, de ses deniers, indépendamment des dix-huit tableaux payés 3,000 fr., *le Génie de la sculpture*, par M. Maggesi, et treize différents tableaux, pour la somme de 3,535 francs.

BRIAN...................	Vue d'Italie.
GUÉ....................	Mort de Patrocle.
HONTORST...............	Madeleine.
LACOUR.................	Le bon Samaritain (échange).
—	Loth fuyant de Sodome.
—	L'Avare.
—	Le Mendiant.
LONSING	Portrait du duc de Duras.
POELEMBURG.............	Paysage.
RAOUX..................	Portrait de madame Boucher.
R. WEISS...............	Une sylphide.
ÉCOLE ESPAGNOLE.........	Sainte famille et saint François.
ÉCOLE FRANÇAISE	Portrait de Tourny.

Les vingt-un tableaux donnés par le gouvernement et par des particuliers, et les trente et un achetés par la ville pendant le règne de Louis-Philippe portent à 411 le nombre total des tableaux que le Musée possédait quand la révolution de 1848 éclata.

Pendant la durée du gouvernement républicain, et depuis le rétablissement de l'Empire, l'accroissement de nos richesses a repris une proportion ascendante qui, nous l'espérons, se maintiendra et rendra de plus en plus évidente la nécessité de la construction d'un nouveau local pour le Musée.

L'établissement du gouvernement républicain rendit inutile la conservation, au palais de Justice, des portraits de Louis XVIII et de Charles X. Le conservateur du musée fut autorisé à les recevoir dans ses galeries. Le gouvernement donna au musée *le Baptême de Clovis*, par M. Gigoux. Un concours ouvert entre les artistes bordelais, pour une figure allégorique de la République, augmenta notre collection du tableau de M. Guillaume, qui obtint le prix et de celui de M. Lambert qui fut acheté. M. Gorin ayant représenté l'*Embarquement d'Abd-el-Kader à Bordeaux*, donna son tableau à la ville, qui le lui paya 2,000 francs.

Pendant les quatre années que dura le gouvernement républicain, la ville acheta, en outre des deux tableaux ci-dessus, seize tableaux, qu'elle paya ensemble 5,990 francs.

Boucher.................	Un Berger et une Bergère.
Bounieu.................	Sujet tiré des Mille et Une Nuits.
Bout et Boudwyns.........	Paysage.
Id. id.	id.
Carrache (Ann.)..........	Saint Jérôme.
Durand-Brager	Marine.
Govaerts.................	Repos de Diane.
Haute	Nature morte.
Leclerc..................	Atropos.
Lonsing	Portrait de l'Auteur.
Rembrandt...............	Intérieur.
Vander Does	Animaux.
Van Kessel	Fleurs.

INTRODUCTION.

VIEN.................... La Circoncision.

ZACHTLEVEN.............. Marine.

ÉCOLE FLORENTINE......... Toilette d'Hersé.

Ces vingt-deux acquisitions portèrent à quatre cent trente-trois le nombre des tableaux que possédait le musée à la fin de 1851.

Au mois d'octobre de la même année, le prince Louis-Napoléon Bonaparte, alors président de la République, étant venu à Bordeaux, fut frappé du charme d'une tête de Rosalba Carriera décrite au n° 79; le conseil municipal s'empressa de l'offrir au Prince, qui, peu après, devenu Empereur, voulut remercier et dédommager en souverain notre musée du tableau dont il avait été privé. Le *Saint Juste* de Rubens ayant été offert à Sa Majesté, elle le fit acheter 16,000 francs; et, pour en assurer la conservation, il fut accompagné jusqu'à Bordeaux par M. le directeur du musée de Versailles.

Dans l'intervalle, il s'était établi à Bordeaux une *Société des Amis des Arts*, dont le but est d'encourager les arts en faisant des expositions et en achetant le plus possible d'objets d'art, qu'elle répartit, par la voie du sort, entre les souscripteurs. Cette Société ne se borne pas à acheter et à faire vendre des tableaux, elle use de son influence pour propager et encourager la culture et le goût des arts. L'accroissement du Musée ne pouvait échapper à sa sollicitude, et déjà il en a ressenti les heureux effets. Le Musée doit à l'intervention de cette Société l'achat fait par le gouvernement de *Bacchus et l'Amour*, que M. Jérôme avait envoyé à la première exposition de la Société. L'année suivante, sur la demande de la Société, le conseil municipal voulut bien augmenter la somme annuelle, qu'il consacre à l'encouragement des arts, pour acheter le célèbre tableau de M. Delacroix : *la Grèce expirante sur les ruines de Missolonghi.* On peut dire aussi que c'est à l'intervention de cette Société, qu'à la suite de l'exposition bordelaise de 1853, S. Ex. M. le ministre de l'intérieur, ne pouvant acheter un tableau qui lui était recommandé, donna au musée le tableau de M. Roqueplan : *une Scène de la Saint-Barthélemy.* Mais, le fait le plus important qui signale jusqu'ici l'influence de la *Société des Amis des Arts* sur le musée de Bordeaux est, sans contredit, d'avoir fourni au conseil municipal l'occasion de consacrer la somme de 20,000 francs à l'achat du plus beau tableau de l'avant-dernière exposition : *Tintoret peignant sa fille morte*, par M. Léon Cogniet. A la suite de l'exposition de 1853, M. Delécluze donna à la ville le modèle original en plâtre de la statue *une Jeune Fille*, par M. le baron Bosio.

A la suite de l'exposition de 1854, la *Société des Amis des Arts* a donné à la ville : *un Faune*, statue originale en plâtre que lui avait offerte M. Lequesne, et le tableau de concours de M. Chaigneau, qu'elle avait acheté.

Mais que la juste gloire attachée à ces acquisitions ne nous fasse pas oublier les achats moins brillants, peut-être, mais fort nombreux et fort remarquables qui sont venus depuis peu augmenter le nombre de nos tableaux.

Indépendamment des tableaux de M. Gérôme et de M. Roqueplan, dont nous venons de parler, le gouvernement a donné à la ville cinq tableaux par MM. Aligny, Jules-André, Baccuet, Chaplin et Tassaert. M. Lacour a donné cinq tableaux d'artistes bordelais ou représentant des sujets bordelais; M. Adolphe Charroppin, deux paysages de Pillement, peintre lyonnais qui habita quelque temps Bordeaux. La ville a acheté, indépendamment des tableaux de MM. Cogniet et Delacroix, dix tableaux :

Briel (P.)	Vue d'Italie.
Carrache (L.)	Saint François en extase.
Lesueur	Uranie.
Murillo	Un philosophe.
Natoire	Vénus et Vulcain.
—	Vénus et Énée.
Teniers	Un Buveur.
Vanderneer	Clair de Lune.
Vantichnel	Vase de Fleurs.
Vasari	Sainte Famille.

INTRODUCTION. 39

La ville a, en outre, acheté deux bas-reliefs en terre cuite attribués à un sculpteur bordelais de la fin du xviiie siècle.

Ces diverses acquisitions portent le total des tableaux que possède aujourd'hui le musée de Bordeaux au nombre de quatre cent soixante et un tableaux, dont les diverses origines peuvent être représentées dans le tableau statistique suivant :

	de 1802 à 1814	1814 1830	1830 1848	1848 1854	Totaux.
Dons des gouvernements. . . .	47	197	10	9	263
Dons des particuliers.	13	3	11	10	37
Acquisitions par la ville.	8	94	31	31	164
Totaux. . .	68	294	52	50	461

SCULPTURE

Dans le récit historique de la formation du Musée, nous ne nous sommes occupé des sculptures que d'une manière secondaire, parce qu'aux yeux de beaucoup de personnes, les productions de la statuaire doivent, dans un musée, être complétement séparées de celles de la peinture, et qu'il est par conséquent possible que, dans l'organisation du musée projeté, les statues, bustes et bas-reliefs que nous possédons, soient séparés de la collection des tableaux. Cependant, comme, à nos yeux, tous les produits des différentes branches de l'art du dessin se lient, se confondent et dépendent les uns des autres, et que, d'ailleurs, les statues et les autres ouvrages de sculpture se prêtant très-bien à la décoration, il se pourrait que, loin de séparer les sculptures des tableaux, on jugeât à propos de les réunir dans les mêmes salles et d'y joindre les différents et précieux monuments des arts que possède la ville : dessins originaux, planches gravées, ciselures, médailles, armures, etc.; nous avons cru nécessaire de récapituler ici les ouvrages de sculpture que possède déjà le Musée, pour que l'importance de cette statistique fasse sentir combien il est fâcheux que quelques autres monuments de

40   INTRODUCTION.

sculpture, très-curieux, et très-beaux soient disséminés, et par conséquent méconnus.

Le musée de sculpture, tel qu'il est, et sans y comprendre les morceaux précieux qui encombrent la *salle des Antiques*, etc., etc., se compose de quarante-sept statues dont quinze originales, de dix-sept bustes la plupart en marbre, et d'un grand nombre de bas-reliefs, fragments, etc. Il y a là, avec les autres monuments de sculpture que la ville possède éparpillés dans divers dépôts, tous les éléments d'un musée de sculpture digne de la grandeur et de l'importance de la ville de Bordeaux.

CATALOGUE

DES TABLEAUX

ALAUX (Jean-Paul), *né à Bordeaux en* 1787.

M. Alaux est le troisième fils d'un artiste qui se fit remarquer dans une carrière à laquelle Bordeaux a fourni un grand nombre d'hommes distingués : la décoration théâtrale. L'aîné, Jean-Pierre Alaux, adopta le genre de son père; c'est un de nos plus célèbres peintres de décoration, inventeur du *neorama*, chevalier de la Légion d'honneur, etc. Le second, Jean Alaux est officier de la Légion d'honneur, membre de l'Institut, ancien directeur de l'école de Rome, etc. Le troisième dont il est ici question, Jean-Paul Alaux, est actuellement professeur de l'École de dessin de Bordeaux. Il signa quelques-unes de ses œuvres du nom de *Gentil*, pour qu'on ne confondît pas les initiales de son nom avec celles de son frère aîné. Élève de M. Lacour père et de M. Horace Vernet, il s'est principalement consacré à l'étude du paysage et au professorat. Il a publié plusieurs planches dans la collection des *Voyages pittoresques et romantiques dans l'ancienne France*, dans le *Musée d'Aquitaine*, etc. Plusieurs fois honoré des commandes du gouvernement, il obtint une médaille d'or à la suite de l'exposition de 1833.

1. *Vue prise à Floirac* (Gironde).

T. — H. 0, 89. — L. 1, 06.

La scène qui occupe ce paysage est la représentation exacte d'un événement arrivé sur le domaine de l'artiste. Toutes les figures sont des portraits, et tous ces portraits représentent des personnes qui se sont depuis distinguées dans les différentes branches des arts.

Acheté par la ville en 1830.

MUSÉE

ALBAN DE LESGALLERY (Jean-Jacques), *peintre né à Bordeaux le 20 septembre 1808, résidant actuellement à Bordeaux.*

M. Alban est élève de M. Lacour fils; il a depuis longtemps abandonné la peinture d'histoire et de genre où il a obtenu quelques succès, pour s'adonner exclusivement à la peinture de décoration et à la gouache. Il a publié plusieurs vues lithographiées de monuments de Bordeaux.

2. *Intérieur d'une cour de roulage à Paris.*

T. — H. 0,81. — L. 1,00.

Acheté par la ville en 1830.

ALBANI (François), *dit* l'Albane, *né à Bologne le 17 mars 1578, mort dans la même ville le 4 octobre 1660.*

François Albani, fils d'un marchand de soieries, fut d'abord destiné au commerce; mais ses dispositions pour la peinture déterminèrent sa famille à le placer dans l'atelier de Denis Calvaert. Il y entra à treize ans et s'y lia d'amitié avec le célèbre Guido Reni. Quand Guide quitta l'atelier de Denis Calvaert pour celui des Carrache, il y entraîna l'Albane, et bientôt l'émulation qui s'établit entre les deux amis dégénéra en jalousie. Cependant, un peu plus tard, lorsque Albani vint à Rome, Guide lui fut utile et lui procura des ouvrages importants.

De retour à Bologne, Albani exécuta de nombreux travaux qui lui acquirent une grande réputation. Peu d'artistes ont joui pendant leur vie d'une vogue aussi soutenue que celle d'Albani. Cependant ses grandes compositions ont moins contribué à sa renommée que les nombreux sujets gracieux composés de femmes et d'enfants qu'il exécutait d'après les modèles pris dans sa famille. Sa seconde femme, qui était très-belle, lui avait donné douze charmants enfants. Toujours heureux, et tenant encore le pinceau à l'âge de quatre-vingt-deux ans, il mourut entre les bras de ses nombreux élèves dont plusieurs sont devenus célèbres. Le genre [des compositions d'Albani, autant que son grand âge, le firent surnommer *l'Anacréon de la peinture.*

3. *Vénus et Adonis.*

T. — H. 1,20. — L. 1,67.

A l'ombre de grands arbres, dans un riche paysage, Vénus entourée d'amours est étendue sur des coussins. Absorbée tout entière dans la contemplation du jeune chasseur qu'un des amours lui amène, elle ne s'aperçoit pas qu'un autre amour qu'elle tient nonchalamment sous son bras enfonce dans son sein la pointe d'une flèche. A gauche un groupe d'amours expriment par leurs gestes la satisfaction que leur cause l'action de leur camarade. A droite, d'autres amours entraînent en jouant le char désormais inutile de la déesse.

Don du gouvernement en 1819. Cette gracieuse composition, répétition faite par Albani lui-même ou retouchée par lui, du tableau qui est au musée du Louvre, a un peu poussé au noir, mais laisse néanmoins reconnaître le moelleux de la touche et la fraîcheur du coloris des compositions de l'Albane. Les gravures exécutées d'après le tableau du Louvre permettent de reconnaître aisément les nombreux et importants changements faits par le grand artiste à sa composition primitive.

Ce tableau destiné au Musée avait été envoyé par mégarde à la fabrique de l'église de Saint-André au lieu de la *Sainte-Famille* d'André del Sarto.

ALIENSE. — *Voyez* Vassilachi.

ALIGNY (Claude-Théodore), *né à Chaumes (Nièvre), élève de Regnauld et Watelet, nommé chevalier de la Légion d'honneur en 1842.*

4. *Paysage.* — *Enfance de Bacchus.*

T. — H. 1,63. — L. 2,29.

Au bord de la mer, et devant une grotte sacrée, divers groupes de personnages se livrent à différents exercices; sur le premier plan, quelques nymphes bercent le jeune dieu et s'amusent à lui présenter une grappe de raisin.

Signé Aligny, 1852.

Don du gouvernement en 1853.

ALLEGRI (Antoine) *dit* le Corrége, *né à Correggio en 1494, mort dans la même ville le 5 mars 1534.*

Corrége, surnommé le peintre des grâces, n'eut jamais de maître. La première fois qu'il vit les ouvrages de Raphaël, il s'écria : « *Anch' io son pittore,* et moi aussi je suis peintre; » je comprends la beauté de cette peinture et je me sens capable de l'imiter. Il alla même plus loin que Raphaël en un certain point, car, le premier, il osa peindre des plafonds avec des figures en raccourci comme si elles planaient dans les airs. Cependant le plus gracieux de tous les peintres, celui que la voix unanime de ses contemporains et de la postérité place avec Raphaël et Titien à la tête de tous les artistes de l'Italie, le maître qui, selon Carrache, eut les plus grandes qualités et les moindres défauts, celui qui n'imita personne et que personne n'a pu imiter, a vécu pauvre et mourut à cause de sa misère. On lui donna à Parme, en monnaie de cuivre, le prix d'un de ses tableaux qu'il était allé chercher à plus de vingt kilomètres de son domicile. Par économie, et malgré la chaleur, pour ne pas trop diminuer une somme d'environ 200 fr., il la porta lui-même, prit une pleurésie et mourut à peine âgé de quarante ans.

5. *Vénus ou une Nymphe endormie.*

T. — H. 0,96. — L. 1,18.

La déesse ou la nymphe, gracieusement étendue sur de riches coussins, est paisiblement endormie, le bras gauche relevé et plié sous la tête. Deux satyres dont les têtes apparaissent au-dessus des draperies suspendues à des arbres, expriment par leurs gestes leur admiration et les précautions qu'il faut prendre pour ne pas réveiller la belle dormeuse.

Collection du marquis de Lacaze; restauré par Lebrun; gravé au trait par M. Lacour: *Musée d'Aquitaine*, t. Ier, p. 270 Cette composition attribuée, dans les précédents catalogues, imprimés ou manuscrits, à Titien et à Corrége lui-même, nous paraît être d'un imitateur ou d'un élève d'Allegri. Il est douteux que les têtes des satyres soient de la même main que le reste du tableau.

Le musée possède encore une tête de femme faite d'après Allegri, par Otton Vanveen (voyez no 415).

AMERIGHI *ou* MORIGI (MICHEL ANGE), *dit* LE CARAVAGE, *né à Caravagio, près de Milan, en* 1569, *mort à Porte-Ercole en* 1609.

Michel-Ange Amerighi était fils d'un maçon. En aidant son père à préparer des murs pour des artistes, il conçut l'idée de se faire peintre et il réussit bientôt à faire d'assez bons portraits. Il imita quelque temps la manière de Giorgion; mais il la quitta pour suivre uniquement son inspiration. D'un naturel querelleur, hautain, impérieux, Amerighi, toujours mal vêtu, avait l'œil hagard, le teint livide, les cheveux hérissés; méprisant tout le monde, il se croyait supérieur à tous les artistes présents et passés;

il n'aima personne et ne fut aimé de personne. Ses ouvrages se ressentent du caractère de leur auteur. Leurs tons ne sont point adoucis : des oppositions criantes de lumières et d'ombres sans reflets laissent l'œil sans repos se heurter à de larges plaques d'un noir, froid et cru. Pour donner plus de force aux ombres, Caravage avait fait peindre en noir tous les murs de son atelier. Du reste, insouciant sur le choix des modèles qu'il copiait, il se bornait à représenter la nature telle qu'il la voyait, et il y réussit si bien que, pendant quelque temps, ses tableaux eurent un immense succès et effacèrent la gloire des Carrache et de Dominiquin. Son système produisit une espèce de révolution dans les arts. Tous les jeunes gens, séduits par l'attrait de peindre sans étude, vinrent en foule à son école, et Caravage eut la gloire d'être le maître des Ribera, Guerchin, Gérard Honthorst, Carlo Loth, Spada, Valentin, etc. Mais ses succès autant que son mauvais caractère finirent par liguer tous les artistes contre lui. Le malheureux Amerighi, obligé sans cesse de changer de résidence, peignait tantôt l'histoire, tantôt des fleurs, quelquefois même des grotesques ; mais il réussit surtout dans le portrait. Cette vie aventureuse ne l'enrichit pas ; la misère l'obligea pendant plusieurs années à manger sur la toile d'un vieux portrait qui lui servait de nappe ; il vécut sans amis et mourut sans secours au milieu d'un chemin.

6. *Saint Jean-Baptiste dans le désert.*

T. — H. 1,69. — L. 1,23.

Le saint nu, assis en face, n'est reconnaissable qu'à la croix de roseau passée sous son bras droit.

Don du gouvernement en 1803.

7. *Le couronnement d'épines.*

T. — H. 1,22. — L. 1,61.

Jésus est assis de face, à mi-corps, entre deux soldats, l'un coiffé d'un turban, l'autre vêtu d'une armure du moyen âge.

Don du gouvernement en 1803 ; restauré par le musée central.

ANDRÉ DEL SARTO. — *Voyez* Vannuchi (André).

ANDRÉ (Jules), *né à Paris, élève de MM. Watelet et Jolivard, nommé chevalier de la Légion d'honneur en 1853, etc.*

46 MUSÉE

8. Paysage. — Étang Duvivray, près l'Ile-Adam (Seine-et-Oise.)

T. — H. 0,54. — L. 0,65.

L'étang ou la mare occupe le premier plan. Un petit garçon assis sur les bords y pêche à la ligne. Au-dessus, à droite, une cabane couverte de chaume ; à gauche, une rangée de trois saules dont la ligne fuit en perspective vers le fond du tableau.

Don du gouvernement en 1853.

ANSIAUX (Jean-Joseph-Éléonore-Antoine), *né à Liége en 1764, mort à Paris en 1840.*

M. Ansiaux fut un des élèves les plus distingués de l'atelier de Vincent. Il a exposé pendant cinquante ans une foule de tableaux remarquables e qui lui valurent l'honneur d'être porté sept fois et souvent en première ligne sur la liste des candidats à l'Institut. Une déviation de la colonne vertébrale rendait la taille de M. Ansiaux excessivement petite, mais n'altérait en rien la bonté et la gaieté du caractère de l'artiste. Il n'était pas seulement recherché à cause de son talent et de son instruction, mais surtout à cause des qualités de son cœur, de son esprit et de l'honorabilité de sa vie. Il était chevalier de la Légion d'honneur ; et la ville de Liége lu décerna une magnifique médaille d'or pour le remercier des soins qu'il s'était donnés pour faire rendre à sa patrie le cœur de Grétry.

9. Nicolas Poussin présenté à Louis XIII.

T. — H. 2,62, — L. 3,27.

Nicolas Poussin, cédant enfin aux sollicitations du cardinal de Richelieu, avait quitté Rome pour venir s'établir en France. Louis XIII, pour lui faire plus d'honneur, se le fit présenter solennellement à Saint-Germain-en-Laye, le 20 mars 1641, et voulut lui remettre lui-même, en présence du cardinal de Richelieu, du chancelier Séguier et des principaux personnages de la cour, le brevet de premier peintre du roi. Le tableau exposé sur un chevalet devant le monarque est l'un des chefs-d'œuvre de Poussin : le *Testament d'Eudamidas* qu'on croyait perdu et dont M. Ansiaux possédait l'original ou du moins une répétition de la main de Poussin lui-même. Ce tableau de Poussin avait appartenu précédemment à Peyron, peintre d'histoire, chez lequel nous nous souvenons l'avoir vu.

Don du gouvernement en 1817.

ARPIN, ARPINO. — *Voyez* CESARI.

ARTOIS. — *Voyez* VANARTOIS.

ASSELYN (JEAN), *dit* CRABATJE, *né à Anvers en 1610, mort à Amsterdam en* 1660.

On ne sait rien de la famille d'Asselyn, surnommé *Petit Crabe* parce qu'il avait une main estropiée. Les maîtres eurent peu d'influence sur la manière d'Asselyn : cependant il s'efforça d'imiter P. Van Laar qu'il rencontra en Italie. Il fut l'un des premiers à introduire en Hollande l'habitude de peindre les paysages tels que la nature les présente, au lieu de leur donner une teinte uniformément bleue, verte, bistrée, etc., comme le faisaient les imitateurs de Bril, de Breughel, etc.

10. *Paysage.*

B. — H. 0,38. — L. 0,50.

Sur le premier plan, un homme accroupi, vu de dos, entouré de divers animaux et de deux énormes chiens, est occupé à traire une vache.

Dans le bas, à gauche, sur une planche, on lit : *Asselyn,* 1645.

Collection du marquis de Lacaze.

BACCUET (PROSPER), *né à Paris, élève de Watelet, mort à Paris en* 1854.

11. *Vue de Miliana en Afrique; on aperçoit à l'horizon les monts Ouarensénis et les plaines du Chélif.*

T. — H. 1,00. — L. 1,32.

Exposé en 1848. Don du gouvernement en 1852.

BACKHUYSEN (LOUIS), *peintre, graveur et professeur*

d'écriture, né à Embden en 1631, mort à Amsterdam le 7 novembre 1709.

. Ludolf Backhuysen, longtemps destiné au commerce, était parvenu à obtenir une superbe écriture, et, sans avoir pris aucune leçon de dessin, il représentait très-bien avec sa plume des barques et des vaisseaux. Le goût de la peinture finit par le dominer; il prit des leçons de Van Everdingen, et s'enthousiasma tellement pour son art, que, pour mieux étudier les effets des flots agités, il bravait les plus affreuses tempêtes. Peu d'artistes ont rendu la nature avec autant de vérité. Ses ouvrages acquièrent une réputation prodigieuse et furent fort recherchés des princes de cette époque, surtout du czar Pierre le Grand qui eut pour Backhuysen une affection particulière. A soixante-onze ans, Backhuysen gravait encore et donnait des leçons d'écriture.

12. *Marine.*

T. — H. 1,00. — L. 1,36.

A droite, un phare à demi détruit; à gauche, une grande galiote les voiles au vent et chargée de passagers.

Collection du marquis de Lacaze.

13. *Marine.*

T. — H. 0,84. — L. 0,85.

Tempête. A droite, un navire au pavillon hollandais fuit sous le vent qui le couche à tribord; à gauche, un rocher. Dans le lointain, deux autres navires naviguent sous leurs petites voiles.

Collection du marquis de Lacaze.

14. *Marine.*

T. — H. 0,84. — 0,85.

Le calme. Un navire en panne occupe le milieu du premier plan; quelques barques à gauche, et l'extrémité d'une jetée à droite, garnissent les coins inférieurs du tableau.

Collection du marquis de Lacaze.

BALAT (Jacques-Christophe-Paul), *peintre et dessinateur, né à Bordeaux le 1ᵉʳ germinal an XII (22 mars 1804), mort dans la même ville le 17 novembre 1828.*

Fils d'un employé de l'administration de la marine et neveu par sa mère

DE BORDEAUX.

du célèbre peintre Gassies, le jeune Balat annonça de très-bonne heure les plus heureuses dispositions et le goût le plus ardent pour les arts. Partout où il se présenta, au collége comme à l'école de dessin, il obtint tous les prix. Il était impossible de le connaître et de ne pas l'aimer; on peut dire qu'il y avait en lui quelque chose de la nature de Raphaël. Assidu à l'étude, toujours préoccupé de son art, il dédaigna de se servir de cette fatale ressource à laquelle tant de jeunes artistes sont obligés d'avoir recours, celle de travailler pour vivre ; et, pour se livrer tout entier à ses études, il refusa presque toujours de faire des portraits. Une fois cependant il fut si vivement pressé par deux honorables négociants, qu'il crut s'en débarrasser en leur demandant un prix que sa modestie lui faisait regarder comme exagéré ; mais quand les portraits furent finis, les deux négociants, en furent si contents, qu'ils firent remettre à l'artiste le double de la somme convenue. M. Balat crut qu'ils s'étaient trompés et les en avertit, leur prouvant ainsi que leur générosité avait récompensé non-seulement un artiste de talent, mais un honnête homme. C'était à l'époque où le jeune Balat venait de remporter à l'école de peinture de la ville le premier prix que le musée conserve comme un monument constatant le degré de force des élèves de l'école à cette époque, et les regrets que doit causer la perte d'un élève annonçant de si heureuses dispositions.

Quelque temps après, M. Balat partit pour Paris et entra dans l'atelier de M. Gros. Il s'y livra à l'étude avec tant d'ardeur, que, succombant pour ainsi dire à la fatigue, il fut obligé de revenir à Bordeaux. Il y retrouva M. Brascassat. Camarades d'études, habitant dans le même quartier, enflammés du même amour de l'art, les jeunes gens s'étaient liés d'amitié. Un jour ils furent ensemble se baigner dans la Garonne, devant un des chantiers de construction des navires. Balat ne savait pas nager, et restait sur le bord; mais s'étant un peu trop avancé, le pied lui manqua, et il fut entraîné par le courant. M. Brascassat, qui s'en aperçut, se saisit d'une planche, la poussa à son ami qui s'y crampona, et nageant à l'autre extrémité, fut assez heureux pour amener ainsi son ami sur la rive. Quand Balat eut repris ses sens, il se jeta dans les bras de M. Brascassat, et le tint étroitement embrassé pendant si longtemps, que le gardien du chantier, qui les remarqua, se douta qu'il leur était arrivé quelque chose d'extraordinaire ; c'est par lui qu'on a su les détails de ce petit et triste drame. L'émotion avait été si vive, que M. Balat s'en ressentit toujours et qu'elle contribua beaucoup à hâter les progrès de la maladie à laquelle il devait succomber.

Trompé par les apparences d'une amélioration factice, M. Balat partit pour Paris; mais il y était à peine, qu'il fut obligé de revenir à Bordeaux pour y mourir à vingt-trois ans. M. Balat laissa inachevée une grande composition : la *Résurrection de Lazare ;* mais il réunit tout ce qui lui restait de force et de vie pour terminer une *Vierge dans sa gloire.* Il y a quelque chose de céleste et de surnaturel dans la beauté de cette jeune mère et de son divin fils. La suavité de cette gracieuse et paisible composition n'empêche pas d'y remarquer je ne sais quoi de mélancolique et de triste qui révèle que l'artiste y mit pour ainsi dire toute son âme et y consacra toutes ses espérances. Cependant cette touchante et charmante toile reste encore invendue sous les yeux d'une mère dont elle renouvelle sans cesse l'immense affliction.

MUSÉE

M. Balat est auteur de plusieurs lithographies pour la *Topographie médicale de Bordeaux*, le *Musée d'Aquitaine*, etc.

15. *Scythès tendant l'arc à son père.*

T. — H. 1,13. — L. 1,58.

Sandem, l'Hercule scythique, avait eu trois fils de sa femme Echidna *aux jambes de vipère.* L'arc paternel devait appartenir à celui des fils qui parviendrait à le tendre. Les deux aînés essayèrent en vain; mais le plus jeune, Scythès, le Scolotis des Grecs, y parvint et fut l'héritier d'Hercule.

Tableau de l'école de dessin de Bordeaux du concours de 1824.

BARBARELLI (Georges), *dit* il Giorgione, *peintre et musicien, né à Castelfranco, dans le Trévisan, en 1477, mort à Venise en 1511.*

Giorgione fut ainsi nommé à cause de l'élévation de sa taille, ou, selon d'autres, à cause de sa fierté. Élève de Bellini qu'il surpassa, maître de Titien qui lui porta toujours envie, il ne peignit jamais sans modèle et porta la science du coloris aussi loin que possible. Il imagina de peindre à fresque la façade de la maison qu'il occupait à Venise, et son exemple trouva beaucoup d'imitateurs. Mort fort jeune, ses ouvrages sont devenus très-rares.

16. *Tête d'Esclavon vue de trois quarts, tournée à droite, coiffée d'un feutre.*

T. — H. 0,73. — L. 0,58.

Collection du marquis de Lacaze.

BARBIÉRI (Jean-François), *dit* Guerchin, *peintre et graveur, né à Cento, près Ferrare, le 8 février 1591, mort à Bologne le 22 décembre 1666.*

Le jeune Barbieri, surnommé le Guerchin de Cento, parce qu'il était louche, annonça dès l'âge de dix ans les plus heureuses dispositions pour les arts. Il devint si célèbre, exécuta de si nombreux travaux, ses figures avaient tant de relief et produisaient tant d'illusion, qu'on l'appela aussi *le Magicien.* Il ébanchait et peignait au premier coup, et Tiarini lui disait : « Vous faites tout ce que vous voulez faire; nous, nous faisons ce que nous pouvons. » Si l'on peut adresser quelques reproches à l'artiste, on n'en peut

DE BORDEAUX.

adresser aucun à l'homme. Il était bon, affectueux, charitable, spirituel, aimé de tous ceux qui l'approchaient. Il ne se maria jamais. Les honneurs ne lui manquèrent point. Créé chevalier par le duc de Mantoue, les rois de France et d'Angleterre lui firent faire les propositions les plus avantageuses pour l'engager à quitter sa patrie. La reine Christine de Suède fut le voir et voulut presser dans sa main la main qui avait créé tant de chefs-d'œuvre.

17. Saint Bernard recevant de la Vierge la règle de l'abbaye de Clairvaux.

T. — H. 3,07. — L. 1,95.

Don du gouvernement en 1803; vient de Bologne. Ce tableau, qui vous paraît une copie très-ancienne de Guerchin, pourrait être de son neveu Benedetto Gennari (voyez ce nom).

18. Bertholde vouvant les œufs de l'oie.

T. — H. 1,19. — L. 0,95.

Ce sujet, tiré du *Décameron* de Boccace, n'a pas besoin d'être expliqué.

Collection du marquis de Lacaze.

BARTHOLOMÉ. — *Voyez* BREEMBERG.

BASSAN. — *Voyez* PONTE.

BATANCHON (N....), *peintre, né à Bordeaux au* XVIIIe *siècle, mort dans la même ville vers 1815.*

M. Batanchon fut le promoteur et l'un des membres les plus actifs de l'Académie royale de peinture, sculpture et architecture civile et navale, fondée à Bordeaux en 1768. Il en fut le premier recteur.

19. Portrait de l'auteur peint par lui-même.

Ce tableau, qui venait de l'ancienne Académie, a été rendu par la ville à la famille Batanchon en 1822.

BAUDOUIN. — *Voyez* BOUDEWYNS.

BECCARD. — *Voyez* VAN BECCARD.

BEGA. — *Voyez* BEGYN.

52 MUSÉE

BEGYN (CORNEILLE), *dit* BEGA, *peintre et graveur, né à Harlem en* 1620, *mort dans la même ville le* 27 *août* 1664.

Kornelys Begyn, le meilleur des élèves de Van Ostade, était fils d'un sculpteur. La nature des sujets qu'il aimait à représenter l'entraîna dans de telles débauches que son père le chassa de sa maison. Pour se venger, ou pour faire plaisir à son père, l'artiste renonça à son nom et prit celui de Bega qu'il a illustré. Il paraît d'ailleurs que le débauché avait assez bon cœur : sa maîtresse ayant été atteinte de la peste, tout le monde l'abandonna, excepté Bega, qui en mourut.

20. *Scène d'intérieur.*

B. — H. 0,26. — L. 0,24.

Un paysan regarde amoureusement une femme qui, assise sur ses genoux, lui présente un verre de vin.

Collection du marquis de Lacaze.

BEICH (JOACHIM-FRANÇOIS), *peintre et graveur, né à Ravensbourg (Souabe) en* 1665, *mort à Munich en* 1748.

Il commença à étudier dans sa patrie ; mais, comprenant que la nature seule ne pouvait suffire sans l'étude des maîtres, il vint en Italie. Son talent s'y perfectionna tellement, que Solimène lui-même ne dédaigna pas de copier quelques-uns des tableaux de Beich. Il peignit de trois manières différentes. On cite de lui, comme merveilleux, un paysage de 8 mètres de longueur.

21. *Marine.*

T. — H. 0,50. — L. 0,41.

Collection du marquis de Lacaze. Dans un précédent catalogue, ce tableau avait été attribué à Jean Weenix.

BENEDETTO. — *Voyez* CASTIGLIONE.

BERGERET (PIERRE-NOLASQUE), *peintre et graveur, né à Bordeaux en* 1782, *actuellement fixé à Paris.*

Élève de M. Lacour père, puis de Vincent et de David, M. Bergeret est un des artistes dont la longue carrière a été le plus laborieusement remplie. Dès 1806, il recevait à Paris une médaille d'honneur pour l'un de ses premiers et plus célèbres tableaux : *Honneurs funèbres rendus à*

Raphaël, exposé au salon de cette année, duquel **MM.** Pauquet et Sixdeniers ont fait une excellente gravure. Un grand nombre d'autres tableaux de M. Bergeret ont été commandés ou achetés par le gouvernement. M. Bergeret, doué d'une imagination aussi active que son pinceau est habile, et hardi, a exécuté, indépendamment d'un grand nombre de tableaux à l'huile de toutes dimensions, une vingtaine de pièces gravées assez importantes, et un nombre considérable de lithographies, genre dont il fut un des premiers introducteurs en France. En quinze mois, de 1808 à 1810, M. Bergeret exécuta le dessin des huit cent quarante-cinq pieds de bas-reliefs en bronze qui grimpent en spirale de la base au sommet de la colonne de la place Vendôme à Paris. Il a été pendant six ans dessinateur des costumes du théâtre Feydeau ; il a fourni un grand nombre de dessins de médailles pour la Monnaie, les figures des nouvelles cartes à jouer, etc., etc.

22. *L'empereur Charles-Quint et Titien.*

T. — H. 1,00. — L. 1,30.

Charles-Quint fit venir Titien en Espagne, en 1552, et lui demanda de faire son portrait pour la troisième fois, ou, comme disait ce grand prince, de lui donner l'immortalité pour la troisième fois. Pendant que l'artiste travaillait, un de ses pinceaux s'échappa de ses mains, et l'empereur daigna se baisser pour le lui rendre. « *Sire*, lui dit l'artiste confus d'une si grande bonté, *un de vos serviteurs ne mérite pas cet honneur.* — *Vous vous trompez*, lui répondit Charles-Quint, *Titien mérite d'être servi par César.* »

Ce tableau, exposé à Paris au salon de 1808, et à Bordeaux en 1809, a été légué à la ville en 1847 par M. le docteur Dutrouilh.

23. *Portrait en pied de Louis-Philippe Ier, roi des Français.*

T. — H. 2,34. — L. 1,62.

Louis-Philippe de Bourbon, duc de Valois, puis duc d'Orléans, né à Paris le 6 octobre 1773, nommé roi des Français le 7 août 1830, mort à Richemont (Angleterre) le 26 août 1850. Il est représenté debout en trois quarts, en costume de lieutenant général.

Donné par le gouvernement en 1848.

BERGHEM *ou* BERCHEM (Nicolas), *peintre et graveur, né à Harlem en 1624, mort dans la même ville le 18 février 1683.*

Le véritable nom de Berghem n'est pas connu : on sait seulement que son père était un assez mauvais peintre de nature morte, et l'on prétend que le nom de Berghem fut donné à son fils parce qu'un jour que son père en fureur, le voulait battre, tous ses amis crièrent à la fois : « *Berghem !* sauvez-le ! » Quoi qu'il en soit de la vérité de cette étymologie, la douceur du caractère de l'artiste, la régularité de sa conduite et l'immense succès de ses travaux, ne purent le rendre heureux. Nous venons de voir comment dans sa jeunesse son père le traitait, plus tard il eut le malheur d'épouser une femme tellement avare, qu'elle ne lui laissait pas un moment de repos, et prenait tout l'argent qu'il gagnait.

24. *Paysage.*

T. — H. 0,58. — L. 0,74.

Le premier plan est occupé par un groupe de divers animaux et par deux paysannes : l'une, debout et le sein nu, tient sous le bras un panier d'herbages ; l'autre, accroupie, trait une chèvre. Au second plan, un laboureur conduit une charrue.

Collection du marquis de Lacaze.

BERNASCONI (Laura), *née à Rome, vivait au* xviie *siècle, et fut élève de Mario Nuzzi, dit Mario di Fiori.*

25. *Paysage.*

T. — H. 0,72. — L. 0,95.

Entrée d'une forêt. L'horizon paraît à peine. Le premier plan est occupé par trois groupes d'arbres également espacés.

Collection du marquis de Lacaze.

26. *Paysage.*

T. — H. 0,72. — L. 0,95.

Au-dessus de l'horizon, à gauche, on distingue le

DE BORDEAUX.

disque du soleil levant ; sur le premier plan, à droite, coule un ruisseau.

Collection du marquis de Lacaze.

BERRETTINI (Pierre), *dit* Pietro di Cortona, *peintre, architecte et littérateur, né à Cortona en Toscane, le 1ᵉʳ novembre 1596, mort à Rome le 16 mai 1669.*

Berrettini étudia surtout les bas-reliefs antiques : ses nombreux ouvrages, sauf le coloris et la perspective, en sont pour ainsi dire des imitations. Il laissa une réputation et une fortune immenses ; il légua 100,000 écus pour l'exécution de son tombeau. Par allusion à son nom, on l'avait surnommé *Corona de' Pittori*. Le génie de Pietre de Cortone se prêtait peu aux petites compositions ; il aimait les grandes machines qu'il remplissait avec facilité des groupes les plus variés. Un jour qu'il peignait à Florence, le grand-duc vint le voir travailler ; et, comme le duc admirait surtout un enfant qui pleurait : « Voulez-vous voir, lui dit Berrettini, avec quelle facilité les enfants pleurent et rient ? » et donnant un seul coup de pinceau à la lèvre de l'enfant, elle parut rire ; une seconde touche effaça ce trait, et l'enfant recommença à pleurer.

27. Le Veau d'or.

T. — H. 0,65. — L. 0,80.

Les Israélites, sur l'instigation d'Aaron, ont élevé un autel au veau d'or, et dansent devant lui. Dans le lointain, à gauche, on aperçoit Moïse suivi de Josué ; Moïse brise les tables de la loi. (*Exode*, chap. xxxii.)

Collection du marquis de Lacaze.

28. La Vierge et l'Enfant Jésus.

T. — H. 1,55. — L. 1,12.

La Vierge, assise à mi-corps, en profil, tient sur ses genoux l'Enfant divin auquel elle vient de donner une fleur dite *de la Passion*.

Don du gouvernement en 1803, vient de l'ancien cabinet du roi.

29. Saint Nicolas.

. — H. 0,28. — L. 0,19.

Le saint évêque, tenant une bourse de la main gauche, se nble bénir de petits enfants nus, dans un baquet.

Collection du marquis de Lacaze.

BIAGIO. — *Voyez* LOMBARDO (BIGIO).

BIBIENA. — *Voyez* GALLI.

BICHER. — *Voyez* MÉEL.

BIDA.

Dans les quatre tableaux que le gouvernement donna au Musée en 1852, devait être compris, d'après la lettre d'envoi : *le Marché d'esclaves*, par M. Bida; mais, dans la caisse reçue, ce tableau se trouva remplacé par *l'Appel dans les bruyères*, de M. Chaplin (voyez ce nom).

BOL (FERDINAND), *peintre et graveur, né à Dordrecht vers 1610, mort à Amsterdam en 1681.*

Placé très-jeune dans l'atelier de Rembrandt, Bol devint un des meilleurs élèves de ce maître. Il n'eut pas le génie de cet étonnant artiste, mais il imita si bien sa manière de peindre et de graver, qu'il gagna beaucoup d'argent. Les marchands lui achetèrent ses ouvrages pour les vendre comme des Rembrandt.

30. *Abraham et ses serviteurs.*

T. — H. 1,10. — L. 1,43.

A gauche, un vieillard vêtu à la moderne, debout sous un arbre, donne des ordres à trois serviteurs dont l'un pèse une chèvre, l'autre conduit un âne, etc.

Don du gouvernement en 1803.

31. *Apollon et Marsyas.*

T. — H. 1,10. — L. 1,39.

Le dieu de l'harmonie, vêtu d'une robe courte, debout contre un arbre, entouré de nymphes, de satyres, etc., parmi lesquels se trouve son imprudent antagoniste, joue du violon devant un vieillard coiffé à la turque, dont les oreilles sont déjà allongées de manière à provoquer le rire d'un petit satyre placé derrière lui.

Don du gouvernement en 1803.

BOLOGNINI (Jean-Baptiste), *né à Bologne en 1612, mort en 1689.*

Bolognini entra chez Guido Reni lorsque celui-ci était déjà vieux ; il ne devint pas un de ses meilleurs élèves, il ne fit presque jamais de tableaux de sa composition, et se borna à copier ceux de son maître. Ses copies furent souvent vendues pour des originaux.

32. *La peinture personnifiée.*

T. — H. 1,33. — L. 0,98.

Une femme de grandeur naturelle, les épaules et le sein nus, est assise, la palette à la main, devant un chevalet sur lequel un tableau commencé représente l'Amour.

Collection du marquis de Lacaze.

BONAVENTURE. — *Voyez* Péters.

BONZEL. — *Voyez* Bonzi.

BONZI (Pierre-Paul), *dit* Il Gobbo, *né à Cortone vers 1580, mort vers 1640*

Élève d'Annibal Carrache, il excellait dans le paysage et la nature morte. On l'appelait *le Bossu des Carrache, le Bossu des Cortone,* ou *le Bossu aux fruits.* Le tableau décrit ci-dessous était attribué, par le catalogue de M. le marquis de Lacaze, à *Bonzel de Parme :* nous n'avons trouvé ce nom dans aucune biographie, et supposons qu'il peut être de Bonzi.

33. *Lièvres, bécasses et pigeons.*

T. — H. 0,73. — L. 0,96.

Collection du marquis de Lacaze.

3.

BORDONE (Paris), *peintre, musicien et littérateur, né à Trévise en 1500, mort à Venise le 19 janvier 1571.*

Il règne beaucoup d'incertitudes sur les principales dates de la vie de cet artiste, célèbre, et surtout sur l'époque où sa réputation le fit appeler en France; mais il n'y en a aucune sur l'incontestable et remarquable mérite de ses ouvrages. Quoique élève de Vecellio, Bordone s'attacha surtout à imiter Giorgio Barbarelli. Il cultiva aussi la musique et les lettres, et mourut comblé d'honneurs et de richesses.

34. *Portrait d'un noble vénitien.*

T. — H. 0,80. — L. 0,65.

Jeune homme vu de face, à mi-corps, coiffé d'une espèce de bonnet aplati, vêtu d'un justaucorps noir, avec des manches de velours cramoisi. La main droite dégantée repose sur l'appui d'une croisée, et la main gauche semble montrer le gant enlevé à la main droite.

Collection du marquis de Lacaze.

BOTH (Jean), *dit* Both d'Italie, *peintre et graveur, né à Utrecht en 1610, mort dans la même ville en 1650.*

Les deux frères Jean et André Both eurent une remarquable conformité d'existence. Tous deux élèves d'Abraham Bloemaert, ils travaillèrent ensemble, firent ensemble leurs études, leurs voyages et leurs tableaux, et l'on peut même dire qu'ils moururent ensemble; car André s'étant noyé, Jean, inconsolable, mourut la même année. Cependant leur manière de peindre fut toute différente : Jean imita Claude Gelée, et André imita P. Van Laar.

35. *Paysage.*

B. — H. 0,58. — L. 0,74.

Vue d'Italie; soleil couchant.

Collection du marquis de Lacaze.

BOUCHER (François), *peintre, graveur et sculpteur, né à Paris en 1704, mort dans la même ville en 1770.*

Boucher fut élève de Lemoine; il remporta le prix de Rome à dix-neuf ans, fut élu membre de l'Académie à vingt-sept ans, et nommé premier peintre du roi en 1768. Peu d'artistes ont été aussi loués pendant leur vie et

aussi décriés après leur mort; mais, pour les hommes de mérite comme était en réalité Boucher, il vient toujours un temps où; quelles que soient leurs erreurs, une réaction s'opère et les replace au rang qu'ils doivent définitivement occuper. Louis David, neveu de Boucher et chef d'une école opposée qu'attendait un plus grand succès et un abandon à peu près semblable, disait en parlant de son oncle : « N'est pas Boucher qui veut. » Un des contemporains de Boucher l'a ainsi caractérisé : « Sensible, aimable, volup-
« tueux, il se vit presque toujours entraîné vers les Grâces dont il fut appelé
« le peintre, et surnommé l'Albane français... Comme l'artiste italien, il eut
« le bonheur de se choisir une compagne qui put sans cesse lui retracer
« l'idée des grâces, et il sut en faire le plus heureux usage. » Cet écrivain oubliait que les nudités de l'Albane sont toujours pudiques et qu'un auteur moderne a pu dire de Boucher : « Il n'eut d'autres maîtres que ses maî-
« tresses. » Boucher était d'un caractère aimable et désintéressé; son goût pour le plaisir ne l'empêcha pas de se livrer au travail avec une telle assiduité et une si grande facilité, qu'on fait monter le nombre de ses œuvres à plus de 10,000 compositions. Appréciateur éclairé et impartial de tous les mérites, il peignit tous les genres, depuis l'histoire et le paysage jusqu'à la miniature et la gouache.

36. *Un berger et une bergère.*

C. — H. 0,10. — L. 0,14.

Cette esquisse, tout à fait dans le goût de Boucher, pourrait être de la main d'un de ses élèves. Acheté par la ville en 1850.

Le Musée possède un autre tableau de Boucher. Voyez : Vertanghen.

BOUDEWINS, BAUDUINS *ou* BEAUDOUIN (An-toine-François), *peintre et graveur, né à Dixmunde, ou à Bruxelles, en 1660, ou en 1667.*

La plus grande incertitude règne non-seulement sur les principaux détails de la biographie de cet artiste, mais même sur son prénom. Les uns lui donnent celui de Nicolas, les autres ceux d'Antoine-François. Ces circonstances jointes aux différentes manières d'orthographier son nom propre, ont porté quelques écrivains à penser qu'on attribue à un seul personnage les noms de deux artistes différents. Tout ce qu'on sait de positif, c'est que Boudewyns, paysagiste, dont la perspective est peu savante, excellait dans la représentation des arbres et des plantes, et que les meilleurs fonds des tableaux de Vander Meulen sont dus à son pinceau. Boudewyns avait un ami nommé Bout, sur le prénom duquel il règne aussi une grande incertitude. Bout excellait à peindre de petites figures d'hommes et d'animaux; et presque tous les paysages de Boudewyns, comme ceux de Dupont, dit Pointié, sont ornés de charmantes petites figures peintes par Bout.

37. *Paysage.* — *Des voleurs attaquent un village.*

T. — H. 0,46. — L. 0,55,

Acheté par la ville en 1850.

MUSÉE

38. Paysage. — Des voleurs mis en fuite.

T. — H. 0,46. — L. 0,55.

Acheté par la ville en 1850.

39. Port de mer.

Marouflé sur B. — H. 0,40. — L. 0,56.

Vue intérieure d'une place ou marché au poisson. Une ancienne porte de ville occupe le centre du tableau, et l'on aperçoit au delà un bras de mer ou une rivière, de l'autre côté duquel on distingue une grande ville.

Collection du marquis de Lacaze.

40. Paysage.

Marouflé sur B. — H. 0,40. — L. 0,56.

Fête villageoise dans des ruines modernes.

Collection du marquis de Lacaze.

BOULANGER (CLÉMENT), *né à Paris en 1806, mort à Magnésie, sur les bords du Méandre en Asie-Mineure, le 29 septembre 1842.*

Après avoir voyagé longtemps en Italie, etc., M. Boulanger se distingua aux diverses expositions du Louvre depuis 1827 jusqu'à l'époque de sa mort, et s'est fait un nom à part dans la phalange des coloristes qui levèrent l'étendard de la révolte contre l'école de David. M. Clément Boulanger a séjourné plusieurs années à Bordeaux, où il a exécuté un grand nombre de tableaux et a laissé beaucoup d'amis. Son tableau principal : *la Procession de la Gargouille*, qui fait aujourd'hui partie de la galerie du Luxembourg à Paris, a été pendant quelque temps exposé dans une des salles du musée de Bordeaux. Sa veuve, devenue femme de M. Cavé, ancien directeur des Beaux-Arts, a illustré ce nom dans la littérature et dans les arts.

41. *Portrait de monseigneur l'archevêque de Bordeaux.*

T. — H. 1,36. — L. 0,98.

Ferdinand-François-Auguste Donnet, né à Bourg-Argental (Loire) le 16 novembre 1795, évêque de Rosa et coadjuteur de Nanci et de Toul le 30 mai 1835, archevêque de Bordeaux le 19 mai 1837, et depuis

DE BORDEAUX. 61

cardinal en 1850, est représenté debout, en face, à mi-jambes, la main droite appuyée sur un livre ; de la main gauche, il relève les plis de son manteau.

Donné au Musée par l'auteur.

42. *Paysage.*

T. — H. 0,67. — L. 0,93.

Quelques vendangeurs du Médoc sont rassemblés sur la lisière d'un vignoble et posent les *bastes* pleines sur un charrette à bœufs.

Exposé au salon de 1840. Don du gouvernement.

BOULOGNE (Bon de), *peintre et graveur, né à Paris en 1749, mort dans la même ville le 16 mai 1717.*

Louis de Boulogne, peintre de mérite, eut deux garçons et deux filles qui devinrent tous des artistes distingués ; mais le plus célèbre fut l'aîné, Bon de Boulogne, qui peignait dans tous les genres et imita le faire des divers maîtres italiens avec une adresse telle qu'il lui arriva à ce sujet plusieurs aventures piquantes. D'abord élève de l'école de Rome, puis membre de l'Académie de peinture en 1677, il fit connaître toute l'étendue de son génie dans les compositions grandioses dont il orna les églises des Invalides et de Notre-Dame, les palais de Versailles, Saint-Cloud, Trianon, etc.

43. *Portrait d'un fils légitimé de Louis XIV.*

T. — H. 0,68. — L. 0,55.

Collection du marquis de Lacaze.

BOULOGNE (Louis), *père de Bon Boulogne. — Voyez* Corneille (Michel), n° 95.

BOUNIEU (Michel-Honoré), *peintre et graveur, né à Marseille en 1740, mort à Paris en 1814.*

Bounieu, élève de M. Pierre, fut agréé à l'Académie de peinture en 1770. Il fut conservateur du cabinet des estampes de 1792 à 1794, et professeur de dessin à l'école des ponts et chaussées pendant vingt ans. Il a laissé une fille, madame Raveau, qui s'est aussi distinguée dans la peinture.

44. *Tête de femme.*

T. — H 0,40. — L. 0,32.

Buste vu de trois quarts, tourné à droite, le sein à demi nu, peint à la manière de Greuze.

Collection du marquis de Lacaze.

45. Baigneuses.

T. — H. 0,35. — L. 0,29.

Des femmes turques se baignent sur les bords de la mer : un aigle enlève la sandale de l'une d'elles. Sujet tiré de Galland : *les Mille et une Nuits.*

Acheté par la ville en 1850, vient de la collection de M. Legrix de Tustal.

BOURGUIGNON. — *Voyez* COURTOIS.

BOUT (PIERRE OU FRANÇOIS), *peintre flamand qui n'est guère connu que par sa coopération aux paysages de Boudewyns, dont il peignait presque toujours les figures.* — *Voyez* BOUDEWYNS.

BRAKEMBURGH (RÉNIER), *peintre, graveur et poëte, né à Harlem en 1649, mort en Frize en 1702.*

Élève de H. Momers et de B. Schendel, il imita la manière d'Ostade et représenta fort exactement les costumes et les modes de son temps. D'un caractère semblable à celui de Brawer, il aima les plaisirs crapuleux et ne peignit guère que des scènes d'orgie ou de cabaret ; néanmoins il gagna plus d'argent qu'aucun des peintres de son époque.

46. Intérieur d'estaminet hollandais.

T. — H. 0,40. — L. 0,49.

Divers groupes d'hommes et de femmes sont rangés le long d'une grande salle. Sur le premier plan, à gauche, deux enfants s'amusent : l'un avec une poupée, l'autre avec un tambour. Tableau daté et signé : R. BRAKEMBURGH, 1692.

Collection du marquis de Lacaze.

DE BORDEAUX.

BRASCASSAT (Jacques-Raymond), *peintre et graveur,*
né à Bordeaux le 30 avril 1804, actuellement à
Paris.

Le premier maître de M. Brascassat fut M. Lacaze, artiste médiocre, mais
qui aimait son art et sut en inspirer l'amour à son élève. M. Brascassat
avait à peine treize ans lorsqu'il quitta l'atelier de M. Lacaze pour entrer
quelque temps dans celui de M. Dubourdieu et suivre les cours de l'école
de peinture de la ville. Peu après le jeune homme fut remarqué de M. Théodore Richard, ingénieur en chef du cadastre à Bordeaux, qui le prit sous sa
protection et l'emmena plusieurs années de suite étudier la nature dans les
montagnes de l'Aveyron. Quelques mois avant le concours de paysage historique qui devait avoir lieu en 1825, M. Brascassat vint à Paris et entra
dans l'atelier de M. Hersent. Lorsque le concours eut lieu, M. Brascassat,
qui avait à peine vingt ans, obtint le second prix. Sa composition parut
si remarquable que, par une faveur exceptionnelle, M. Brascassat fut
envoyé à l'école de Rome, et son tableau acheté par M. de Peyronnet, fut
donné au musée de Bordeaux.

Pendant cinq ans, M. Brascassat parcourut les différentes parties de l'Italie,
du royaume de Naples et de la Sicile. Revenu en France en 1830, il passa
chez M. Théodore Richard où il était reçu comme un membre de la famille,
et voulant laisser à Milhau un chien qui l'avait accompagné dans toutes ses
courses en Italie, il en fit un portrait. Cet essai réussit si bien que M. Brascassat se hasarda à peindre quelques brebis; les succès que ces compositions obtinrent au salon de 1831 déterminèrent le peintre de paysages à
s'occuper plus spécialement de l'étude des animaux. Nous ne dirons pas
les différents succès de M. Brascassat en ce genre; nous nous contenterons
d'ajouter qu'il reçut la croix de la Légion d'honneur en 1837, et qu'il fut
nommé membre de l'Institut en 1846.

47. *Paysage. — Mort du sanglier de Calydon.*

T. — H. 1,12. — L. 1,45.

Diane, offensée que Méléagre eût négligé de lui
faire un sacrifice, envoya un énorme sanglier ravager
les forêts d'Étolie. Méléagre rassembla les chasseurs
et les bergers pour tuer le monstrueux animal, et la
fille de Jasius, roi d'Arcadie, la jeune Atalante, dont
Méléagre était amoureux, se joignant à la troupe des
chasseurs, eut l'honneur de blesser la première le
sanglier furieux. Mais renversée par l'énorme animal,
Atalante allait périr, lorsque Méléagre se précipita sur
le monstre et le terrassa.

Donné par le comte de Peyronnet en 1825.

BRIANT (Jean), *né à Bordeaux le 4 février 1760, mort à Toulouse le 20 août 1799.*

Fils d'un ferblantier établi au pied du clocher de Pey-Berland, le jeune Briant fut d'abord destiné à embrasser la profession que, d'après nos registres de l'état civil, sa famille exerçait à Bordeaux depuis un temps immémorial. Son père l'envoya à Toulouse chez un nommé Forobert qui, ferblantier lui-même, avait néanmoins quelques notions de mécanique et s'occupait avec ardeur de la solution de ces problèmes insolubles qui séduisent tous ceux qui n'ont que de faibles notions de la science. Forobert aimait aussi les arts et conduisit quelquefois Briant à l'Académie des beaux arts. Les progrès des élèves de cette célèbre école enflammèrent l'imagination du jeune Bordelais déjà vivement excitée par la vue des Pyrénées, qu'il apercevait quelquefois du haut des tours de la ville. Briant se mit à dessiner, et l'art du ferblantier fut un peu négligé. Son père le rappela, mais inutilement : l'impression était produite. Le souvenir des tableaux que Briant avait copiés et de la vue des Pyrénées dont il charbonnait la silhouette majestueuse sur tous les murs, le suivirent partout et lui firent enfin obtenir de son père la permission d'étudier la peinture. Briant entra dans l'atelier de M. Lacour père, qui voulut bien le recevoir gratis. Dès 1784, Briant remporta un des prix de l'école de peinture ; et, deux ans après, en 1786, il remportait le grand prix de peinture historique. Ce prix lui valait 500 livres pour aller pendant un an perfectionner ses études à Paris ; mais le tableau de Briant annonçait de si heureuses dispositions, que l'Académie, sur la proposition de l'abbé Sicard, son secrétaire, ouvrit une souscription pour fournir au jeune lauréat les moyens d'aller ensuite se perfectionner en Italie. Cette proposition, disent les registres de l'Académie, fut accueillie avec transport et immédiatement remplie. Briant devait rembourser chacun de ses protecteurs par l'envoi d'un paysage d'une dimension déterminée ; il tint exactement sa promesse ; et les tableaux qu'il envoya nous ont révélé que parmi les souscripteurs se trouvaient MM. de Lisleferme, Lafon de Ladebat, Combes, Lacour, Sicard, etc.

Briant alla passer une année à Paris, dans l'atelier de Lépicié. Revenu à Bordeaux, il partit pour l'Italie avec la petite colonie d'artistes que M. de Lisleferme emmena avec lui en 1789 ; il eut, entre autres, pour compagnons de route, MM. Bonfin et Godefroy, architectes. Briant était d'une physionomie excessivement agréable, mais tellement efféminée, que plusieurs fois ses camarades de route s'amusèrent à le faire passer dans les hôtelleries pour une femme habillée en homme. Briant resta trois ans en Italie : il y fit des études sérieuses ; et son tableau, le *Combat des Horaces*, lui valut de justes éloges ; mais la vue des sites enchanteurs des campagnes de l'Italie lui révéla sa véritable vocation et le convainquit qu'il devait principalement s'occuper de paysages.

De retour dans sa patrie, que les passions politiques agitaient alors dans toute leur force, Briant y resta à peine assez de temps pour fermer les yeux de son père et revint à Toulouse rejoindre ses anciens camarades et surtout un peintre trop peu connu, Wallaër, avec lequel il se lia d'une étroite amitié. En ce temps-là, à Toulouse comme ailleurs, les tableaux saisis chez les proscrits et ceux pris dans les églises et les couvents, étaient entassés

DE BORDEAUX. 65

dans un vaste local. Les représentants du peuple, en mission à Toulouse, mieux inspirés que ceux de Bordeaux, ordonnèrent d'en former le *Musée du midi de la France*. Briant, protégé par un homme alors puissant, fut nommé conservateur de ce musée.

Cet heureux changement dans la position de l'artiste sembla ranimer son goût pour les compositions historiques; il exécuta quelques tableaux remarquables : *Philoctète à Lemnos, Naufrage de Virginie, Mort de Léandre*, etc., mais on y remarquait déjà moins de fermeté et moins de grandiose que dans les compositions rapportées d'Italie : Briant commençait à ressentir les premières atteintes d'un mal incurable. Pour rétablir sa santé, autant que pour trouver dans la solitude le calme dont les convulsions politiques ne permettaient guère de jouir, Briant explora pendant près de cinq années les montagnes des pays de Foix, de Comminges, de Bigorre et des Basques; il en rapporta un si grand nombre d'études qu'on ne l'évalue pas à moins de deux mille.

Mais le département de la Haute-Garonne devait, lui aussi, être ravagé par la guerre civile. Briant, involontairement incorporé dans la *colonne mobile* que les patriotes dirigèrent sur la ville de Lisle-en-Jourdain, y fut témoin de telles atrocités, que son cœur en fut indigné, et qu'il protesta hautement contre de pareils crimes. Pour répondre à ses protestations, les misérables, dans le rang desquels on l'avait placé, se conduisirent si brutalement envers lui, que leurs traitements déterminèrent des accidents graves dont le malheureux artiste ne se releva pas.

Briant mourut à Toulouse dans sa maison de la rue d'Astorg, n'ayant pas encore achevé sa quarantième année. Il était marié à Suzanne-Jeanne-Noële Vingt. Sa veuve, devenue enceinte quelques jours seulement avant la mort de son mari, accoucha le 11 avril 1800 d'un fils qui ne vécut que quatorze mois [1].

48. *Paysage.*

T. — H. 0,59. — L. 0,45.

Vue d'Italie. Les rampes escarpées de deux rochers, d'où tombent des cascades, sont réunies par un pont de pierre. Dans le haut, à droite, une villa; dans le bas, à gauche, trois femmes nues se disposent à entrer dans l'eau.

Acheté par la ville en 1846.

1. Nous devons la plupart des détails donnés dans cette notice, à l'obligeance du savant historien de Toulouse, aux innombrables recherches duquel rien n'a échappé de ce qui peut intéresser l'histoire de la ville dont il a entrepris de faire revivre toutes les gloires. C'est nommer M. Dumège.

BRAUWER, BRAWER, BRAUER, BRAUR ET BROWER (ADRIEN), *peintre et graveur, né à Harlem en 1608, mort à Anvers en 1640.*

Brauwer, fils d'une pauvre brodeuse, montra de bonne heure des dispositions extraordinaires pour la peinture. François Hals, son maître, retirait beaucoup d'argent des travaux de son élève, et, néanmoins, le maltraitait tellement, que celui-ci fut obligé de s'échapper et de quitter son atelier. Brauwer gagna beaucoup d'argent dans ses voyages; mais il le dissipait en sales orgies, et finit par mourir à l'hôpital à l'âge de trente-deux ans. Rubens estimait tellement les ouvrages de Brauwer, qu'il voulut lui faire élever un mausolée à ses frais et paya un de ses tableaux 600 florins.

49. *Scène d'intérieur.*

T. — H. 0,66. — L. 0,85.

Des femmes et des joueurs sont assemblés autour d'une table auprès du feu. Dans le fond, à gauche, une servante s'approche d'un baril pour y prendre de la bière.

Collection du marquis de Lacaze.

BREEMBERG (BARTHÉLEMY), *peintre et graveur, né à Utrecht en 1620, mort en 1660.*

On ignore l'époque à laquelle Breemberg alla en Italie; mais son séjour à Rome exerça une influence décisive sur son talent. Breemberg n'a conservé de l'école flamande que le coloris et la finesse de touche. Ses paysages, animés de figures spirituellement et correctement dessinées, sont presque toujours ornés de ruines et de morceaux d'architecture antique. Il employa deux manières différentes de peindre le paysage; mais la supériorité avec laquelle sont traitées les petites figures qui les animent, le font toujours reconnaître.

50. *Intérieur d'une caverne habitée par des Bohémiens.*

C. — H. 0,46. — L. 0,60.

Don du gouvernement en 1819.

51. *Marchands forains dans des ruines.*

C. — H. 0,33. — L. 0,46.

Collection du marquis de Lacaze.

DE BORDEAUX. 67

BREUGHEL (ABRAHAM), *dit* DE NAPLES, *peintre et graveur, né à Anvers en* 1672, *mort en* 1720.

On le croit fils d'Ambroise Breughel, directeur de l'Académie d'Anvers. A Rome, ses camarades le surnommèrent *Rhyngraef*, le comte du Rhin. Ses tableaux de fleurs, fort estimés en Italie, sont rares en France.

52. *Vase plein de fleurs et de fruits,* quelques lapins sur le premier plan.

T. — H. 0,71. — L. 1,21.

Collection du marquis de Lacaze. Don du roi de Bavière.

53. *Vase plein de fleurs et de fruits,* au premier plan un perroquet.

T. — H. 0,71. — L. 1,21.

Collection du marquis de Lacaze. Don du roi de Bavière.

BREUGHEL (JEAN), *dit* DE VELOURS, *peintre et graveur, né à Bruxelles en* 1568, *mort à Anvers le 4 janvier* 1625.

Fils de Pierre Breughel dit le vieux : le surnom de Velours lui a été donné de l'habitude qu'il avait de s'habiller de cette étoffe. Il commença par l'étude de la miniature et de la gouache, ce qui explique le fini précieux et le ton uniformément bleuâtre qui distingue ses tableaux ; il s'adonna ensuite à peindre des fleurs et des fruits, et entreprit enfin des paysages et des marines qui mirent le comble à sa réputation. Reçu franc-maître à Anvers en 1597, il se lia d'amitié avec Rubens et les artistes les plus célèbres de son temps. Il associa souvent leur mérite au sien pour peindre soit les figures, soit les fonds de ses tableaux, de manière à leur donner réciproquement plus de valeur.

54. *Fête flamande dite* la Rosière.

C. — H. 0,40. — L. 0,50.

Sur le premier plan, des paysans dansent en plein air au son d'une musette ; dans le fond, une grosse femme assise avec d'autres personnages devant un rideau vert auquel est suspendue une couronne, semble être l'objet de la fête.

Il existe quelques répétitions de cette composition. Les tableaux de Breughel de Velours, selon M. Burtin, devraient être signées en lettres romaines ; celui-ci ne l'est pas.

Collection du marquis de Lacaze.

BRIL (Paul), *peintre et graveur, né à Anvers en 1556, mort à Rome en 1626.*

Paul Bril peignit d'abord à la gouache, et principalement des dessus de clavecins; mais ce métier lui donnait peu d'argent. La réputation de son frère Mathieu Bril, établi à Rome, le détermina à quitter secrètement ses parents; il partit pour l'Italie à l'âge de vingt ans. Il devint bientôt plus habile que son frère. Lorsque celui-ci mourut, le pape Grégoire XIII chargea Paul Bril de tous les travaux confiés à Mathieu Bril. Paul Bril s'adonna exclusivement au paysage; et, quoiqu'il peignît fort bien les figures, il en confia presque toujours l'exécution à Annibal Carrache, à Josepin, etc. On regarde comme son chef-d'œuvre un paysage qui a, dit-on, 23 mètres de longueur.

Paul Bril a eu deux manières bien distinctes. Dans la première, il se servait toujours de tons verdâtres; mais son séjour en Italie et la vue des paysages de Carrache et de Titien, le déterminèrent à adopter une couleur plus vraie.

55. *Paysage.*

T. — H. 0,70. — L. 1,02.

Ferme pillée par des brigands. Sur le premier plan, un homme à cheval semble causer avec divers personnages; à gauche, des hommes armés menacent le propriétaire de la ferme, pendant que l'un d'entre eux poursuit des poules.

Collection du marquis de Lacaze.

56. *Paysage.*

B. — H. 0,28. — L. 0,42.

Vue d'Italie. On y distingue le temple de la Sibylle, à Tivoli.

Acheté par la ville en 1854.

Voyez en outre n° 75. Carrache. Le paysage a été peint par Paul Brill.

BRIZE (Corneille), *né en Hollande au* xviiᵉ *siècle.*

Peintre de nature morte, il s'est distingué surtout par la manière dont il représentait les armures. Son morceau le plus remarquable, peint pour l'hôtel de ville d'Amsterdam, est un amas de registres et de papiers formant trophée; il semble que l'air fait remuer et tourner les feuillets. Vondel, un des plus célèbres poëtes hollandais, a répété dans ses vers, à propos de ce trompe-l'œil, les puérilités que l'antiquité nous a contées sur les raisins de Zeuxis et le rideau de Parrhasius.

DE DORDEAUX.

57. *Intérieur d'un corps de garde.*

T. — H. 0,84. — L. 1,22.

Trois personnages debout, dans un corps de garde rempli d'armures.

Collection du marquis de Lacaze.

BRONZINO (Ange), *dit* LE BRONZIN, *peintre et littérateur, né à Florence en 1501, mort dans la même ville en novembre 1572.*

Élève favori de Jacques Carruci, Bronzino s'attacha particulièrement à imiter Michel-Ange Buonarotti. Ses compositions historiques sont de petite dimension ; mais il fit beaucoup de portraits justement estimés.

58. *Portrait d'une princesse de la maison de Médicis.*

B. — H. 0,38. — L. 0,31.

Tête de jeune femme blonde, les cheveux frisés, relevés, ornés de perles et surmontés d'une couronne. La collerette gauffrée, ouverte sur le devant, monte derrière la tête jusqu'à la hauteur des oreilles. La robe, à manches tailladées, soutient une feuille ou palme brune qui se dresse au milieu de la poitrine pour en faire ressortir l'éclat.

Collection du marquis de Lacaze.

BRUNE (Aimée Pagès, Mme), *née à Paris le 24 août 1803, actuellement fixée dans la même ville.*

Madame Brune, née Pagès, élève de Meynier, est une des femmes françaises qui se sont le plus illustrées dans les arts. Jeune encore, elle obtint plusieurs commandes du gouvernement, et, depuis lors, elle a rarement laissé passer une exposition sans y recueillir de nouveaux succès. Elle obtint, au salon de 1841, une médaille d'or de première classe.

59. *Moïse sauvé des eaux.*

T. — H. 1,48. — L. 1,95.

Pharaon, pour empêcher la multiplication des enfants des Hébreux, avait ordonné de jeter dans le Nil tous les enfants mâles qui naîtraient d'eux. La mère de Moïse avait élevé secrètement son fils pendant trois mois; mais, ne pouvant plus le cacher, elle se décida à l'exposer dans un berceau fait exprès pour le soutenir sur l'eau. C'était le moment où la fille de Pharaon, accompagnée de ses femmes, se promenait le long du fleuve. Elle aperçut le berceau qui nageait, le fit retirer de l'eau par ses femmes. Comme elle semblait touchée de la gentillesse de l'enfant, Marie, sœur aînée de Moïse, qui se cachait dans le voisinage pour observer ce qui se passait, s'approcha et proposa à la princesse d'aller lui chercher une nourrice qui prendrait soin de l'enfant. (*Exode*, chap. II.)

Tableau dont il existe plusieurs copies; exécuté en 1841; gravé à la manière noire de M. N. Desmadryl. Donné par le gouvernement en 1843.

BRUNEL (JACOB), *né à Blois en 1558, mort sous le règne de Henri IV.*

Il était fils de François Brunel, peintre, et fut baptisé dans l'église Saint-Honoré. Il voyagea en Espagne où il s'adonna à l'étude des Titien; de là il passa à Rome et travailla dans l'atelier de Frédéric Zuccharo. Nommé peintre du roi, il peignit avec Toussaint Dubrenil la petite galerie du Louvre qui fut détruite par un incendie en 1660. On ne connaît de cet artiste que deux grands tableaux : *La Descente du Saint-Esprit*, qu'il peignit pour l'église des Grand-Augustins à Paris, et *l'Assomption de la Vierge*, faite pour l'église des Feuillants de la rue Saint-Honoré. C'est ce dernier tableau qui fait partie de notre Musée. On a prétendu que Brunel était si zélé calviniste, que, par un scrupule ridicule, il avait refusé de peindre la figure de la Vierge dans cette *Assomption*, et que ce fut Lafosse qui la peignit; mais toutes les circonstances connues de la vie de cet artiste s'accordent peu avec cette supposition.

60. *Assomption de la Vierge.*

T. — H. 3,47 — L. 2,97.

Le tableau représente deux scènes distinctes : dans la partie supérieure, la Vierge paraît dans le ciel, entourée des anges; dans la partie inférieure, les apôtres sont assemblés autour d'un tombeau vide, sur lequel

DE BORDEAUX.

est sculpté un écusson aux armes mi-parties de France
et de Médicis ; ce qui fait présumer que le tableau a
été peint après le mariage de Henri IV avec Marie de
Médicis.

Don du gouvernement en 1803.

BURGADE (Louis-Émile), *peintre et dessinateur, né
à Bordeaux en 1803, actuellement professeur de dessin au collége de Bazas.*

Élève de son père ; M. Joseph Burgade, peintre en miniature, et de
M. Lacour fils, L.-E. Burgade s'est principalement adonné à la peinture de
marines. Ses succès en ce genre lui ont mérité diverses médailles aux expositions de Paris, Bordeaux, Nantes, Toulouse, etc. Il a publié plusieurs
vues maritimes lithographiées, etc.

61. *Marine. — Une frégate française en vue d'une côte.*

T. — H. 0,49. — L. 0,73.

Acheté par la ville en 1830. Ce tableau avait été inscrit dans les précédents catalogues comme représentant une vue d'Alger.

CALABRESE. — *Voyez* Preti.

CALIARI (Paul), *dit* Paul Véronèse, *peintre, sculpteur et graveur, né à Vérone en 1528, mort à Venise
le 19 avril 1588.*

Fils du sculpeur Gabriel Caliari, le jeune Paul commença par apprendre
à modeler ; mais le génie de la peinture l'emporta. Il avait à peine vingt-
sept ans, qu'il était déjà placé au rang des plus grands peintres de l'Italie.
Sa prodigieuse facilité lui permettait à peine de suffire à toutes les demandes qui lui étaient faites, et souvent très-peu payées. La fermeté et la
noblesse de son dessin, l'éclat et la fraicheur de sa couleur, la magnificence de ses conceptions, et par dessus tout, l'art admirable avec lequel il
sut représenter sans confusion une réunion de figures également lumineuses,
font de Paul Véronèse un des plus rares génies dont la peinture se
glorifie.

62. *Adoration des Mages.*

T. — H. 0,60. — L. 1,22.

A gauche, la Sainte-Vierge, accompagnée de saint

Joseph et des anges, montre son fils aux mages prosternés, et à leurs serviteurs dont la longue suite occupe tout le reste du tableau.

Don du gouvernement en 1803 ; venait de la collection du Stathouder.

63. *Sainte-Famille.*

T. — H. 0,76. — L. 0,96.

Une sainte présente des fleurs à Jésus, assis sur les genoux de sa mère. Saint Joseph debout, à gauche, se penche pour mieux voir le divin Enfant.

Don du gouvernement en 1803.

64. *Sainte-Famille.*

T. — H. 1,06. — L. 0,92.

La sainte Vierge et saint Joseph debout, contemplent l'Enfant Jésus étendu sur un lit, et le petit saint Jean qui offre une pomme.

Don du gouvernement en 1803. Gravé au trait par M. Lacour. (*Musée d'Aquitaine*, t. II, p. 224.)

65. *La femme adultère.*

T. — H. 0,60. — L. 1,22.

Jésus, agenouillé, occupe le centre de la composition. D'une main, il montre la sentence qu'il vient d'écrire, il se retourne pour regarder la femme accusée qui est placée derrière lui, et dont les mains sont liées.

Don du gouvernement en 1803 ; venait de la collection du Stathouder.

Voyez le même sujet traité par Titien (n° 423) : plusieurs personnes attribuent cette composition à Paul Véronèse.

66. *Vénus et l'Amour.*

T. — H. 1,13. — L. 0,95.

L'Amour nu, mais armé de son carquois, et les

DE BORDEAUX. 73

pieds chaussés, présente un miroir encadré de noir à Vénus assise sur le bord d'un lit. La déesse se retourne pour s'examiner dans le miroir ; et, se trouvant sans doute trop nue, d'une main cache son sein, et de l'autre ramène sur ses cuisses un riche vêtement de velours vert orné de franges d'or et de fourrures.

Collection du marquis de Lacaze ; acheté 2,000 livres, venait de la galerie de la duchesse d'Albe. M. de Lacaze attribuait cette gracieuse composition qu'on suppose être un portrait, à Titien : elle a été gravée au trait par M. Lacour (*Musée d'Aquitaine*, t. I, p. 270) sous le nom de Titien ; il parait cependant qu'elle est de Paul Véronèse, qui en a fait ou fait faire plusieurs copies. Il y en a une au musée de Madrid, une autre dans la galerie de l'Hermitage à Saint-Pétersbourg. Il y en avait également une dans l'ancienne galerie du duc d'Orléans au Palais-Royal, gravée par Borel et Leybold, elle était attribuée à Titien. Notre composition, évidemment la même, présente néanmoins des changements importants. Ainsi, dans notre tableau, l'Amour a conservé l'écharpe à laquelle est suspendu le carquois. Dans celui de la galerie du duc d'Orléans, l'Amour avait son carquois sous ses pieds nus plus écartés que dans notre exemplaire. L'étoffe du lit était rayée ; le rideau changé de côté ; enfin la déesse, dont le bras replié sur le sein est orné d'un bracelet, tenait de l'autre main l'arc de l'Amour au lieu de relever les plis de son vêtement vert.

67. *Portrait de femme.*

T. — H. 0,76. — L. 0,76.

Jeune et grande femme, assise sur un fauteuil à bras en bois sculpté, vêtue d'une robe à grands ramages, passe pour être le portrait d'une princesse de la célèbre famille des Giustiniani.

Collection du marquis de Lacaze.

68. *Tête de vieillard.*

T. — H. 0,42. — L. 0,30.

Tête chauve, tournée à gauche, en trois quarts ; la barbe blanche se détache sur les plis d'un vêtement rouge brun.

Collection du marquis de Lacaze.

4

74 MUSÉE

CAMINADE (Alexandre-François), *né à Paris en* 1783.

Élève de David et de Mérimée, et deuxième grand prix de Rome en 1807.
M. Caminade est un des artistes qui ont obtenu le plus de succès et de
commandes aux diverses expositions. Il est chevalier de la Légion d'honneur
depuis 1833.

69. *Les blessés de Juillet.*

T. — H. 1,49. — L. 2,10.

Marie-Amélie, reine des Français, visite les blessés
à l'Hôtel-Dieu de Paris, après la révolution de 1830.
Elle est accompagnée de deux de ses filles, de Madame Adélaïde d'Orléans, sœur de Louis-Philippe Ier,
du duc de Nemours, du prince de Joinville, du marquis de Marbois, de M. de Laborde, préfet de la Seine,
de M. le baron Dupuytren, chirurgien en chef de l'hôpital, etc.

Exposé en 1834; don du gouvernement en 1835.

CARAVAGE. — *Voyez* Amerighi.

CARDI (Louis), *dit* Cigoli *ou* Civoli, *peintre, musicien, architecte et poëte, né à Cigoli, près Florence, le 12 septembre* 1559; *mort à Rome le 8 juin* 1613.

Placé fort jeune chez Alexandre Allori, il se livra avec tant d'ardeur aux
préparations anatomiques, que sa santé en fut altérée. Revenu dans sa
patrie, il étudia sous d'autres maîtres et acquit bientôt une si grande réputation qu'on le surnomma *le Corrége florentin.* Ses succès lui procurèrent
des envieux si acharnés, que l'un d'eux étant parvenu à s'introduire furtivement dans son atelier, prit le croquis d'un tableau auquel travaillait
Cigoli, en fit à la hâte une gravure, et publia partout que Cigoli copiait
l'œuvre d'un peintre flamand. Cigoli confondit ses calomniateurs; mais il
avait eu tant de peur de voir ses ennemis triompher, qu'il mourut de joie
le jour même où on lui annonça que le Pape venait enfin de lui accorder
le brevet de chevalier de Malte.

70. *Le denier de César.*

T. — H. 1,20. — L. 1,68.

Jésus, à gauche, touche d'une main le denier que
lui présente un Pharisien affublé de lunettes, et

de l'autre montre le ciel. (*Évangile selon saint Marc, saint Luc et saint Mathieu*, chap. XII, XX et XXII.)

Collection du marquis de Lacaze. Don du roi de Bavière.

CARESME (Philippe), *né vers* 1745, mort à Paris à la fin du dernier siècle.

71. *Des baigneuses.*

Aquarelle sur papier

H. 0,180. — L. 0,250.

Deux baigneuses sortent de l'eau, deux autres veulent les y retenir.

Donné par M. Doucet. Signé : Ph. Caresme, 1780.

CARPIONI (Jules), *peintre et graveur, né à Venise en* 1611, *mort à Vérone en* 1674.

Élève d'Alexandre Varotari, il produisit une multitude de compositions mythologiques ou fantastiques, dans lesquelles il représentait avec beaucoup de charme et d'originalité des bacchanales, des sacrifices, des danses et autres sujets analogues. Ces petits tableaux eurent tant de succès, qu'il pouvait à peine suffire aux demandes qui lui en étaient faites. Il laissa un fils nommé Charles, fort distingué comme portraitiste, mais qui fut loin d'égaler son père.

72. *Fête de Silène.*

T. — H. 1,17. — L. 1,39.

A l'entrée d'un temple, des bacchantes et des faunes, attablés, regardent danser des bêtes fauves avec des enfants ivres.

Collection du marquis de Lacaze.

73. *Suite d'une fête de Silène.*

T. — H. 1,17. — L. 1,39.

A l'entrée d'un bois, Silène, à demi-couché et plein de vin, est entouré de bacchantes, de satyres et d'enfants presque tous ivres-morts. Cette composition peut être regardée comme la suite de la scène représentée dans le tableau précédent.

Collection du marquis de Lacaze.

74. *Bacchanale d'enfants devant une statue de Priape.*

T. — H. 1,19. — L. 1,08.

Collection du marquis de Lacaze.

CARRACHE (ANNIBAL), *dit* LE CARRACHE, *peintre et graveur, né à Bologne le 3 novembre 1560, mort à Rome le 16 juillet 1609.*

Annibal Carrache, le plus célèbre des cinq artistes célèbres qui ont immortalisé le nom et l'école des Carrache, était le second des fils d'Antoine Carracci, tailleur d'habits, établi à Crémone. Annibal fut d'abord destiné à l'orfévrerie; mais son cousin Louis Carracci, fils d'un boucher, lui donna les premières leçons de dessin; et, frappé de ses dispositions extraordinaires, lui fournit les moyens de se perfectionner dans l'étude des arts. Annibal Carrache possédait la mémoire des yeux au suprême degré et saisissait la ressemblance au premier coup d'œil. Ayant été volé dans un chemin, il dessina le portrait des voleurs avec tant d'exactitude qu'ils furent reconnus et pris.

Arrivé à Rome, Annibal admirait un jour avec ses frères et plusieurs personnes distinguées le Laocoon. Augustin Carracci, qui était l'aîné, pérorait depuis longtemps sur les incomparables beautés de cet ouvrage; s'apercevant qu'Annibal ne disait rien et semblait faire peu d'attention à ses éloges enthousiastes, il l'en reprit aigrement. Pour toute réponse, Annibal tourna le dos à la statue et dessina le groupe entier avec tant d'exactitude, que tous les assistants furent émerveillés. « Vous voyez, dit-il à son frère, que les poëtes peignent en parlant, et que les peintres parlent avec le pinceau. » C'était une allusion aux prétentions poétiques de son frère aîné.

Annibal Carrache était sans instruction et toujours mal vêtu; la simplicité de ses goûts lui faisait rechercher la compagnie des gens au-dessous de lui. Véritable philosophe, en un sens, il était d'un désintéressement inouï et n'aimait que deux choses : l'art et la gloire; mais il les aimait avec passion. Aussi, lorsqu'après avoir employé huit années d'un travail assidu à peindre, aidé de ses frères et de ses élèves, cette incomparable galerie qui fit l'admiration de Poussin et retarda quelque temps la décadence des arts, il connut la médiocrité de la somme que lui envoyait le cardinal Édouard Farnèse; il fut si surpris, qu'il ne put prononcer un seul mot, et le chagrin le rendit malade. Ce n'était pas l'argent qu'il regrettait, mais l'espèce de mépris que la modicité de cette somme semblait indiquer pour son ouvrage. Pour le distraire, on lui conseilla un voyage à Naples; une autre déception l'y attendait. Les Jésuites voulaient faire décorer leur église de *Jesu nuovo.* Pour leur donner une idée de son talent, Annibal peignit une vierge avec

DE BORDEAUX. 77

l'enfant Jésus et saint Jean qu'on y admire encore aujourd'hui; mais les Jésuites, trompés par quelques intrigants, préférèrent un peintre assez obscur à Carrache. Attéré par ce dernier coup, il partit immédiatement pour Rome; il demanda d'être enterré auprès de Raphaël, et mourut en arrivant. C'était le sort des Carrache de ne vivre longtemps que par leur gloire: ils moururent tous dans un âge peu avancé, et presque tous de chagrin.

75. Saint Jérôme dans le désert.

B. — H. 0,17. — L. 0,23.

A l'entrée d'une grotte, au milieu de laquelle coule en murmurant un étroit ruisseau, saint Jérôme est assis, les jambes croisées, près d'une table grossière sur laquelle sont des livres, une croix, une tête de mort et une lampe. Le lion, compagnon de sa solitude, s'est endormi aux pieds du saint; et derrière, paraît la modeste cabane qui lui sert d'abri.

Le fond du paysage a été peint par Paul Bril.

Acheté par la ville en 1849, gravé par M. Lacour fils.

(*Bulletin polymatique.*)

CARRACHE (Louis), *peintre, sculpteur et graveur, né à Bologne le 21 avril 1555, mort dans la même ville le 13 mars 1619.*

Il était fils d'un boucher, qui ne se décida que fort tard à le placer dans l'atelier de Prosper Fontana. Le travail de Louis Carrache était si lent et si lourd, que ses camarades le surnommèrent *le Bœuf*, et que son maître, prenant cette lenteur pour un défaut d'intelligence, lui conseilla plusieurs fois de renoncer à la peinture. A Venise, où L. Carrache se rendit en sortant de Bologne, Tintoret lui donna le même conseil : mais l'artiste ne se découragea pas; et bientôt il prit place au premier rang des grands peintres de l'Italie. Cet élève si lent et si lourd, aidé de ses cousins dont il avait dirigé les travaux, eut l'idée de créer à Bologne une école où les fortes et sérieuses études de la nature et de l'antique, pussent arrêter l'école italienne sur la pente rapide de la décadence où l'entraînait la peinture facile et le mauvais goût alors à la mode; mais il eut bien de la peine à réussir. Tous les artistes du pays s'étaient ligués contre les Carrache; et pour se faire connaître, ceux-ci furent obligés de peindre *gratis* de très-grands tableaux qu'ils donnèrent à des églises.

On attribue aussi à Louis Carrache la première idée de peindre la figure des donateurs ou bienfaiteurs des églises, pour représenter les principaux personnages de ses tableaux, au lieu de les placer, comme c'était alors l'usage, à côté des figures historiques de la scène représentée. Cependant il est certain que Raphaël, notamment dans *l'école d'Athènes*, et d'autres artistes encore plus anciens, tels que Girlhandaio, se servaient des portraits des hommes illustres de leur temps pour représenter les personnages historiques de leurs tableaux. C'est ainsi que nous ont été conservés les portraits des Médicis, celui de la belle Laure, etc.

76. *Saint François.*

T. — H. 1,00. — L. 1,23.

Le saint, vu à mi-corps, est assis dans une grotte; il paraît plongé dans une indicible extase. Il tient une tête de mort de la main droite; et, de la gauche, une croix en bois noir qu'il presse sur sa poitrine.

Acheté par la ville en 1853.

CARREY (JACQUES), *né à Blois en janvier 1646, mort dans la même ville le 18 février 1726.*

Élève de Lebrun, il fut désigné par lui pour accompagner M. le marquis de Nointel dans son ambassade à Constantinoble. Carrey peignit les principales cérémonies auxquelles assista M. le marquis de Nointel. Il accompagna l'ambassadeur dans ses diverses excursions à Athènes, en Asie-Mineure, etc., et rentra en France avec lui en 1678. Il fut employé aux travaux des galeries du château de Versailles jusqu'à l'époque de la mort de Lebrun, où il rentra dans sa ville natale et y fit un grand nombre de dessins et de tableaux.

77. *Cérémonie turque.*

T. — H. 0,90. — L. 1,21.

Présentation d'un ambassadeur français au grand Sultan.

Don du gouvernement en 1803.

78. *Cérémonie turque.*

T. — H. 0,90. — L. 1,21.

Repas turc offert à un ambassadeur français.

Don du gouvernement en 1803.

Rien ne constate d'une manière positive que ces deux tableaux donnés au musée de Bordeaux par le musée central de Paris, comme exécutés par un artiste inconnu, soient de la main de Carrey, au lieu d'être l'œuvre d'un autre artiste. Néanmoins, nous avons cru pouvoir attribuer ces tableaux à Jacques Carrey, qui, récemment arrivé d'Orient et ayant déjà peint plusieurs sujets analogues, était probablement le seul artiste français qui savait représenter ainsi ces costumes et ces cérémonies étrangères. On nous objecterait vainement que si les tableaux sont de J. Carrey, ils doivent plutôt représenter la réception du marquis de Nointel en 1671, que celle du comte de Guilleragues en 1680. Le récit de la réception de M. de Guilleragues et l'examen des tableaux suffisent pour en décider.

Le comte de Lavergne de Guilleragues, l'un de nos compatriotes, occupe dans l'histoire de France un des anneaux les plus remarquables de cette chaine non interrompue d'hommes éminents par la distinction de leurs manières et de leur esprit, que les contrées méridionales semblent chargées de fournir à la cour de nos souverains pour y perpétuer les traditions de la supériorité de politesse exquise et de goût épuré que donne la nature aux hommes de nos climats sur ceux des contrées septentrionales. Ami de madame de Maintenon, qui le protégeait ; de Racine, qui le consultait ; de Boileau, qui lui adressa sa cinquième épitre ; de Molière, auquel il donna le sujet du Tartufe, M. de Guilleragues était l'un des hommes de la cour de Louis XIV, les plus polis et les mieux disants. Président à la cour des Aydes de Bordeaux, puis attaché au prince de Conti, il fut chargé en 1679 de l'ambassade de France en Turquie. Son courage et sa magnificence donnèrent à Constantinople une si haute idée de la puissance des rois de France, qu'il obtint plusieurs honneurs et priviléges que ses prédécesseurs, et notamment le marquis de Nointel, n'avaient pu obtenir. M. de Nointel avait été obligé de se retirer sans recevoir les honneurs du Sopha, M. de Guilleragues obtint nonseulement ce privilége, mais celui de se faire présenter accompagné de plus de trois personnes, etc. Or, comme l'ambassadeur représenté dans les tableaux de Carrey est accompagné de plus de trois personnes, il est évident que c'est bien M. de Guilleragues et non M. de Nointel. Nous devons cependant ajouter que M. le comte de Guilleragues mourut d'apoplexie à Constantinople, et que M. de Girardin, qui le remplaça, fut reçu à peu près de la même manière que l'avait été son prédécesseur ; mais il nous parait probable que J. Carrey a plutôt représenté le triomphe de M. de Guilleragues, que des honneurs qui, pour M. de Girardin et ses successeurs, ne furent plus qu'un cérémonial d'usage.

CARRIERA (ROSALBA), *peintre et musicienne, née à Venise en 1673, morte dans la même ville le 15 avril 1757.*

Fille d'un peintre médiocre, elle fut dédommagée par les qualités de l'âme et des talents supérieurs de ce qui lui manquait sous le rapport de la beauté. Elle était déjà fort habile dans la peinture à l'huile, lorsqu'elle l'abandonna pour se livrer à la miniature et au pastel. Rien n'égale ses succès en ce genre. Toutes les académies s'empressèrent de la recevoir dans leur sein : elle fut admise à celle de Paris en 1720. Comblée d'honneurs et de richesses, elle devint aveugle et supporta son sort avec une fermeté qui étonna même ses amis.

79. *Tête de femme.*

T. — H. 0,51. — L. 0,41.

Une jeune fille, vue de trois quarts, l'épaule droite et le sein nus, et les cheveux ornés de fleurs, semble regarder le spectateur d'un air mélancolique et gracieux. On croit retrouver dans cette charmante tête quelques-uns des traits du portrait de Rosalba de la galerie de Florence. Si cette tête ressemble réellement à cette artiste célèbre, c'est une preuve bien évidente du talent qu'elle avait d'embellir ses modèles en conservant leur ressemblance. Les tableaux à l'huile de Rosalba sont fort rares. Celui-ci, qui avait fait partie de la collection de M. le marquis de Lacaze, et payé par lui 420 fr., n'appartient plus au Musée. Au mois d'octobre 1852, le Président de la République, passant par Bordeaux, parut remarquer avec plaisir ce tableau, et le conseil municipal s'empressa d'en faire hommage à ce prince. L'Empereur a donné à la ville, en échange du portrait de Rosalba qu'elle avait offert au Président, un tableau important de Rubens (*Voy.* n° 329.)

CASANOVA (François), *peintre et littérateur, né à Londres en 1730, mort à Bruhl, près de Vienne, au mois de mars 1805.*

Né en Angleterre, élevé en partie à Venise et en partie à Paris, Casanova compléta ses études en Saxe et en Hollande. Son tableau de réception à l'Académie de peinture de Paris en 1763, eut un tel succès, qu'il lui procura beaucoup de travaux; mais les dépenses de l'artiste augmentant avec ses succès, il fut bientôt obligé de quitter Paris, et trop heureux d'accepter les offres de l'impératrice Catherine II pour aller à Vienne exécuter les travaux qu'elle lui avait commandés. Les plus hauts personnages qu'amusaient la vivacité de l'esprit et la variété piquante de la conversation de Casanova, recherchaient sa société malgré son caractère fier et hautain. Il répondit un jour à un diplomate qui s'étonnait que Rubens, ayant été ambassadeur, se

DE BORDEAUX.

fut amusé à peindre. « Votre Excellence se trompe, c'était un peintre qui s'amusait à être ambassadeur. »

Casanova avait été lié avec Winckelmann; il avait fait les dessins de son *Histoire de l'Art;* mais croyant avoir à se plaindre de ce savant, il voulut s'en venger en attaquant Winckelmann par l'endroit le plus sensible chez un érudit, en rendant suspecte la finesse du tact dont celui-ci aimait à se glorifier. Il peignit quelques tableaux dans le goût des peintures d'Herculanum, et fit avertir Winckelmann qu'on venait de faire d'importantes découvertes en peinture. Winckelmann donna entièrement dans le panneau, et fit sur ces peintures des commentaires emphatiques qu'il inséra dans la première édition de son *Histoire de l'Art.*

80. *Une reconnaissance de cavalerie.*

T. — H. 0,64. — L. 0,84.

Quelques cavaliers, sans armes et en désordre, s'approchent d'un camp dont les tentes étendent leur ligne de la droite du tableau au centre. Au milieu, et tout à fait isolé, un officier vêtu de bleu et monté sur un cheval blanc, semble donner un ordre.

Collection du marquis de Lacaze.

CASTELLI (Valère), *né à Gênes en 1625, mort dans la même ville en 1659.*

Il n'avait que cinq ans, lorsque son père, célèbre peintre génois lui fut enlevé. Livré à lui-même, il parvint, à force de persévérance et d'étude, à surpasser le mérite des tableaux de son père. Doué de manières affables et d'une physionomie charmante, il plaisait à tout le monde et faisait chaque jour de nouveaux progrès : mais l'excès du travail abrégea ses jours et le fit périr à 34 ans.

81. *Personnification de la musique.*

T. — H. 0,10. — L. 0,29.

Un enfant nu, couché dans un paysage, tient d'une main un papier de musique, et de l'autre indique un violon placé près de lui.

Collection du marquis de Lacaze.

4.

82. *Personnification de la peinture.*

T. — H. 0,10. — L. 0,29.

Un enfant couché indique d'une main un dessin qu'il élève de l'autre main ; à ses pieds, est une palette garnie.

Collection du marquis de Lacaze. Lithographié par M. Lacour.

CASTIGLIONE (Jean-Benoît), *dit* il Grechetto *ou* il Benedetto, *peintre et graveur, né à Génes en 1616, mort à Mantoue en 1670.*

Les ouvrages de Castiglione sont très-nombreux et cependant très-recherchés. Il réussit dans tous les genres, mais surtout dans les pastorales et les bergeries. La violence de son caractère lui fit beaucoup de tort. A Gênes, dans un accès de colère il mit en pièces un de ses plus grands tableaux et jura que jamais les Génois n'auraient un de ses ouvrages. Il partit pour Rome, déguisé en Arménien, se fit passer pour Grec et le stratagème lui réussit. Il eut pour élèves son frère Salvator et son fils François qui firent un grand nombre de tableaux qu'on attribue à Jean-Benoît.

83. *Cyrus découvert par une bergère.*

T. — H. 1,73. — L. 2,17.

Cyrus, le célèbre roi des Perses, et l'un des plus fameux conquérants de l'univers, était fils de Mandane, fille d'Astyagès, roi des Mèdes. Le roi avait été prévenu par un songe que son petit-fils le détrônerait. Aussitôt donc que Cyrus fut né, il le fit exposer dans une forêt ; mais une bergère le découvrit et l'éleva. Ici, l'enfant est déjà grand : au lieu d'être dans une forêt, il est au pied d'un amas de statues, d'armures et de riches draperies parmi lesquelles brille une couronne. Une chienne, accompagnée de son petit, est auprès de l'enfant ; et tous semblent effrayés de l'approche d'une bergère qui, couronnée de fleurs et suivie de son troupeau, essaie de loin de calmer la colère de la chienne et la frayeur de l'enfant.

Collection du marquis de Lacaze.

DE BORDEAUX.

84. *Chèvres et moutons conduits par une femme vue de dos, vêtue de rouge et montée sur un cheval blanc.*

T. — H. 1,56. — L. 2,13.

Collection du marquis de Lacaze ; restauré par Lebrun.

CAVEDONE (JACQUES), *peintre et graveur, né à Sassuelo, duché de Modène, en avril 1577, mort à Bologne en 1660.*

Le commencement et la fin de la vie de cet artiste illustre furent également malheureux. Fils d'un apothicaire qui le chassa de la maison paternelle, il fut réduit à entrer au service d'un gentilhomme. Ce gentilhomme avait beaucoup de tableaux ; à force de les examiner et de les copier, Cavedone fit assez de progrès pour que ce gentilhomme se décidât à l'envoyer à l'atelier d'Annibal Carrache. Cavedone y acquit bientôt une telle facilité d'exécution, qu'il dessinait plus vite que son maître, et imitait si bien ses tableaux, que plusieurs artistes éminents, Rubens, Velasquez, etc., ont pris des tableaux de Cavedone pour des ouvrages de Carrache. Mais ayant fait une chute grave, son cerveau s'en ressentit : l'artiste se jeta dans une dévotion exagérée, crut sa femme ensorcelée ; la mort de son fils acheva de déranger sa raison. Il ne peignit plus que des *ex-voto ;* et peu à peu réduit à l'aumône, il était logé dans une écurie, quand il mourut à 83 ans.

85. *Judith.*

T. — H. 0,76. — L. 0,62.

Debout, à mi-corps, Judith tient par les cheveux la tête d'Holopherne qu'elle donne à sa servante pour la mettre dans un sac.

Collection du marquis de Lacaze. Les précédents catalogues avaient inscrit ce sujet sous le nom d'Hérodiade.

CELESTI (ANDRÉ), *né à Venise en 1637, mort dans la même ville en 1706.*

Il étudia d'abord sous Ponzoni, mais bientôt abandonna sa manière pour s'en former une plus digne des maîtres de l'école vénitienne. Ses succès surprirent ses compatriotes accoutumés depuis longtemps à n'avoir plus de grands artistes. On dit que Celesti ne se servait pas de palette, et qu'il mêlait ses couleurs sur la place même qu'elles devaient occuper ; mais par suite de ce procédé ou de la mauvaise préparation des toiles dont il se servait, presque tous ses tableaux ont perdu leurs charmes primitifs.

86. *Jahel et Sisara.*

T. — H. 0,97. — L. 0,91.

Sisara, général des Cananéens, ayant été vaincu, fuyait ses ennemis; lorsque Jahel, femme de Heber, alliée de Sisara, vint au devant de lui et lui dit : « Entrez chez moi, mon seigneur, et ne craignez rien. » Elle lui donna un manteau pour se couvrir et du lait pour se rafraîchir; mais à peine fût-il endormi, qu'elle arracha un des clous de la tente; et, prenant un lourd marteau, elle appuya la pointe du clou sur la tempe de son hôte; et, frappant dessus avec force, elle perça sa tête et la cloua au sol. (*Juges*, chap. ıv.)

Collection du marquis de Lacaze.

87. *Bacchantes et satyres réunis.*

T. — H. 1,28. — L. 1,20.

Des nymphes, des bacchantes, des satires, des panthères et des enfants, sont réunis et groupés de manière à ce qu'il est difficile de comprendre le but de cette composition. On devine qu'elle a dû faire partie d'un tableau plus considérable dont l'action se passait à droite du fragment que nous possédons; et, dans le fait, la toile a été rognée du côté droit.

Collection du marquis de Lacaze.

CENTO (il Guercino da). — *Voyez* Barbieri.

CERQUOZZI (Michel-Ange), *dit* Michel-Ange des Batailles, *né à Rome le 2 février 1602, mort dans la même ville le 6 avril 1660.*

Il était fils d'un joailler. Après avoir étudié chez différents maîtres, il s'attacha principalement à imiter P. Vanlaar, dit Bamboche. Ce genre lui fit donner le surnom sous lequel il est plus connu que sous son nom propre. Il peignait avec une grande facilité et sans faire de dessin. Ses tableaux d'histoire sont très-inférieurs à ses autres compositions. Doué de toutes les grâces de l'esprit et du corps, ne médisant jamais de personne, pas même de ceux qui le critiquaient amèrement, il était aimé de tout le monde, et son atelier était le rendez-vous de la bonne compagnie. Il pouvait à peine suffire aux demandes qui lui étaient faites ; il devint riche, et ce fut la cause de sa mort. Sans être avare, il imagina pour mettre son argent en sûreté, d'aller enfouir une somme assez forte dans un lieu très-éloigné de Rome. A peine fut-il de retour, qu'il se repentit de cette détermination ; il revint sur ses pas : mais le jour était venu, et il trouva sur les lieux plusieurs bergers qui y restèrent jusqu'au soir. Quand il rentra chez lui, la fatigue du fardeau et celle de la privation de nourriture et de sommeil pendant deux nuits et un jour, lui causèrent une fièvre violente qui l'emporta.

88. *Une embuscade de voleurs.*

T. — H. 0,89. — L. 1,32.

Dans un pays désert et rocailleux, des voleurs sortent d'une caverne et attaquent deux cavaliers. L'un, monté sur un cheval blanc, est renversé à gauche ; l'autre veut fuir, mais d'autres brigands lui tirent des coups de fusil.

Collection du marquis de Lacaze. Ce tableau avait été attribué dans le précédent catalogue à Rolland Savery.

CESARI (Joseph), *dit* il cavaliere d'Arpino *ou* le Josepin, *né à Arpino, dans le Labour, en 1568, mort à Rome le 3 juillet 1640.*

Le nom de Josepin fut formé de l'abréviation des deux noms : *Joseph* et *Arpin.* Joseph Cesari était fils d'un peintre d'*ex-voto* résidant à Arpino, dans le royaume de Naples. Jeune encore, il montra des qualités extraordinaires ; et, comme il joignait beaucoup d'esprit à une grande facilité, il sut se créer un genre maniéré qui, n'empruntant presque rien à l'étude de l'antique et à celle de la nature, lui attira beaucoup d'admirateurs. L'Italie se remplit d'élèves qui n'imitèrent que les défauts du maître. Il y avait alors en Italie trois écoles célèbres et rivales. Celle des Carrache, basée sur l'étude du dessin et de l'antique, et que représenterait à peu près celle de de nos *classiques ;* l'école de Caravage, qui n'étudiait que la nature et peut se comparer assez bien à celle de nos peintres *réalistes ;* et enfin, l'école du chevalier d'Arpin, assez semblable à celle de nos *maniéristes,* et qui ne suivait d'autres règles que celle de la fantaisie. De la présence simultanée de de ces trois écoles, il résulta des jalousies, des mots piquants et même des querelles. Provoqué par Caravage qui lui avait déjà fait une balafre au visage, Josepin provoqua Annibal Carrache. Carrache d'une humeur paisible, répondit que son épée était son pinceau ; mais Caravage était hardi et batailleur, et alors le fils du peintre barbouilleur d'Arpino protesta que sa dignité de chevalier ne lui permettait pas de se mesurer avec un artiste qui n'avait pas obtenu ce titre. Les siècles changent, mais la nature du caractère des hommes ne change pas. Joseph Cesari travailla sous dix papes et mourut comblé d'honneurs et de richesses. La postérité n'a pas confirmé le jugément de ses contemporains : mais Carrache était mort de chagrin et Caravage de misère.

89. *Jésus lavant les pieds des apôtres.*

T. — H. 0,96. — L. 1,36.

Après avoir soupé, Jésus se leva de table, quitta ses vêtements; et, ayant pris un linge, il s'en ceignit et se mit à laver les pieds de ses disciples. Dans ce tableau, Jésus est agenouillé, à gauche, lavant les pieds de Simon-Pierre, dans un bassin de cuivre. Un page, en culottes bouffantes et tailladées, lui apporte une aiguière. La partie droite de la scène est remplie par des apôtres qui ôtent leurs bas et leurs souliers. Dans le fond, sous un portique, quelques femmes, contrairement à ce qui est dit dans le texte de l'Évangile, ôtent la nappe du festin. (*Évangile de saint Jean*, chap. XIII.)

Collection du marquis de Lacaze.

CHAIGNEAU (JEAN-FERDINAND), *né à Bordeaux le 6 mars* 1830; *peintre vivant.*

M. Chaigneau, élève de M. Brascassat, fut admis le premier en 1854 au concours de paysage historique; il obtint une mention honorable et la 3e place dans le concours où les deux premières furent données à MM. Bernard et Chauvel. Pour récompenser ce succès et encourager les efforts de M. Chaigneau, le conseil municipal nomma le jeune artiste pensionnaire de la ville, et la *Société des amis des arts* acheta son tableau qu'elle donna au Musée.

90. *Paysage.*

T. — H. 1,15. — L. 1,47.

Le sujet est tiré d'un passage de la 9e églogue de Virgile, où Lysidas dit à Mœris : « Arrêtons-nous ici, mets à terre tes chevreaux; nous sommes à moitié chemin, car j'entrevois le tombeau de Bianor... »

Don de la *Société des amis des arts* en 1854.

DE BORDEAUX.

CHAMPAGNE (Philippe de), *né à Bruxelles en 1602, mort à Paris le 12 août 1674.*

Philippe van Champaigne, plus connu sous le nom de Philippe de Champagne, est ordinairement compté parmi les peintres flamands; mais il peut être aussi compté parmi les peintres français, car il vint fort jeune en France et n'en sortit plus. Après avoir étudié à Bruxelles 4 ans chez Bouillon et 3 ans chez Michel Bourdeaux, il vint à Paris à 19 ans. Extrêmement assidu au travail et doué d'une grande facilité de pinceau, il a exécuté un grand nombre de tableaux plus remarquables par les qualités de l'exécution que par celles de la pensée et de la composition. Ses plus beaux ouvrages sont des portraits. Il fut reçu membre de l'Académie de peinture lors de sa fondation en 1648. On raconte, comme preuve de la facilité avec laquelle il peignait, qu'étant en concurrence avec plusieurs peintres auquel on avait demandé une esquisse pour un Saint Nicolas, il peignit son tableau avant que les autres eussent fini leurs esquisses, en sorte que pour se venger, ses concurrents lui demandaient combien il vendait le cent de Saints Nicolas.

91. *Songe de saint Joseph.*

T. — H. 3,57. — L. 3,23.

A droite du tableau, saint Joseph est endormi sur une chaise. La tête appuyée sur son bras gauche, il semble voir en songe un ange suspendu au milieu de la composition, lequel lui révèle les destinées réservées à la Vierge, que l'on aperçoit agenouillée dans le fond du tableau. (*Évangile de saint Matthieu*, chap. 1.)

Don du gouvernement en 1803.

Ce tableau que l'on croyait détruit et que Gault de Saint-Germain (*Guide des Amateurs...* t. Ier, p. 161), prétend avoir appartenu à l'église des Pères de l'Oratoire à Paris, avait été peint pour la première chapelle de l'église des Carmélites. (Voy. Victor Cousin : *Archives de l'Art français*, t. III, p. 85.)

CHAPLIN (Charles-Josuah), *peintre et graveur, élève de M. Drolling, né aux Andelys (Eure).*

92. *L'appel dans les bruyères.*

T. — H. 0,82. — L. 0,65.

Quelques paysannes de Bretagne, qui coupaient des bruyères, s'appellent pour partir ensemble.

Don du gouvernement en 1853.

CICCIO (L'ABBÉ). — *Voyez* SOLIMENA.

CIGOLI. — *Voyez* CARDI.

CIVOLI. — *Voyez* CARDI.

CLAUDE LORRAIN. — *Voyez* GELÉE.

COGNIET (LÉON), *né à Paris, en* 1794, *peintre vivant.*

Élève de Pierre Guérin, M. Cogniet remporta le grand prix de Rome en 1817; il fut nommé chevalier de la Légion-d'Honneur en 1828, et officier en 1846. Il est auteur de plusieurs compositions devenues populaires : *Saint Étienne, Une scène du massacre des Innocents, Départ des Conscrits en* 1792, *Buonaparte visitant les Pyramides,* etc. Mais jamais son génie ne s'était montré mieux inspiré et sa main plus habile que dans le tableau que possède le Musée.

93. *Tintoret peignant sa fille morte.*

T. — H. 1,44. — L. 1,64.

Jacques Robusti, dit Tintoret, est l'un des plus célèbres peintres dont s'enorgueillit l'Italie. L'impétuosité de son caractère lui fit donner le surnom de *Furioso* et lui suscita de nombreuses inimitiés. Comme compensation de tous ses malheurs, il lui restait une fille. Maria Tintorella était belle et devint habile, à rendre jaloux tous les artistes de son temps. Pour rester près de son père, elle refusa les propositions les plus brillantes... Elle était encore dans tout l'éclat de son talent et de sa beauté, lorsque la mort la surprit. Tintoret, malgré l'exaltation de sa douleur, retrouve un moment de calme et d'énergie : il ne veut pas que la tombe lui ravisse ce qui reste encore de tant de mérites et de beauté; s'enfermant avec le cadavre de sa fille, il saisit ses pinceaux, relève le linceul; et, à la clarté de la lampe funèbre cachée par un voile rougeâtre, il demande à son art de lui conserver une

dernière et douloureuse ressemblance des traits que
la mort a glacés de ses tons d'ivoire.

Le Musée possède un admirable portrait fait par la jeune fille représentée
dans cette scène lugubre (no 316). Le tableau de M. L. Cogniet obtint les
honneurs du salon en 1843. Envoyé à l'exposition de la *Société des Amis des
Arts* à Bordeaux en 1853, il y produisit un tel effet qu'une délibération du
conseil municipal, en date du 22 décembre 1853, ordonna de l'acheter pour
le Musée et le paya 20,000 francs.

COOSMAN (N***), *peintre flamand sur lequel nous
n'avons trouvé aucun renseignement. Nous ne croyons
pas cependant pouvoir reconnaître dans ce nom, probablement défiguré, celui du célèbre graveur Jacques
Cœlemans.*

94. *Guirlande de fruits.*

T. — H. 0,58. — L. 0,84.

Cette guirlande, composée de raisins, de *panouilles*
de maïs, de fraises, de grenades, etc., est suspendue
à un mur par deux nœuds de ruban bleu.

Collection du marquis de Lacaze. Le catalogue de M. de Lacaze fait remarquer que les travaux de ce maître sont excessivement rares.

CORNEILLE (Michel), *peintre et graveur, né à Paris
en 1642, mort dans la même ville le 16 novembre
1708.*

Fils de Michel Corneille, l'un des fondateurs de l'Académie royale de
peinture, notre artiste remporta fort jeune le prix de Rome. De retour en
France, il fut reçu membre de l'Académie en 1663. Souvent employé aux
travaux de Versailles, de Trianon, de Chantilly, de Fontainebleau, etc., il
travailla néanmoins encore plus pour les églises et les particuliers.

95. *Baptême de Constantin.*

T. — H. 1,61. — L. 2,27.

Un catéchumène barbu, suivi de deux jeunes gens,
est agenouillé sur les marches d'un temple devant
un évêque nimbé et la tête nue. Deux acolytes, quelques autres personnages, remplissent la scène; et

l'on aperçoit en haut, à droite, le Saint-Esprit qui descend sous la forme d'une colombe.

Don du gouvernement en 1803.

Ce tableau, qui peut représenter aussi bien le baptême de Clovis ou de tout autre que celui de Constantin, n'est pas du tout, quoi qu'en ait décidé le musée central, dans la manière de peindre de Michel Corneille. Le tableau était autrefois plus grand qu'il ne l'est aujourd'hui : la toile a été rognée à droite, et laisse voir d'une manière fort apparente les premières lettres d'une signature commençant ainsi : L. Bo.... : ne serait-ce pas plutôt le nom de Louis Boulogne ?

CORRÉGE. — *Voyez* ALLEGRI.

CORTONE. — *Voyez* BERRETTINI.

COSSON (   ), *vivait au xviiie siècle. Nous ne connaissons de cet artiste qu'une copie du portrait de Rubens, faite en 1785, et donnée par le gouvernement au musée en 1803. (Voyez no 328.)*

COURT (JOSEPH-DÉSIRÉ), *né à Rouen, actuellement à Paris.*

M. Court, élève de Gros, a remporté le grand prix de Rome en 1821 ; il a été nommé chevalier de la Légion-d'Honneur en 1838. Ses tableaux les plus célèbres sont : *La mort de César, Boissy d'Anglas,* etc. M. Court s'adonne aujourd'hui presque exclusivement au portrait, et occupe un des premiers rangs en ce genre.

96. *Portrait de Henri Fonfrède.*

T. — H. 0,64. — L. 0,58.

Henri Fonfrède, fils de Jean-Baptiste Fonfrède, membre de la Convention, est un des publicistes les plus distingués dont s'honore le département de la Gironde. Né le 21 février 1788, mort à Bordeaux en 1840. Il a légué au musée le buste en marbre de Casimir Périer.

Ce portrait, exécuté en 1839, a été donné par M. Court au Musée en 1843. Il a été lithographié par M. Ém. Lassalle (de Bordeaux).

DE BORDEAUX.

COURTOIS (JACQUES), *dit* BOURGUIGNON, *né à Saint-Hippolyte (Doubs) en 1621, mort à Rome en 1676.*

Fils d'un peintre nommé Jean Courtois qui habitait le comté de Bourgogne, d'où lui est venu le surnom de Bourguignon, Jacques Courtois avait à peine 15 ans lorsqu'il suivit en Italie un officier de l'armée française. Il y fixa son séjour et y perdit pour ainsi dire son nom, car il figure dans les biographies italiennes sous le nom de *Giacomo Cortese detto il Borgognone.* Lié d'amitié avec Guido Reni, Albani, Berrettini, etc., il s'adonna à peindre des batailles et y acquit une grande réputation. Sa couleur a un éclat et une fraicheur admirables, et son dessin une vigueur et une énergie extraordinaires. Il était fort jaloux de sa femme ; et comme elle mourut empoisonnée, Courtois se retira prudemment chez les Jésuites : il y prit l'habit de frère laïque, et y fit plusieurs beaux tableaux pour le couvent, jusqu'au moment où il mourut d'une apoplexie.

97. *Engagement de cavalerie.*

T. — H. 0,47. — L. 0,84.

La scène principale se passe à droite du tableau ; on y distingue un groupe composé de cavaliers turcs et chrétiens, en costume du xviie siècle. Sur le premier plan, un cheval blessé s'affaisse et tombe. Au milieu un cavalier turc élève comme bannière une queue de cheval attachée à une lance.

Collection du marquis de Lacaze.

98. *Engagement de cavalerie.*

T. — H. 0,47. — L. 0,84.

La scène principale est à droite du tableau ; des cavaliers, en costume du xviie siècle, s'attaquent à coups de pistolets ; sur le premier plan, un cheval blessé s'affaisse et tombe. Au milieu du tableau, un cavalier décharge son pistolet en fuyant.

Collection du marquis de Lacaze.

COYPEL (NOEL), *peintre et graveur, né à Orléans le 24 décembre 1628, mort à Paris le 24 décembre 1707.*

Le nom de Coypel est un des plus illustres de l'histoire de l'art en France.

Fils d'un peintre, marié à la fille d'un peintre qui elle-même s'occupait de peinture, plusieurs de ses enfants et descendants se sont illustrés dans les arts. Reçu membre de l'Académie en 1663, il en fut nommé directeur après la mort de Mignard. L'école de Rome, dont il fut nommé directeur en 1672, acquit pendant son administration un très-grand développement. Noël Coypel exécuta ou dirigea la plupart des grands travaux de peinture de son temps; mais celui qui lui fait le plus d'honneur, est le maitre-autel de l'église des Invalides qu'il entreprit à l'âge de 78 ans.

99. *Allégorie.*

T. — H. 1,28. — L. 1,32.

A gauche, une grande et belle femme, richement vêtue, est assise et semble contempler dans le ciel trois petits anges qui représentent probablement la Foi, l'Espérance et la Charité, et soutiennent une couronne d'épines. Au-dessus d'eux paraît, plus en avant dans le ciel, la Trinité représentée par le Père éternel, Jésus-Christ tenant sa croix et le Saint-Esprit sous la forme d'une colombe.

Don du gouvernement en 1803.

CRAYER *ou* KRAYER (GASPARD DE), *né à Anvers en* 1582, *mort à Gand le* 27 *janvier* 1669.

Il était doué d'une figure excessivement prévenante, et avait reçu de la nature toutes les qualités pour faire un grand peintre. Sans sortir de chez son maître Raphaël Coxcie, il s'était fait, en consultant la nature et les tableaux qui étaient à Bruxelles, une manière de peindre qui permet de le comparer aux plus grands peintres de l'école flamande. Rubens fit exprès pour le connaître le voyage d'Anvers à Gand, et s'écria en le voyant travailler : « Crayer, Crayer, jamais personne ne vous surpassera. » Vandyck aima beaucoup aussi Crayer, et l'on a souvent de la peine à distinguer avec certitude auquel des deux émules appartiennent certains portraits. Crayer a travaillé jusqu'à 88 ans, et fait une multitude de tableaux remarquables.

100. *Adoration des Bergers.*

La Vierge est à genoux, en face; devant elle, sur une espèce de caisse couverte de paille, l'Enfant divin repose sur une draperie blanche. De chaque côté de la Vierge, deux anges vêtus de dalmatiques sont en adoration, ainsi que les bergers qui remplissent le reste de la composition à gauche. Dans le ciel, des anges jouent de divers instruments et chantent : *Et in terra pax...* En bas, au-dessous de l'enfant Jésus, on lit cette inscription : Verbo incarnato Virginique matri sacrum Antonius Hafften et Anna Vander Mefrren D. C. Q. Les armoiries du donataire sont à côté, à droite. Il porte : écartelé, au 1er d'or au lambel de sable ; au 2e d'or à deux tourteaux de sable ; au 3e de gueules à 12 petites pièces qu'il est impossible de distinguer ; au 4e d'or au tourteau de sable surmonté d'une face ondée d'argent.

Don du gouvernement en 1803 ; avait été pris en Belgique. Rentoilé par le musée central.

CUYP *ou* **KUYP** (Albert) , *peintre et graveur, né à Dordrecht en 1605, vivait encore en 1672.*

Plusieurs artistes connus ont porté le nom de Cuyp ; le nôtre, élève de son père, habile peintre de paysages, ne tarda pas à le surpasser. Malgré les admirables qualités qui distinguent ce grand artiste, il fut peu apprécié de son vivant. Sa composition paraissait trop simple et son exécution trop large. Ce n'est qu'à la fin du xviiie siècle que les peintures de Cuyp ont commencé à être estimées comme elles le méritent, et depuis lors elles le sont chaque jour davantage ; elles sont aujourd'hui sur le même rang que celles de Paul Potter et de Carle Dujardin.

101. *Intérieur d'une grange.*

B. — H. 0,72. — L. 0,58.

Des paysans flamands assis boivent, jouent et fument.

Collection du marquis de Lacaze.

DALSOLE. — *Voyez* Sole.

DECRAYER. — *Voyez* Crayer.

DEDREUX-DORCY (Pierre-Joseph) , *né à Paris en 1789.*

Frère de Pierre-Anne Dedreux, grand prix de Rome et architecte du gouvernement. M. Dedreux-Dorcy est élève de P. Guérin. Il a travaillé avec Géricault et obtenu une première médaille d'or en 1812.

102. Bajazet et le berger.

T. — H. 3,13. — L. 2,80.

Bajazet Ier; empereur des Turcs, que la rapidité de ses conquêtes avait fait surnommer l'*Éclair*, vit tout à coup ses prospérités s'arrêter devant l'armée des Tartares commandée par le célèbre Tamerlan. A la prise de Sébaste, le chef tartare avait fait couper la tête à Ortogule, fils de Bajazet, et enterrer vives 12,000 personnes. Prêt à livrer la bataille d'Angoury ou Ancyre, où il fut vaincu et fait prisonnier en 1402, le sultan marche à la tête de 500,000 Turcs à la rencontre de Tamerlan, suivi de 800,000 Tartares. Le pressentiment de sa défaite a jeté le découragement dans l'âme de Bajazet. Suivi de quelques chefs tremblants en sa présence, il se promène pensif, quand

> . . . . « Tout à coup, d'un côteau voisin,
> Il entend les accents de la flûte champêtre;
> Il s'arrête un moment, il écoute, et soudain
> Il s'approche. Un berger, assis au pied d'un hêtre,
> Bornant à son troupeau ses soins et ses plaisirs,
> Égayait en chantant ses innocents loisirs,
> Sans songer si l'Asie allait changer de maître.
> Le monarque immobile observait le pasteur;
> Hélas! l'infortuné contemplait le bonheur. »

LAHARPE, *Épître au comte de Schovalow.*

Exposé en 1812. Don du gouvernement en 1816. Gravé par MM. Coiny et Calamatta.

DEDREUX (ALFRED), *né à Paris, élève de Léon Cogniet, a obtenu une médaille de 2e classe en 1844.*

103. Portrait équestre du duc d'Orléans.

T. — H. 3,91. — L. 2,96.

Ferdinand-Philippe-Louis-Charles-Rosolin-Henri de

DE BORDEAUX. 95

Bourbon, duc de Chartres, puis duc d'Orléans, né à Palerme le 3 septembre 1810, mort à Paris le 13 juillet 1842. Ce prince, qui était venu plusieurs fois à Bordeaux, est représenté à cheval, suivi de son état-major.

Don du gouvernement en 1844.

DEHEEM. — *Voyez* Heem.

DELACROIX (Eugène), *peintre et littérateur, né à Charenton (Seine), nommé officier de la Légion d'honneur en 1846, actuellement à Paris.*

Le temps n'est peut-être pas encore venu d'apprécier, comme elle mérite de l'être, l'influence exercée sur l'art moderne par M. Eugène Delacroix, et de juger si, en s'y prenant autrement qu'il ne l'a fait, il eut aussi bien réussi dans son insurrection contre l'absolutisme des principes de l'école de David. Contentons-nous de faire remarquer que cet illustre chef de la réaction de la couleur contre le dessin, est, comme Géricault, Ary Scheffer, Champmartin, etc., élève de Pierre Guérin, le plus sec et le plus froid des peintres de l'école de David.

On considère à Bordeaux M. Eugène Delacroix comme un compatriote, parce qu'il y vint fort jeune, et que c'est à Bordeaux que se sont éveillés les premiers instincts de son génie artistique. M. Delacroix, son père, était préfet de la Gironde en 1805, et logeait au Palais impérial pendant que M. Lacour père décorait en grisailles les murs de la vaste salle à manger du palais. Le jeune Eugène Delacroix, vivement impressionné de la manière hardie dont l'artiste crayonnait ces immenses figures, se mit à dessiner aussi. On peut dire que c'est dans ce palais même où est maintenant exposé un de ses tableaux les plus célèbres, que s'est révélé pour la première fois le génie du réformateur qui devait commencer sa marche glorieuse, en 1822, par *le Dante et Virgile, le Massacre de Scio*, etc. L'école de David n'était pas encore à son apogée, que déjà jouait dans l'atelier d'un peintre contemporain de tous les artistes de la Pompadour, celui qui devait réformer les réformateurs du style du xviiie siècle.

D'autres souvenirs rattachent encore l'existence de M. Eugène Delacroix à la ville de Bordeaux. C'est au lycée de Bordeaux qu'il a fait ses études. Son frère aîné, le général baron Charles-Henri Delacroix, avait choisi Bordeaux pour s'y reposer de ses blessures et de ses fatigues; il y termina sa glorieuse carrière le 31 décembre 1845; et, par son testament, chargea son frère de remettre au Musée deux petits tableaux que celui-ci lui avait donnés.

104. *Un lion (esquisse).*

T. — H. 0,46. — L. 0,56.

Le roi du désert, couché près d'une source au mi-lieu des roseaux, semble rugir à l'approche de quel-ques cavaliers qu'il entend dans le lointain.

Légué à la ville en 1845 par le général Delacroix, frère de l'auteur.

105. *Un Arabe (esquisse).*

T. — H. 0,33. — L. 0,41.

Assis à terre, armé de toutes pièces, le guerrier semble écouter un bruit lointain qui frappe aussi les oreilles du cheval qui attend près de lui les ordres de son maître.

Légué à la ville par le général Delacroix, frère de l'auteur.

106. *La Grèce expirante sur les ruines de Missolonghi.*

T. — H. 2,13. — L. 1,42.

Dans cette allégorie, l'auteur a personnifié la nation grecque sous les traits d'une jeune femme, belle en-core, mais amaigrie par la douleur morale et les souf-frances physiques. La main impudique d'un Turc a dérangé ses chastes vêtements. Elle est encore debout sur les ruines qui ont écrasé ses défenseurs; mais elle va succomber; l'un de ses genoux s'est déjà ployé sur ces ruines sanglantes; et, dans un suprême effort, elle implore une dernière fois du secours, tandis que les Turcs triomphants plantent insolemment leur éten-dard sur les remparts de la ville détruite.

Exécuté en 1827, acheté par la ville en 1852.

DELLAVECCHIA (PIERRE), *né à Venise en* 1605, *mort en* 1678.

On prétend que le nom de cet artiste était *Muttoni*, et que celui de Dellavecchia lui fut donné à cause de son habilité à restaurer les vieux tableaux ou à les imiter.

DE BORDEAUX. 97

107. *Portrait d'un docteur.*

T. — H. 0,63. — L. 51.

Buste sans mains d'un homme jeune encore, presque chauve, fronçant les sourcils, portant de petites moustaches, et coiffé d'une calotte noire ; sa robe noire est ornée d'une bande de fourrure blanche.

Collection du marquis de Lacaze.

DEMARNE. — *Voyez* QUERFURT.

DESPERRIÈRES (MADAME), *peintre de portraits, exposa de* 1810 *à* 1819.

108. *Portrait de madame la duchesse d'Angoulême.*

T. — H. 2,21. — L. 1,50.

Marie - Thérèse - Charlotte de Bourbon, fille de Louis XVI et de Marie-Antoinette d'Autriche, née à Versailles le 19 décembre 1778, mariée le 10 juin 1799 à son cousin-germain, Louis-Antoine de Bourbon, duc d'Angoulême, morte à Froshdorff le 19 octobre 1851. La duchesse d'Angoulême a séjourné à Bordeaux en 1814, 1815, et 1823. Elle est représentée debout en grand costume, devant un trône, montrant de la main droite des papiers où l'on remarque le plan de la ville de Bordeaux et la date du 12 *mars.*

Don du gouvernement en 1823.

DEVRIES (JEAN-FREDEMAN), *peintre et architecte, né à Leeuwaerden en Frise, en* 1527; *on ignore l'époque de sa mort.*

Devries, fils d'un canonnier allemand de l'armée des Pays-Bas, se distingua par le grand nombre d'ouvrages qu'il publia sur la perspective et les arts relatifs à l'architecture, mais surtout par le bonheur avec lequel il a imité Ruisdaël, qui s'y trompait quelquefois lui-même.

5

109. *Paysage.*

B. — H. 0,35. — L. 0,56.

Un chemin passe devant les maisons d'un petit village; quelques personnes sont assises devant la porte d'une hôtellerie. Un peu en avant, une femme est assise au bord du chemin par lequel arrivent un paysan et son fils, tandis qu'un cavalier s'éloigne monté sur un cheval blanc.

Collection du marquis de Lacaze.

DIEPENBECK (ABRAHAM), *né à Bois-le-Duc vers* 1620, *mort à Anvers en* 1675.

Il s'adonna d'abord à la peinture sur verre, s'y distingua et entra ensuite dans l'atelier de Rubens. Il a fait peu de grands ouvrages, mais une quantité considérable de dessins pour des libraires.

110. *Enlèvement de Ganymède.*

T. — H. 2,08. — L. 2,08.

Jupiter, charmé de la beauté de Ganymède, fils de Tros, roi de Troie, se changea en aigle, l'emporta dans l'Olympe et en fit son échanson à la place d'Hébé.

Collection du marquis de Lacaze. L'aigle a été peint par Sneyders. Ce tableau avait été donné à M. de Lacaze par le roi de Bavière; il l'estimait 18,000 fr, malgré les restaurations subies.

DIETRICH *ou* DIETRICY (CHRÉTIEN-GUILLAUME-ER- NEST), *peintre et graveur, né à Weymar le* 30 *novembre* 1712, *mort à Dresde en* 1774.

Fils d'un peintre en miniature qui lui apprit les premiers éléments de son art, il entra ensuite chez un peintre de paysages, Alexandre Thiele, et y resta trois ans. Protégé par le comte de Bruhl, il put se perfectionner en copiant avec assiduité les tableaux des maîtres qu'il affectionnait. Il les imita si bien, qu'on put croire ressuscités les talents si divers de Rembrandt, Ostade, Dujardin, Berghem, Vanderwerff, Jos. Vernet, et même Watteau. Il a joui dans son temps d'une immense réputation qu'essaient de détruire quelques critiques modernes qui n'ont peut-être pas eu occasion de connaître ses principaux chefs-d'œuvre.

DE BORDEAUX.

111. *Sainte-Famille.*

T. — H. 0,65. — L. 0,52.

Un groupe d'anges et de chérubins, sur des nuages,
répandent des fleurs sur la Sainte-Famille, qui se repose à l'entrée d'une habitation. La Vierge, assise,
présente son fils au petit saint Jean, qui, soutenu
par sainte Élisabeth , baise les mains du fils de Marie.
Dans le fond, on aperçoit Joseph et Zacharie qui
contemplent cette scène avec ravissement.

Collection du marquis de Lacaze.

112. *Paysage.*

T. — H. 0,60. — L. 0,52.

Sur le premier plan, un chemin qui descend d'un
coteau longe un champ de blé encore vert. Une femme
portant une hotte, descend de la colline.

Collection du marquis de Lacaze.

113. *Paysage. — Vue de Meissen en Saxe.*

B. — H. 0,28. — L. 0,41.

Au pied d'une colline qui occupe la droite du tableau, et que surmonte un énorme château, coule
une rivière traversée par un pont aux arches inégales.
La plupart des barques qui sillonnent la rivière, sont
couvertes d'une espèce de toiture comme des maisons.

Collection du marquis de Lacaze.

114. *Paysage. — Vue de Pirna en Saxe.*

B. — H. 0,28. — L. 0,41.

A droite, un monticule, surmonté d'un château fort,
domine une ville assez considérable qu'entourent les
sinuosités d'une rivière paisible.

Collection du marquis de Lacaze.

100 MUSÉE

115. *Paysage. — Vue de Kœnigstein, en Saxe.*

B. — H. 0,28. — L. 0,41.

Une rivière serpente au milieu de trois énormes roches, véritables phénomènes géologiques. La plus rapprochée, à droite du tableau, est surmontée d'une ville dont les fortifications suivent toutes les découpures du rocher.

Collection du marquis de Lacaze.

116. *Paysage. — Vue de Saxe.*

B. — H. 0,28. — L. 0,41.

A droite, une ville fortifiée au pied de laquelle passe une rivière traversée par un pont; le milieu du pont est occupé par un terre-plein surmonté d'une croix.

Collection du marquis de Lacaze.

Voyez encore de Dietrich : *l'Adoration des Bergers* de Rembrandt, nº 303.

DOMINIQUIN. — *Voyez* ZAMPIERI.

DORIGNY (Louis), *peintre et graveur, né à Paris en 1654, mort à Vérone en 1742.*

Fils aîné de Michel Dorigny et de la fille de Simon Vouet, il se distingua de bonne heure dans l'étude des arts. Entré dans l'atelier de Charles Lebrun, il concourut pour le grand prix à dix-sept ans; mais n'ayant obtenu que la médaille d'or, il la refusa et partit seul pour l'Italie. Il resta dix ans à Venise, y épousa la fille d'un orfévre et se fixa enfin à Vérone. Il revint en France en 1704; mais il ne put être reçu membre de l'Académie, parce que son père avait fait dans le temps une caricature fort piquante intitulée *la Mansarde*, et dirigée contre l'oncle de Jules Hardouin-Mansard, alors surintendant des bâtiments royaux. Appelé à Vienne par le prince Eugène de Savoie, il y exécuta un grand nombre de tableaux remarquables, comme il l'avait déjà fait à Rome, à Livourne, à Venise, à Mantoue, à Trévise, à Vérone, etc.

117. *Suzanne et les vieillards.*

T. — H. 0,69. — L. 0,62.

Suzanne, femme de Joachim de la tribu de Juda, avait été amenée en captivité à Babylone. Les juifs

DE BORDEAUX.

captifs s'assemblaient chez son mari Joachim pour
faire décider de leurs affaires par deux juges de leur
nation. L'an 599 avant Jésus-Christ, les deux juges
de l'année, épris de la beauté de Suzanne, se concer-
tèrent pour la séduire. Ils se cachèrent dans un jardin; et, au moment où Suzanne se baignait, ils la
menacèrent, si elle ne cédait à leurs désirs, de l'accuser de l'avoir trouvée seule avec un jeune homme.
Suzanne aima mieux mourir innocente que de se sauver par un crime : elle jeta un grand cri; et, les
vieillards ayant aussi crié, le peuple entra et les
juges accusèrent et condamnèrent Suzanne. (*Daniel*,
chap. xiii.) Dans le tableau de Louis Dorigny, les vieillards, saisis d'admiration, s'approchent de Suzanne;
l'un d'eux lui présente une bourse; et la jeune femme,
qui semble moins effrayée que secrètement flattée de
cet hommage, lève les yeux au ciel et se dispose à se
voiler avec plus de coquetterie que d'empressement.

Collection du marquis de Lacaze.

DUBOIS. — *Voyez* RODE.

DUBOIS DRAHONET (ALEXANDRE-JEAN), *peintre de
portraits, a exposé la première fois en* 1812.

118. *Portrait du duc de Bordeaux.*

T. — H. 1,53. — L. 1,11.

Henri-Charles-Ferdinand-Marie-Dieudonné de Bourbon, duc de Bordeaux, fils de Charles-Ferdinand de
Bourbon, duc de Berri, et de Caroline-Ferdinande-
Louise de Bourbon, princesse des Deux-Siciles, né à
Paris le 29 septembre 1820. Le jeune prince est représenté dans le parc de Saint-Cloud, debout, en face,
en costume de colonel des cuirassiers; il tient à la
main son épée nue.

Don du gouvernement en 1828.

DUGHET (Guaspard), *dit* Le Guaspre *ou* Gasparo Poussin, *né à Rome au mois de mai 1613, mort dans la même ville le 25 mai 1675.*

Fils de Jacques Dughet, français d'origine, établi à Rome, Gaspard Dughet était, par sa sœur, beau-frère de Poussin, et tint à honneur de le rappeler en ajoutant le nom de Poussin au sien. Élève de son beau-frère, il s'adonna au paysage et en fit une immense quantité. Il peignait avec une telle facilité, qu'il ne lui fallait souvent qu'un jour pour terminer un de ces beaux paysages dont tous les cabinets de l'Europe sont remplis.

119. Paysage.

T. — H. 0,42. — L. 0,74.

A gauche, sur le premier plan, un grand arbre; dans le fond, une masse de rochers nus d'où sort, vers la droite, une source abondante; deux femmes y lavent du linge.

Collection du marquis de Lacaze.

DUJARDIN (Charles), *peintre et graveur, né à Amsterdam vers 1625, mort à Venise le 20 novembre 1678.*

Carle ou Karel Dujardin est un des plus grands peintres de la Hollande et le plus célèbre des élèves de l'école de Berghem. Il était fort jeune, lorsqu'il passa en Italie; ses tableaux y furent fort recherchés, et *la bande joyeuse* dont il faisait partie lui donna le surnom de *Barbe de bouc.* Il voulut revoir sa patrie; mais en passant à Lyon, ses folles dépenses le placèrent dans une telle position que, pour en sortir, il fut obligé d'épouser son hôtesse, femme riche, mais acariâtre et vieille. Il fut fort bien accueilli à Amsterdam; mais la présence de sa femme lui en rendit le séjour insupportable. Il partit secrètement pour Rome; il y resta longtemps; puis vint à Venise, où un excès de table causa sa mort.

120. Paysage et animaux.

T. — H. 0,60. — L. 0,65.

Sur le premier plan, une paysanne en jupon bleu est assise et semble regarder quelque chose dans l'eau qui est à ses pieds. Derrière elle, un taureau mugit; et dans le fond, à gauche, un jeune homme est endormi près d'un cheval brun.

Collection du marquis de Lacaze (payé 1,700 fr.).

DE BORDEAUX

DURAND (CYRILE), *peintre et dessinateur, né à Bordeaux en 1790, mort dans la même ville le 8 octobre 1840.*

Fils d'un homme de loi, il entra à l'école de peinture de la ville sous la direction de M. Lacour; il se distingua si bien et se fit tellement aimer, qu'à l'époque de la conscription, son frère se dévoua pour lui et partit à sa place. Il obtint le premier prix de l'école vers 1815. Il était d'un caractère doux et aimant, et laissa d'universels regrets quand un anévrisme l'enleva à ses amis. Il a publié diverses lithographies dans le *Musée d'Aquitaine, la Gironde,* etc.

121. *Intérieur.*

T. — H. 0,27. — L. 0,21.

L'artiste s'est représenté debout, à la porte de son atelier. La porte est ouverte et laisse apercevoir l'intérieur de l'appartement.

Acheté par la ville en 1830.

DURAND BRAGER (HENRI), *peintre vivant, actuellement en Crimée.*

122. *Combat de la frégate de Bordeaux* le Niémen, *contre les frégates anglaises* l'Améthiste *et* l'Aréthuse, *les 5 et 6 avril* 1809.

T. — H. 1,86. — L. 3,30.

La frégate *le Niémen*, armée de quarante-quatre canons, et commandée par le capitaine Dupotet, appareilla de la rade de Royan le 4 avril, traversa pendant la nuit les forces qui bloquaient l'entrée de la Gironde, et rencontra le lendemain une seconde croisière de deux frégates devant lesquelles elle prit chasse; mais, à la nuit close, elle fit fausse route, et, à dix heures du soir, se retrouva en présence de *l'Améthyste*. Le combat s'engagea et dura jusqu'à quatre heures du matin. *L'Améthyste*, n'ayant plus que son mât de misaine, son petit mât de hune, et pour toute voile sa misaine criblée de mitraille, éteignit tous ses feux, et fit crier par un Français qui se trouvait prisonnier à son bord : *Nous sommes rendus. Le Niémen* n'avait alors perdu que son mât d'artimon. M. Dupotet envoyait un officier prendre possession de la prise, lorsque *l'Aréthuse* arriva à très peu de distance. Aux cris unanimes de l'équipage : *Vive notre commandant !* le combat recommença dès que *l'Aréthuse* fut à portée ; mais ce dernier effort était une lutte désespérée et sans espoir de succès contre un ennemi supérieur en hommes et en artillerie, et complétement maître de sa manœuvre. *L'Arthémise*, qu'on n'avait pas eu le temps d'amarriner, reprit part à l'action ; et M. Dupotet, ayant perdu son grand mât, ayant eu quarante-six hommes tués, un grand nombre de blessés et toute son artillerie démontée, fut obligé de se rendre. Ce combat fut d'autant plus glorieux pour M. Dupotet que son équipage était composé d'hommes qui n'avaient jamais vu la mer.

Don de l'auteur en 1844.

123. *Combat du corsaire français* la Dame-Ambert, *contre la corvette anglaise* Lily.

T. — H. 1,68. — L. 2,62.

En 1814, la corvette anglaise *Lily*, de 22 canons, de 12 et de 125 hommes d'équipage, fut expédiée par le commandant de la station anglaise aux Antilles, à la poursuite du corsaire de Bordeaux, *la Dame-Ambert*, capitaine Marsaud, qui avait fait éprouver au commerce anglais des pertes considérables. Les deux navires se rencontrèrent : le corsaire était armé seulement de 12 canons de 6, et monté par 65 hommes. Néanmoins, après une vive canonnade, *la Dame-Ambert* aborda résolûment *la Lily* : elle engagea son beaupré, qui se brisa, dans les gréages de la corvette, jeta les grapins, et par ces ponts improvisés, son équipage tout entier envahit le pont de *la Lily.* Malgré l'ardeur de la défense, le combat ne fut pas long; 80 hommes de l'équipage anglais furent tués ou blessés, ainsi que tout l'état-major. *La Dame-Ambert* n'eut que 20 hommes tués ou blessés.

Commandé par le conseil municipal en 1846, entré au musée en 1850.

EISEN (Charles), *peintre et graveur, né à Paris en 1721, mort dans la même ville en 1780.*

Fils de François Eisen, peintre et graveur de Bruxelles, qui était venu s'établir à Paris, Charles Eisen fut un des plus féconds et des plus gracieux dessinateurs de son temps. Nous lui attribuons les tableaux ci-dessous que le catalogue de M. le marquis de Lacaze donnait au *chevalier Eyser,* nom que nous n'avons trouvé nulle part.

124. *Un berger et une bergère.*

B. 0,36. — L. 0,28.

Assis au pied d'une masure, un berger, entouré de divers animaux, presse et attire à lui le bras d'une bergère.

Collection du marquis de Lacaze.

125. *L'oiseleur.*

B. 0,36. — L. 0,28.

Un jeune homme, abrité par quelques branches coupées, veille sur ses filets, tandis que, sur le premier plan, deux jeunes filles et un enfant jouent avec un petit oiseau.

Collection du marquis de Lacaze.

126. *Danse de villageois.*

B. — H. 0,21. — L. 0,29.

Cinq ou six hommes et femmes dansent en rond autour d'un arbre, sans remarquer que les deux ménétriers assis ont cessé de les accompagner sur leurs violons.

Collection du marquis de Lacaze.

5.

106 MUSÉE

127. *Repos de villageois.*

B. — H. 0,21. — L. 0,29.

Assis sur un banc, au pied d'un arbre, des villageois boivent en écoutant un ménétrier jouant de la clarinette.

Collection du marquis de Lacaze.

ELGER, ou ELLIGER (OTTOMAR), *né à Anvers en 1666, mort à Amsterdam en 1734.*

Il ne faut pas confondre cet artiste élève de Gérard de Lairesse avec son père, portant le même nom, mais élève et rival du célèbre jésuite d'Anvers Daniel Segbers. Celui-ci ne peignit que des fleurs et des fruits, tandis que son fils suivit l'exemple de son maître et ne peignit presque que des allégories. Arrivé à l'âge de soixante ans, il suivit le malheureux exemple de beaucoup de ses compatriotes, et s'adonna tellement à l'ivrognerie qu'il ne fit plus aucun ouvrage digne de lui.

128. *Allégorie.*

T. — H. 0,56. — L. 0,75.

Au milieu d'un temple où préside une divinité tenant d'une main une palme et de l'autre une couronne, Minerve, aidée d'une foule de petits génies, semble repousser Mars du sanctuaire où il voulait entrer. Parmi les statues dont le temple est décoré, on distingue, à gauche, celle d'Hercule terrassant l'hydre de Lerne.

Collection du marquis de Lacaze.

ERCOLINO DI GUIDO. — *Voyez* MARIA.

ESPAGNOLET. — *Voyez* RIBERA.

ESTEBAN. — *Voyez* MURILLO.

EVERDINGEN. — *Voyez* VANEVERDINGEN.

EYSEN ou EYSER. — *Voyez* EISEN.

DE BORDEAUX.

FARINATO (Paul), *peintre, sculpteur, architecte et graveur, né à Vérone en 1522, mort dans la même ville en 1606.*

Farinato ou Farinaste était de l'illustre famille des *Farinati degli Uberti* qui quittèrent Florence en 1260 et s'établirent à Vérone. Il rivalisa de gloire avec Paul Cagliari, avec lequel il peignit dans l'église de Saint-Marc à Venise; mais ses fresques sont plus estimées que ses tableaux sur toile. Il continua à faire des progrès jusque dans un âge très-avancé; son meilleur tableau fut fait à l'âge de soixante-dix-neuf ans. Il est mort à quatre-vingt-quatre ans dans la même chambre et au même moment que sa femme qui, l'entendant expirer, lui cria qu'elle allait le joindre.

129. *Vénus assise, et deux Amours.*

T. — H. 1,14. — L. 0,88.

La déesse, assise sur le bord d'un lit, caresse un Amour qui est debout, à droite, tandis qu'un autre Amour joue dans l'air avec les cheveux de sa mère.

Collection du marquis de Lacaze.

FELON (Joseph), *peintre, sculpteur et dessinateur, né à Bordeaux, actuellement fixé à Paris.*

M. Felon, qui a le triple avantage de posséder un talent remarquable comme peintre, comme sculpteur et comme dessinateur, est élève de l'école de Bordeaux. Quand il fut arrivé à l'âge de la conscription, il allait peut-être être obligé de renoncer à la carrière dans laquelle il avait obtenu déjà plusieurs succès, faute d'avoir la somme nécessaire pour se faire remplacer, lorsque son maître, connaissant par expérience l'extrême bienveillance de M. David Johnston pour les artistes, s'adressa à cette générosité héréditaire dans la famille, et en obtint immédiatement la somme nécessaire pour faire remplacer M. Felon. M. Felon a conquis dans les arts une place plus éminente que ne pourrait le faire supposer le premier tableau qu'il a offert au Musée. Son imagination féconde et nourrie d'études sévères et consciencieuses, lui a inspiré une prodigieuse quantité de compositions faciles et gracieuses que la lithographie a reproduites partout, et parmi lesquelles nous nous contenterons de citer : *Souvenirs d'artistes, Album de la Teste,* etc.

130. *Nymphe chasseresse.*

T. — H. 1,13. — L. 1,38.

Une jeune chasseresse, agenouillée et coiffée de fleurs, presse dans ses bras sa levrette favorite.

Don de l'auteur en 184.

FERRARI (Lucas), *né à Reggio en 1603, mort à Padoue en 1652.*

Ferrari fut élève de Guido Reni, dont on retrouve la grâce dans quelques-unes de ses compositions.

131. *La Peinture couronnée par la Renommée.*

T. — H. 1,08. — L. 1,02.

La Peinture, personnifiée par une femme entièrement nue, qui a à ses pieds une palette appuyée sur un masque et une tête de mort, est couronnée par une Renommée, également nue, qui se détourne pour publier les succès de la Peinture.

Collection du marquis de Lacaze.

FEYTAUD (N*** Tavel, Mme).

Fille de M. le chevalier Tavel, madame Feytaud n'est pas née à Bordeaux; mais elle y a habité assez longtemps et y a laissé assez de charmants souvenirs, pour figurer parmi les artistes bordelais.

132. *Deux ramoneurs debout, en face, à mi-corps, se partagent les restes d'un repas.*

T. — H. 0,60. — L. 0,47.

Acheté par la ville en 1830.

FLAMINIO. — *Voyez* Torre.

FLINCK (Godefroid *ou* Govaert), *né à Clèves en décembre 1616, mort à Amsterdam le 2 décembre 1660.*

Fils du trésorier de la ville, et destiné au commerce, son obstination à s'occuper d'art lui valut les plus mauvais traitements; mais un prédicateur, anabaptiste, qui était assez bon peintre, parvint enfin à déterminer un père opiniâtre à lui confier ce fils révolté. Flinck devint en peu de temps un des plus célèbres imitateurs de Rembrandt et de Murillo. Plusieurs des tableaux de Flinck passent pour être faits par ces deux grands maîtres. Il peignit presque toujours l'histoire et le portrait. On a prétendu à tort qu'ayant vu des portraits de Van Dyck et des tableaux de Rubens, il renonça à peindre des portraits et des tableaux d'histoire; c'est une de ces assertions erronées qui s'accréditent souvent sans avoir l'ombre de la vraisemblance. Les inventeurs de celle-ci oublient que Flinck mourut en terminant les esquisses de douze grands tableaux commandés par les bourgmestres d'Amsterdam. Il laissa de magnifiques collections d'estampes et d'autres curiosités, qu'un goût éclairé et ses fréquentes relations avec les savants et les grands lui avaient permis de ramasser.

133. *Paysage.*

T. — H. 0,68. — L. 0,86.

Entrée d'une forêt ; on y distingue un ravin traversé par un pont de bois.

Collection du marquis de Lacaze.

FLIUSKO. — *Voyez* FLINCK.

FONTANA (LAVINIA), *née à Bologne en* 1552, *morte à Rome en* 1614.

Fille de Prosper Fontana, qui eut l'honneur d'être le maître de Louis et d'Augustin Carrache, elle est connue aussi sous le nom de Zappa que portait son mari. Lavinia, ne se sentant pas assez de génie et de force pour la peinture historique, s'adonna au portrait et y réussit si bien qu'on les prit quelquefois pour des Guido Reni. Pour récompenser le talent d'une femme si remarquable, le pape Grégoire XIII lui accorda le titre de peintre pontifical.

134. *Portrait du sénateur Orsini.*

T. — H. 1,21. — L. 1,13.

Vêtu d'une robe verte ornée de fourrures et de manches de soie rouge, le sénateur est assis sur un fauteuil, et feuillette de la main gauche des manuscrits placés sur un bureau devant lui. Il est signé LAVINIA FONTANA DE Z. FACIEBAT, MDLXXV.

Collection du marquis de Lacaze.

FOUQUIÈRES (JACQUES), *peintre et graveur, né à Anvers en* 1580, *mort à Paris en* 1659.

Élève de Breughel de Velours, puis de Rubens, le goût de ce dernier pour la magnificence développa l'orgueil excessif avec lequel Fouquières était né. Il vint en France en 1621 et fut présenté à Louis XIII qui lui accorda des lettres de noblesse. Cette distinction rendit Fouquières si fier, qu'il ne peignit plus que l'épée au côté. Pour vivre encore plus noblement, il négligea beaucoup trop le travail et mourut si misérable, qu'il ne laissa pas de quoi se faire enterrer. Son orgueil excessif lui suscita des querelles fâcheuses, entre autres celle qu'il eut avec Poussin qui l'appelait ironiquement le *baron Fouquières*. Malgré sa ridicule vanité, le pauvre Fouquières d'Anvers ne parvint jamais à se faire passer pour descendant des célèbres Fouckers d'Ausbourg, lesquels, pour témoigner à Charles-Quint leur reconnaissance d'être venu loger chez eux, placèrent dans la cheminée de la chambre de l'empereur un fagot de cannelle, denrée alors fort rare, et y mirent le feu avec le billet d'une somme considérable qu'ils avaient prétée à Charles-Quint.

135. *Paysage.*

B. — H. 0,69. — L. 0,86.

A l'entrée d'un bois, des voleurs arrêtent et dépouillent une femme agenouillée devant eux, tandis que d'autres poursuivent à coups de fusil son mari qui s'échappe.

Collection du marquis de Lacaze. Ce paysage avait été vendu comme un Rubens.

FRANCESCHINI (Balthazar), dit Volterrano, né à Voltérre en 1611, mort en 1689.

Élève de Roselli, il se fit surtout remarquer par son habileté à couvrir de vastes compositions les coupoles, les églises et les murs des grandes salles. Les éloges qu'on a donnés à ses compositions, sont encore au-dessous de leur mérite. Il ne réussit pas aussi bien dans les tableaux de chevalet, lesquels ne sont pas cependant sans talent.

136. *Moïse devant Pharaon.*

T. — H. 1,36. — L. 1,80.

Lorsque Moïse, miraculeusement sauvé des eaux, eut atteint l'âge de trois ans, il était doué d'une si merveilleuse beauté et de tant de grâces, que quand on le portait çà et là, ceux qui le voyaient, dit Josèphe, ne pouvaient se résoudre à le quitter que par force. Thermeuthis, fille de Pharaon, se décida à l'adopter. Elle le présenta au roi, qui, le prenant dans ses bras, lui mit en jouant sa couronne sur la tête. Mais Moïse la jeta par terre et la foula aux pieds. Les sacrificateurs, qui déjà avaient demandé sa mort, en prirent occasion de l'accuser de nouveau et de faire ressortir les malheurs que présageait une pareille action. Pharaon, assis sur son trône et le sceptre à la main, est à droite du tableau; Moïse nu est placé sur une table entourrée des femmes de Thermeuthis, et semble se défendre des accusations qu'on lui adresse.

137. *Apollon et Marsyas.*

Maroufié sur carton. — H. 0,16. — L. 0,75.

A droite, l'infortuné satyre, aimé de Cybèle et des nymphes, Marsyas, victime de sa présomption, est attaché à un arbre et déjà à moitié écorché; à gauche, Apollon vainqueur remonte au ciel, et semble, en partant, adresser une menace à Mydas déjà pourvu d'oreilles d'âne.

Collection du marquis de Lacaze.

138. *Apothéose d'Ovide.*

T. — H. 1,36. — L. 1,80.

Publius Ovidius Naso, l'un des plus célèbres poëtes du siècle d'Auguste, mourut dans l'exil à l'âge de cinquante-sept ans. Il est difficile de deviner comment l'artiste a compris son sujet. A droite, un personnage au sexe douteux, assis sur des nuages, au pied d'un arbre, est entouré de différents petits génies portant des palmes, et reçoit un vieillard à demi-vêtu que lui présente une divinité vêtue à la moderne.

Collection du marquis de Lacaze.

FRANK, FRANKEN ou VRANCK (François), *dit* LE JEUNE, *né à Anvers en* 1580, *mort dans la même ville en* 1642.

Les Franck forment une suite nombreuse d'artistes dont on confond aisément les ouvrages. Leur généalogie est aussi confuse que leur histoire.

François Franck le Jeune était fils de François Franck le Vieux, et eut un fils qui s'appelait aussi François comme son père et son grand-père. Il semble que, pour augmenter la difficulté de reconnaître les œuvres de ces divers artistes, ils ont tous peint dans le même système que leur avait donné, comme à cent cinquante de ses élèves, François Floris, leur maître.

139. Le Christ au Calvaire.

B. — H. 1,02. — L. 1,41.

Au milieu d'une multitude de groupes de soldats et de gens du peuple, vêtus de ce costume de convention adopté par les peintres de l'école de François Floris, les trois croix sont élevées, et alignées en face sur le même plan. Le premier plan, à gauche, est occupé par une rangée de dames ou de nourrices juives, assises et tenant leurs enfants.

Le cadre de ce tableau, qui vient probablement de quelques-unes de nos églises, est en bois et remarquable par les ornements dans le goût arabe dont il est enrichi.

140. Le Christ au Calvaire.

B. — H. 0,74. — L. 1,06.

Même composition que le numéro précédent. La scène est la même, les costumes et les expressions sont les mêmes; mais dans les groupes différemment disposés, on reconnaît aisément une main moins habile que celle à qui l'on doit l'autre tableau.

Appartenait anciennement à la ville, et vient probablement aussi de quelque église.

141. Différentes manières de parvenir à l'immortalité.

B. — H. 0,74. — L. 1,05.

Une multitude innombrable de personnages de tout âge, de tout sexe et de toute condition, remplissent le cadre. On y voit des empereurs, des rois, des guerriers, des magistrats, des savants, des marchands, des prédicateurs, des artistes, etc. A gauche, Mucius Scévola brûle la main qui s'est trompée. Sémiramis fait abreuver de sang la tête de Cyrus, etc. Dans le haut, des anges reçoivent les élus et les conduisent dans l'Olympe.

Collection du marquis de Lacaze.

FRANCIA. — *Voyez* RAIBOLINI.

FYT (JEAN), *peintre et graveur, né à Anvers en 1625. On ignore la date de sa mort.*

Il fut très-souvent employé par Jordaens, Rubens, etc., à peindre des animaux dans leurs tableaux.

142. *Nature morte.*

T. — H. 0,65. — L. 0,82.

Un petit chien épagneul contemple du gibier et divers ustensiles de chasse.

Collection du marquis de Lacaze.

GALARD (GUSTAVE, COMTE DE), *peintre et dessinateur, né au château de Lille, près Lectoure, vers l'an 1777, mort à Bordeaux en 1840.*

Fort jeune lorsque la révolution éclata, et ayant son frère aîné émigré, il fut, ainsi qu'un autre de ses frères, obligé de se déguiser quelque temps en femme pour éviter la proscription. Il parvint enfin à s'embarquer avec une petite pacotille qui était toute sa fortune ; mais, pris en mer par des corsaires, il fut déposé à Saint-Thomas et privé de toute espèce de ressources. C'est alors qu'il prit courageusement des pinceaux, non pas comme artiste, mais comme ouvrier. Peu à peu il s'essaya à faire des portraits et gagna quelque argent. Il passa ensuite en Angleterre, et vint enfin s'établir à Bordeaux. Issu d'une famille qui occupe une des places les plus distinguées dans la noblesse du midi de la France, la réputation de M. le comte Gustave de Galard ne s'est guère étendue au delà de l'enceinte des murs de Bordeaux. Artiste par accident et formé sans maître, son talent ne s'est exercé qu'à reproduire les costumes, les mœurs et les portraits des gens avec lesquels il vivait. Satisfait des éloges que lui méritaient l'amabilité de son caractère, l'aménité de ses mœurs, la naïveté et le piquant esprit de ses crayons, il a rarement ambitionné d'autres succès, et n'a guère exposé ses ouvrages qu'à Bordeaux. Il a exécuté un grand nombre de portraits à l'huile, au crayon, à l'aquarelle ; mais ce qui a surtout contribué à sa popularité pendant sa vie et le recommande maintenant à la postérité, c'est l'esprit, la verve, la naïveté et l'exactitude d'un nombre prodigieux de dessins gravés ou lithographiés qu'il publiait avec une merveilleuse fécondité. Son œuvre est un répertoire où l'on retrouvera tout entier les mœurs et la physionomie de l'époque où l'artiste a vécu. Nous citerons entre autres : *Recueil de divers costumes*, *Album bordelais*, *Album périodique*, *Album vinicole*, *Album départemental*, etc., et les nombreux dessins dont il a orné les principales publications bordelaises de son temps.

143. *Vue prise à La Teste.*

T. — H. 0,40. — L. 0,56.

Quelques cabanes de pêcheurs sur le bord du bassin d'Arcachon.

Acheté par la ville en 1830.

GALARD (GEORGES DE), *fils du précédent, né à Bordeaux en   , mort dans la même ville en 1834.*

144. *Étude d'après un ramoneur.*

T. — H. 0,97. — L. 0,74.

Acheté par la ville en 1830.

GALLI (FERDINAND), *dit* BIBIENA, *peintre et architecte, né à Bologne en* 1657, *mort dans la même ville en* 1743.

Fils d'un élève d'Albani nommé Jean-Marie Galli, il prit le nom de Bibiena, que portèrent avec éclat sept ou huit artistes de la même famille d'un village près de Bologne où Jean-Marie Galli était né. Ferdinand Galli devint un des architectes les plus illustres de son temps; mais ce qui l'a rendu surtout célèbre, c'est son habileté dans les décorations théâtrales. C'est à lui qu'on doit en partie la magnificence de nos décors modernes, et l'invention des mécanismes ingénieux qui les font mouvoir et changer avec tant de promptitude. Il est auteur de divers ouvrages sur l'architecture théâtrale. Son frère, François Galli, fut presque aussi habile architecte que lui, et peignait très-bien les figures dont il ornait les compositions de son frère et les siennes.

145. *Intérieur d'un temple, avec figures.*

T. — H. 1,37. — L. 1,88.

Des étrangers, qu'un vaisseau vient de déposer à

DE BORDEAUX. 115

l'entrée même d'un temple, en admirent les dimensions et la beauté.

Collection du marquis de Lacaze. Don du roi de Bavière.

GAMELIN (Jacques), *né à Carcassonne le 5 octobre 1739, mort à Narbonne en 1803.*

Élève de Rivalz, il obtint le grand prix de Rome et devint directeur de l'académie de Montpellier. Il s'adonna surtout à représenter des batailles et abusa souvent de l'excessive facilité de son pinceau. Ses deux plus beaux tableaux sont au musée de Toulouse.

146. *Socrate buvant la ciguë.*

T. — H. 0,53. — L. 0,51.

Socrate, fils d'un sculpteur et sculpteur lui-même, passe pour le plus sage des hommes; condamné à mort par l'aréopage d'Athènes, il est, dans sa prison, assis sur son lit, entouré des ses disciples en pleurs, et reçoit, contrairement à l'histoire, la coupe empoisonnée des mains de sa femme Xantippe.

Collection du marquis de Lacaze.

147. *Départ d'Abradate pour le combat.*

T. — H. 0,37. — L. 0,57.

L'an 588 avant Jésus-Christ, Cyrus ayant généreusement rendu Panthée, sa prisonnière, à son mari Abradate, roi de Suze, celui-ci, par reconnaissance, se rangea du côté de Cyrus; mais à la première bataille contre les Égyptiens, il fut renversé de son char et mis à mort. Panthée se tua de désespoir. Cyrus fit élever un mausolée à ces deux époux. Dans ce tableau, l'artiste a représenté Abradate montant dans son char et regardant une dernière fois Panthée qui semble vouloir s'élancer vers lui.

148. *Mort d'Abradate.*

T. — H. 0,37. — L. 0,57.

Voyez la description du tableau ci-dessus. Panthée arrive sur le champ de bataille au moment où les soldats emportent le corps de son mari. Ce sujet jouit d'une grande popularité dans les deux derniers siècles. Le P. Lemoine, entre autres, l'avait décrit en vers et en prose, et l'avait cité comme un des principaux exemples dans son curieux *Traité des passions.*

GASSIES (Jean-Bruno), *né à Bordeaux le 25 octobre 1785, mort à Paris en octobre 1832.*

Élève de Lacour et de Vincent, Jean Gassies est un des peintres qui ont fait le plus d'honneur à l'école bordelaise; il cultiva tous les genres de peinture avec un égal succès, et parut affectionner surtout celui de la *marine.* Il a été nommé chevalier de la Légion d'honneur en 1830. Un de ses tableaux, *Agar renvoyée par Abraham*, remporta le premier prix décerné par la *Société des beaux-arts*, à l'exposition de Bruxelles en 1811, et se voit aujourd'hui au musée de cette ville. C'est le seul artiste français qui, avec M. Picot, ait obtenu cet honneur aux expositions de Belgique. Parmi les tableaux les plus remarquables de M. Gassies, on cite, en 1817, *Horace au tombeau de Virgile;* en 1819, *Communion de saint Louis;* en 1824, *Clémence de Louis XII*, placé au musée de Versailles; en 1826, *Vue de l'église de Boulogne*, placée dans la galerie du Palais-Royal. Son dernier tableau, *Un Bivouac de la Garde nationale*, était une des plus jolies toiles de l'exposition de 1831. On reconnaît dans les *soldats citoyens* qui se chauffent aux feux improvisés des bivouacs établis dans la cour du Carrousel, les portraits fort spirituellement traités de presque tous les artistes qui faisaient partie de cette légion, et le portrait de l'artiste lui-même. M. Gassies était employé à la décoration du Louvre, lorsqu'il mourut victime du choléra.

149. *Portrait de Louis XVIII.*

T. — H. 2,48. — L. 1,85.

Louis-Stanislas-Xavier de Bourbon, comte de Provence, frère de Louis XVI et de Charles X, né à Versailles le 17 novembre 1755, monta sur le trône, sous le nom de Louis XVIII en 1814, et mourut à Paris le

16 septembre 1824. Il est représenté assis, tourné vers la droite, en grand costume royal.

Commandé en 1819 pour le palais-de-justice de Bordeaux. Donné au Musée en 1848.

GELÉE (CLAUDE), *dit* CLAUDE LORRAIN, *peintre et graveur, né au château de Chamagne, dans le diocèse de Toul, mort à Rome en 1682.*

Né de parents pauvres, grossier et d'une apparence stupide, Claude Gelée est envoyé à l'école et n'y apprend rien : placé chez un pâtissier, il ne réussit pas davantage; il suit à Rome quelques commerçants; mais comme il n'entend pas la langue et n'est propre à rien, il est obligé d'entrer comme domestique chez un peintre. Heureusement, pour mieux utiliser son domestique, ce peintre lui donne quelques leçons de perspective; l'esprit de l'ignorant commence peu à peu à s'ouvrir; il grandit, et voilà bientôt Claude Gelée devenu le plus grand paysagiste du monde. Le pape offre de couvrir entièrement de pièces d'or un morceau de toile coloriée, et l'ancien garçon pâtissier aime mieux garder son ouvrage. Le trafic qui se fait de ses tableaux est si considérable, et les copistes s'efforcent tellement de les imiter, que l'artiste est obligé d'avoir un livre où il dessine régulièrement tous les tableaux qu'il achève, moins pour ne pas se répéter que pour reconnaître plus aisément ceux qu'il a réellement faits. L'exemple de Claude Lorrain prouve qu'il ne faut désespérer d'aucune organisation : elles ont toutes une aptitude particulière qu'il s'agit de découvrir. Il y a cependant une chose à laquelle Claude Gelée ne parvint jamais, c'est à dessiner correctement les figures qu'il plaçait dans ses paysages. Quand il ne les faisait pas peindre par un autre, il disait en plaisantant qu'il faisait bien payer les paysages, mais qu'il donnait les figures pour rien.

150. *Paysage.*

T. — H. 0,62. — L. 0,95.

A côté des ruines d'un temple où l'on distingue trois colonnes d'ordre corinthien, dont l'intérieur est maçonné de briques, une fileuse, debout, cause avec un berger assis sur un tronçon de colonne.

Collection du marquis de Lacaze.

GENNARI (BENOÎT), *né le 19 octobre 1633, mort à Bologne le 9 décembre 1715.*

Benedetto Gennari, dit *le Jeune*, quoiqu'il ait vécu quatre-vingt-deux ans, était petit-fils de Benedetto Gennari, dit *le Vieux*, et fils d'Ercole Gennari, qui avait épousé la sœur du Guerchin. B. Gennari *le Jeune* excella comme presque tous ses parents à faire des copies des maîtres et surtout celles des peintures de son oncle (voyez *Barbieri*).

151. *Tête de saint Pierre.*

T. — H. 0,49. — L. 0,39.

Tête tournée à droite, vue de trois quarts, la barbe blanche, le front chauve et les joues enluminées.

Collection du marquis de Lacaze.

GEDAM.

Cet artiste, dont le nom nous est révélé par sa signature, peignit en 1613.

152. *Saint Jérôme.*

B. — H. 1,01. — L. 1,27.

Assis devant un pupitre chargé de manuscrits enluminés, le saint tient d'une main une tête de mort, et de l'autre se frappe la poitrine. Il est vêtu de rouge ; derrière lui, on distingue son lion ; et au-dessus, suspendu à la muraille, son chapeau de *cardinal*.

Collection de l'ancienne Académie..

GÉRARD. — *Voyez* HONTORST.

GÉRICAULT (JEAN-LOUIS-ANDRÉ-THÉODORE), *peintre et graveur, né à Rouen le 26 septembre 1791, mort à Paris le 18 janvier 1824.*

Fils de Georges-Nicolas Géricault, homme de loi, et de Louise-Jeanne-Marie Caruel, le jeune Géricault fut élevé à Paris et destiné au barreau, mais le goût des arts l'emporta. Dès ses débuts dans la carrière, il avait un goût si prononcé pour l'étude des chevaux, qu'il suivait avec assiduité les exercices du Cirque, et regardait comme un bonheur de pouvoir s'entretenir avec Franconi. Il lui arrivait souvent de s'arrêter aux portes où stationnaient de beaux équipages, et même de les suivre à la course, pour mieux observer et étudier leurs allures. Avec ce goût, il dut nécessairement entrer d'abord dans l'atelier de Carle Vernet, mais il l'abandonna bientôt pour celui de Pierre Guérin. Les principes trop exclusifs de ce maître produisirent une réaction immense sur l'imagination ardente de l'élève, et c'est peut-être en partie à cette circonstance que Géricault doit d'être mort avec

DE BORDEAUX.

le renom et la gloire d'un peintre réformateur. Il ne voulut pas cependant s'affranchir de toute doctrine; même après ses succès, il ne négligea aucun des moyens qui pouvaient le mettre à même d'étudier et de comparer les procédés employés par ses prédécesseurs. C'est dans ce but qu'il visita l'Italie et même l'Angleterre. Il était loin de se regarder comme un peintre achevé, lorsque la mort le surprit et l'arrêta au début de sa carrière. D'un caractère aimable, d'une constitution athlétique, d'un physique agréable, il se livrait à tous les plaisirs avec passion, et cependant il voulut une fois se tuer. Il fut sauvé par Charlet. On cite de Géricault une anecdote qui le peint d'une manière charmante. Il rencontra un jour un charretier qui maltraitait ses chevaux, il le lui reprocha vivement; pour toute réponse, le charretier le *menaça de le traiter* comme ses chevaux. D'un bond, Géricault le terrassa; et le charretier lui ayant dit en se relevant : « Puisque vous êtes si fort, il valait mieux m'aider à pousser ma charrette. » Géricault se mit à pousser à la roue, et l'équipage marcha. Il est mort des suites d'une chute de cheval.

153. *Naufrage de* la Méduse.

T. — H. 1,70. — L. 2,40.

Le naufrage de la frégate française *la Méduse,* sur les côtes du Sénégal, est un des plus émouvants épisodes de nos annales maritimes. De cent quarante-huit personnes forcées de s'aventurer sur un radeau, quinze malheureux subsistent à peine, obligés pour vivre de manger leurs camarades morts de faim ou tués à coups de sabre. L'événement était horrible en lui-même; l'esprit de parti s'en mêla : il y eut de nombreuses publications pour ou contre, et il fallut un certain courage à l'artiste pour oser, en 1819, retracer une pareille catastrophe. Il n'osa cependant pas rappeler, même par un nom, le souvenir des malheureux dont il retraçait les souffrances, ni conserver sur ses acteurs un seul lambeau d'uniforme qui pût rappeler qu'ils appartenaient à la marine militaire. Cet immense et saisissant tableau ne portait au livret d'autre titre que ces mots: *Scène de naufrage.* Les principaux acteurs de cette scène de douleur sont M. Corréard, officier de marine et depuis devenu libraire ; M. Savigny, chirurgien du bord; MM. Coudinet et Lavilette, officiers de marine, etc. M. Corréard, le bras étendu vers l'horizon et la tête tournée vers M. Savigny qui est au pied du mât, semble lui indiquer le côté où se dirige le bâtiment qu'on aperçoit au large et auquel deux matelots, dont un nègre, font des signaux. M. Savigny semble découragé de voir la corvette prendre une route opposée à celle qu'on espérait; mais M. Corréard essaie de lui persuader que le bâtiment étant à leur recherche, ne saurait manquer de virer de bord et de les rencontrer avant la fin du jour. Chacun prend part à cette discussion dans un sens opposé. M. Coudin rassemble ce qui lui reste de force pour se traîner vers eux. Seul, un vieillard tenant sur ses genoux le cadavre de son fils, paraît insensible à la joie que peut faire éprouver la nouvelle de leur délivrance.

<small>Copie réduite et faite en 1854, par M. Jabiot, pensionnaire de la ville, d'après l'original qui est au Musée du Louvre.</small>

GÉROME (Jean-Léon), *né à Vesoul (Haute-Saône), élève de M. Paul Delaroche, actuellement à Paris.*

154. *Bacchus et l'Amour ivres.*

T. — H. 1,47. — L. 1,16.

Un petit garçon brun, c'est Bacchus, et une petite fille blonde, c'est l'Amour, l'œil clignotant et les jambes allourdies, se promènent bras dessus bras dessous. L'Amour montre en riant à son camarade des jeunes filles et de jeunes garçons qui dansent en rond. Il voudrait l'entraîner vers eux; mais le fils de Sémélé aimerait mieux boire s'il en avait la force, car son bras est lassé du poids de la coupe, et ses jambes peuvent à peine soutenir son corps.

<small>Don du gouvernement en 1851.</small>

GERRETZ *ou* **GERRITZ.** — *Voyez* Rembrandt.

DE BORDEAUX.

GIBERT (Antoine), *né à Bordeaux le 6 octobre 1806, résidant dans cette ville.*

Élève de MM. Lacour et Picot, il remporta le 2e grand prix de Rome en 1832. Depuis son retour à Bordeaux, M. Gibert s'est rarement occupé de peinture historique, où la facilité de son pinceau et de son imagination trouverait plus aisément à s'exercer, que dans le portrait et le tableau de genre, où il a cependant réussi de manière à ce que le tableau que possède le Musée, ne puisse donner une idée exacte de son talent.

155. *Chef d'un clan en Écosse.*

T. — H. 0,74. — L. 0,60.

Debout dans un paysage, il sonne du cor pour réunir ses hommes.

Acheté par la ville en 1830.

GIGOUX (Jean-François), *peintre et dessinateur, né à Besançon; chevalier de la Légion d'honneur en 1842.*

M. Gigoux n'est pas seulement un de ces novateurs qui cherchent dans l'art une spécialité puissante et caractérisée, c'est aussi un peintre habile et un dessinateur plein de goût et de grâces : il est en outre doué d'un caractère d'une noble originalité. Il s'enorgueillit d'être le fils d'un maréchal-ferrant, et a trouvé l'occasion de montrer que cette fierté n'existait pas seulement dans ses paroles. En 1848, il fut nommé directeur du musée de Versailles; aussitôt que l'ordre fut rétabli, il s'empressa de donner sa démission en disant que le métier d'un artiste est de faire des tableaux et non pas de les ranger.

156. *Baptême de Clovis.*

T. — H. 4,64. — L. 2,84.

Clovis, chef des Francks qui s'étaient emparés d'une partie des Gaules, sentant le besoin, pour achever sa conquête, de se faire un appui des chrétiens qui faisaient dans ce temps de rapides progrès, ou réellement converti, comme le disent les légendes, par l'intercession de sa femme sainte Clotilde, se fit baptiser, le 25 décembre 496, par saint Remi, premier évêque de Reims, avec trois mille de ses guerriers. Le conquérant voulut bien se prêter à la cérémonie; mais sa foi n'était pas encore bien affermie ; et le moment représenté par l'artiste est celui où le saint évêque est obligé de lui adresser les célèbres paroles que l'histoire a recueillies : « Courbe la tête, fier Sicambre, adore ce que tu as brisé, et brise ce que tu as adoré. »

Exposé en 1844. Donné par le gouvernement en 1848.

GINTRAC (Jean-Louis), *peintre et dessinateur, né à Bordeaux en 1811, fixé à Bordeaux.*

Élève de MM. J. P. Alaux et Lethière, M. Gintrac a fait remarquer ses tableaux dans un grand nombre d'expositions; il a fait plusieurs dessins pour l'*Artiste*, la *traduction de Milton*, etc.

157. *Paysage.* — *Un chasseur à l'affût.*

T. — H. 0,50. — L. 0,61.

Acheté en 1830.

158. *Paysage.* — *Habitants des Landes montés sur des échasses.*

T. — H. 0,33. — L. 0,46.

Acheté en 1830.

159. *Paysage.* — *Intérieur.*

T. — H. 0,33. — L. 0,41.

Trois moines visitent un de leurs confrères, et font la conversation près d'une grotte.

Acheté en 1830.

GIORDANO (Lucas), *peintre et graveur, né à Naples en 1632, mort dans la même ville le 12 janvier 1705.*

Fils d'un peintre très-médiocre, il donna, dès son enfance, des preuves extraordinaires de ses dispositions pour la peinture. L'immense quantité de copies qu'il fit, lui procurèrent une telle facilité d'exécution que personne ne l'a jamais égalée. Le père, qui tirait profit des copies que son fils exécutait si facilement, lui criait sans cesse : *Luca, fa presto !* et ce surnom lui est resté. Cette promptitude d'exécution, jointe à l'exactitude avec laquelle il contrefaisait les œuvres des maîtres de toutes les écoles, ont servi de prétexte à une multitude d'anecdotes, vraies ou supposées, qui

DE BORDEAUX.

prouvent au moins en quel estime on tenait son esprit, sa gaieté et son habileté. Pas un maitre n'a fait autant de tableaux que Lucas Giordano. Pouvant facilement imiter tous les maitres, il s'était fait une manière qui tenait de tous et ne ressemblait à personne. Il mourut comblé d'honneurs et de richesses, en conservant jusqu'à soixante-treize ans la gaieté de son esprit et la facilité de son pinceau.

160. *Vénus endormie.*

T. — H. 0,91. — L. 1,22.

La déesse, entièrement nue, les bras relevés sous sa tête, est étendue et endormie sur des draperies blanches.

Don de M. Doucet en 1805.

161. *Hercule chez Omphale.*

T. — H. 2,49. — L. 3,23.

Omphale, reine de Lydie, inspira une telle passion à Hercule, que pour lui plaire, il consentit à prendre une quenouille et à filer au milieu des femmes. Le dieu est à droite, assis sur une estrade, sa massue sous ses pieds, entouré de femmes qui lui apprennent à filer. Vis-à-vis, la reine et une de ses femmes le regardent amoureusement accomplir cet acte d'obéissance ; et, par malice, un petit amour présente à Hercule un miroir pour qu'il puisse se voir dans cette situation.

Don du gouvernement en 1803.

162. *Tête de vieille femme.*

C. — H. 0,84. — L. 0,60.

Don du gouvernement en 1803.

Voyez en outre Ribera, n° 311 et 312.

GIORGION. — *Voyez* BARBARELLI.

GOBBO. — *Voyez* BONZI.

GONZALÈS (N...), *peintre et décorateur, né à Bordeaux, mort dans la même ville en 1805.*

Il excellait à représenter les monuments d'architecture et les ruines, et cependant il n'avait jamais visité ni l'Italie ni la Grèce. Il travailla longtemps à Bordeaux avec le célèbre Berinzago, et l'aida, entre autres, à décorer la chapelle et l'escalier de la Bourse. Il fut reçu membre de l'Académie de peinture de Bordeaux, sur la présentation de deux dessins à l'encre de Chine, représentant les châteaux qui ont vu naître Montaigne et Montesquieu. L'Académie lui permit de faire graver ces deux dessins. Nommé professeur de perspective en 1786, il envoya trente-six morceaux presque tous à la gouache à l'exposition bordelaise de 1787.

163. *Ruines d'une cathédrale gothique (gouache).*

Sur parchemin. — H. 0,43. — L. 0,66.

Donné par M. Lacour en 1854.

GORIN (Stanislas), *peintre, résidant à Bordeaux.*

164. *Embarquement d'Abd-el-Kader à Bordeaux.*

T. — H. 1,20. — L. 1,72.

Le célèbre émir, qui soutint si longtemps la guerre, en Algérie, contre nos généraux, ayant enfin été fait prisonnier par le général de Lamoricière, fut dirigé sur Bordeaux, en 1849, pour de là être conduit à Nantes. Il s'embarqua vis-à-vis le quai des Chartrons. Nosseigneurs l'archevêque de Bordeaux, l'ancien évêque d'Alger, etc., accompagnent l'illustre prisonnier jusque sur son navire.

Acheté par la ville en 1850.

GOVAERTS (N***), *peintre flamand du XVIIe siècle.*

Le nom de cet artiste flamand ne figure dans aucun dictionnaire biographique ; mais notre tableau porte visiblement, en bas à gauche, la signature en lettres romaines : GOVAERTS 1614. Le faire et le style de cet artiste rappellent à s'y méprendre les paysages de Bloemaert et de Coninxloo: Le musée d'Anvers possède aussi un tableau signé *Govaerts* ; mais les costumes qui y sont représentés sont du XVIIIe siècle, et par conséquent postérieurs de cent ans au moins à celui de notre musée. Govaerts en Flamand signifie Godefroid en Français, et il est possible que cette signature ne soit que le prénom d'un artiste qui a négligé de mettre le reste de son nom.

DE BORDEAUX.

165. *Paysage.* — *Repos de Diane.*

B. — H. 0,63. — L. 1,12.

A gauche, à l'entrée d'une forêt, Diane et sept à huit de ses nymphes vêtues à la hollandaise, mais le sein découvert, sont endormies; à droite, on aperçoit un étang à travers différents groupes d'arbres.

Acheté en 1848. Avait appartenu à M. Robert Brawn.

GRANGER (JEAN PÉRIN), *né en 1779, mort à Paris vers 1850.*

Élève de Regnault et de David, il obtint le prix de Rome en 1801, fut nommé membre de l'Institut, chevalier de la Légion d'honneur, etc. Il s'est distingué dans presque toutes les expositions.

166. *Ganymède.*

T. — H. 1,80. — L. 1,12.

Le jeune Phrygien, enlevé par Jupiter, et placé dans l'Olympe, s'appuie d'un bras sur un nuage, et de l'autre, présente à boire dans une coupe d'or à l'aigle dont le maître des dieux s'était servi pour l'enlever.

Peint à Rome en 1811, exposé à Paris en 1812.
Don du gouvernement en 1816.

GRECHETTO. — *Voyez* CASTIGLIONE.

GRIFFIER (JEAN), *peintre et graveur, né à Amsterdam en 1645 ou 1656, mort à Londres en 1718 ou 1730.*

Destiné à être charpentier, puis faïencier, il apprit enfin la peinture chez Roeland Rogman, et devint l'ami de Rembrandt, Lengelbach, Ruysdaël, etc., dont il imita les tableaux avec tant de succès que les plus habiles connaisseurs s'y sont souvent trompés. Il était d'un caractère bizarre. Étant à Londres, il acheta un navire dans lequel il s'établit avec sa fortune et sa famille, et y construisit un atelier qu'il transportait devant les sites qu'il voulait représenter; mais il était plus habile artiste que marin. Dans une tempête, son navire et ses tableaux furent engloutis, et il eut grand'peine à se sauver avec sa famille. Il ne se dégoûta pas pour cela de la mer. Il acheta un autre navire et s'y installa. Il avait trouvé dans le duc de Beau-ford un protecteur aussi bizarre que lui. Le duc ne permettait pas que l'artiste travaillât pour d'autres que pour sa seigneurie. Jean Griffier eut un fils nommé Robert, qui imita la manière de son père, et peignit souvent comme lui des vues du Rhin.

167. Vue du Rhin.

T. — H. 0,40. — L. 0,49.

Sur le premier plan, une multitude de petits personnages sont occupés à charger diverses marchandises dans de petits bateaux ; le fleuve coule à gauche de la composition ; et, sur l'autre rive, l'horizon est borné par la cime de trois montagnes bleuâtres.

Collection du marquis de Lacaze.

168. Vue du Rhin.

T. — H. 0,40. — L. 0,49.

Même composition que le tableau précédent, même localité représentée avec quelques modifications dans un sens opposé.

Collection du marquis de Lacaze.

GRIMOU (Alexis), *né à Romont, canton de Fribourg, en 1680, mort à Paris en 1740.*

Il n'eut point de maître et se forma en copiant Van Dyck, Rembrandt, etc. Son pinceau ne manque ni de finesse ni d'éclat ; mais il empâtait tellement, que ses peintures forment quelquefois de véritables bas-reliefs. Il représenta presque toujours une de ses voisines qui lui servait de modèle. Son humeur fantasque et bizarre éloignait de lui les acheteurs : excentrique et crapuleux à l'excès, il mourut d'une indigestion et mérita le burlesque honneur d'être représenté sur la scène du Vaudeville.

169. Un capucin.

T. — H. 0,92. — L. 0,73.

Vu de face, à mi-corps, tenant un livre à la main.

Donné par M. Doucet en 1805.

DE BORDEAUX. 127

170. *Un jeune pèlerin.*

T. — H. 0,92. — L. 0,73.

Jeune homme vu de dos, à mi-corps, vêtu d'un justaucorps fauve ; le bras gauche passé derrière le dos, tient un chapeau ; il regarde en arrière, et s'appuie du bras droit sur un bâton.

Donné par M. Doucet en 1805 ; gravé par Hémery jeune.

171. *Une joueuse d'instruments.*

T. — H. 0,92. — L. 0,73.

Une jeune femme, vue à mi-corps et tenant une mandoline, est coiffée d'une toque de velours garnie de plumes ; son corset, d'une couleur verdâtre, est relevé de quelques nœuds de rubans placés sur l'épaule.

Donné par M. Doucet en 1805. Vient du cabinet de M. le prince de Conti.

Voyez Santerre, n° 340. *La Coupeuse de choux*, copiée par Grimou.

GROS (Antoine-Jean), *né à Paris le 16 mars 1771, mort à Meudon le 26 juin 1835.*

M. Gros est le plus coloriste de tous les élèves de David et celui dont l'imagination fut la plus ardente. Nous n'énumérerons point ici les nombreux chefs-d'œuvre que ce grand homme a créés. Nous renvoyons ceux qui ne les connaîtraient pas, aux nombreuses notices qui ont été publiées sur un artiste aussi éminent ; nous nous bornerons à constater que, nommé successivement membre de l'Institut, chevalier de Saint-Michel, officier de la Légion d'honneur, et créé baron en 1824, il conserva dans un âge avancé toute l'exaltation de la jeunesse, et se jeta à l'eau pour ne pas survivre à son talent.

172. *Embarquement de madame la duchesse d'Angouléme à Pauillac.*

T. — H. 3,30. — L. 5,08.

Obligée par les événements de quitter Bordeaux, madame la duchesse d'Angoulême arriva à Pauillac le 1er avril 1815. Au moment d'entrer dans l'embarcation qui doit la séparer de sa patrie, la princesse occupe le centre de la composition, entourée des volontaires qui l'ont accompagnée et des populations de la localité. Elle est debout, vêtue d'une robe amazone; la pose est noble, le geste expressif, et la physionomie joint à l'expression d'une douleur qui frappe sans abattre le mérite d'une ressemblance poétisée. Cédant aux vœux du peuple qui l'entoure, et désirant lui laisser un souvenir de cette triste séparation, la princesse a déjà distribué à la foule ses rubans et les menus objets dont elle peut disposer; mais, les demandes se multipliant et les rubans étant épuisés, madame la duchesse d'Angoulême saisit les plumes blanches de son panache et les donne à la foule enthousiaste.

A la gauche du spectateur, MM. les vicomtes Mathieu de Montmorency et d'Agoult protestent de leur dévouement. La physionomie de mesdames les duchesses de Serent et de Damas, ainsi que celle de madame la vicomtesse d'Agoult qui sont derrière la duchesse d'Angoulême, contrastent heureusement, par leur impassibilité, avec l'animation du reste de la scène; c'est l'observation d'un sentiment vrai. Ce n'est pas à elles que ces protestations s'adressent, et elles ne doivent pas se séparer de la princesse. On a reproché à tort à l'artiste d'avoir introduit dans sa composition les deux admirables torses de ces pêcheurs que MM. de Montmorency et d'Agoult ont inopinément arrachés à leurs travaux pour assister de plus près à cette pénible scène : leur nudité n'a rien d'indécent ni d'improbable; ils sont parfaitement liés à l'action, et ils en accroissent l'intérêt en la rendant moins uniforme. Un reproche plus mérité est celui de n'avoir pas représenté la localité d'une manière assez

DE BORDEAUX.

reconnaissable, et surtout de n'avoir reproduit dans cette foule compacte ni les costume de la population de la Gironde, ni celui de ces volontaires royalistes qui accompagnèrent la princesse jusqu'au dernier moment. Mais ces reproches, fondés ou non, ne détruisent en rien le mérite principal de cette composition, qui renferme à un haut degré les qualités les plus éminentes des meilleurs ouvrages de M. Gros.

Don du gouvernement en 1820.

GUDIN (Théodore), *né à Paris, nommé officier de la Légion d'honneur en* 1841.

173. *Dévouement du capitaine Desse.*

T. — H. 2,62. — L. 3,27.

Le 23 juillet 1822, le brick *la Julia*, commandé par M. Pierre Desse, de Pauillac, faisant route de Bordeaux à l'île Bourbon, aperçut un navire hollandais, *le Colombus*, lequel ayant à bord un équipage nombreux et un corps de troupe de S. M. le roi des Pays-Bas, ayant perdu son grand mât, son artimon, son beaupré, son gouvernail, etc., paraissait dans la plus grande détresse.

La violence de la tempête était telle, que *la Julia* ne pouvait, malgré tous ses efforts, se rapprocher assez du navire pour entendre la voix des malheureux qui s'y trouvaient exposés à périr; mais tous les signes les plus expressifs et les plus suppliants appelaient au secours. Ce ne fut que le 25 que le capitaine Desse put apprendre, au moyen du porte-voix, qu'outre ses avaries apparentes, *le Colombus* avait une voie d'eau et n'avait plus de pompes. Il résolut de ne pas abandonner des infortunés qui n'avaient d'autre espoir qu'en lui; et, après six jours passés dans le plus grand danger de part et d'autre, la mer permit enfin qu'à

6.

l'aide d'embarcations à moitié brisées, il pût transbor-
der l'équipage du *Colombus* sur la *Julia*. Et c'est
ainsi qu'arrêté pendant six jours au milieu des dangers dont sa seule générosité lui défendait de sortir,
méprisant ses intérêts et le soin de sa propre conservation, le capitaine Desse parvint à sauver quatre-
vingt-douze victimes dévouées à la mort.

Le moment représenté est celui où un terrible coup
de mer déferle sur l'arrière de *la Julia*, et où tout
l'équipage du *Colombus* croyant voir disparaître son
sauveur dans les flots, entend ce cri généreux répété
dans chaque instant d'agonie : *Je ne vous quitterai
pas!*

Le récit de ce généreux dévouement, inséré dans
les journaux, attira sur le capitaine Desse l'admiration de l'Europe entière. Le roi de France le nomma
chevalier de la Légion d'honneur, le roi de Hollande
chevalier du Lion de Belgique; on publia son portrait,
les poëtes célébrèrent ses louanges, et le tableau que
nous venons de décrire, commandé par le ministère
des travaux publics, vint ajouter une nouvelle auréole
à la gloire de ce héros de l'humanité.

Don du gouvernement en 1832.

GUÉ (MICHEL−JULIEN), *peintre et dessinateur, né à
Saint-Domingue en* 1789, *mort à Paris le* 13 *décembre* 1843.

Il avait à peine quatre ans lorsque sa famille fut obligée de quitter Saint-
Domingue et de l'amener à Bordeaux. Plus tard, admis à l'école de peinture
dirigée par M. Lacour père, il y obtint tant de succès que son maître et
cinq de ses amis se cotisèrent pour lui fournir les moyens d'aller se perfectionner à Paris. Ces encouragements ne furent pas inutiles; M. J. Gué
obtint le deuxième grand prix de Rome. Il se distingua d'abord comme
peintre de paysage, comme peintre de genre et comme peintre de décorations; puis, réunissant ces trois genres en un seul, il peignit de vastes compositions qui obtinrent un immense succès. Il fut nommé chevalier de la
Légion d'honneur en 1834. Notre Musée ne possède de M. M.-J. Gué que

DE BORDEAUX.

le tableau qui lui valut le deuxième grand prix de Rome, et ne peut donner une idée de ce qu'était devenu le talent de cet artiste.

174. *Mort de Patrocle.*

T. — H. 1,12. — L. 1,44.

Le corps de Patrocle, tué par Hector, a été rapporté dans la tente d'Achille. Pendant que tous les assistants expriment différemment leur douleur, le redoutable fils de Pélée, serrant convulsivement d'une main la main de son ami, presse de l'autre son épée sur son cœur, et jure de venger Patrocle.

Acheté par la ville en 1846.

GUERCHIN. — *Voyez* BARBIERI.

GUIDE. — *Voyez* RENI.

GUILLAUME (DIDIER), *né au Mans, élève de M. Lacour fils, actuellement à New-York.*

175. *Figure allégorique de la République française de 1848.*

T. — H. 2,69. — L. 2,14.

Le conseil municipal de 1848 ayant mis au concours, entre les artistes fixés à Bordeaux, une figure allégorique pour personnifier le nouveau gouvernement, la composition de M. D. Guillaume obtint le prix.

Acquis par la ville en 1848.

GUILLON. — *Voyez* LETHIÈRE.

HAALS (FRANÇOIS), *né à Malines en 1584, mort à Harlem le 20 août 1666.*

On a peu de détails sur la longue vie de cet artiste; il la passa presque tout entière au cabaret. Ses goûts crapuleux eurent au moins l'avantage de le préserver de l'amour de l'or; il vécut toujours pauvre, mais il était assez riche pour satisfaire son unique ambition, celle de s'enivrer. Ses portraits ne sont généralement pas assez estimés; ils approchent de la perfection de ceux de Van Dyck qui fit inutilement à François Haals les propositions les plus avantageuses pour le déterminer à l'accompagner à Londres.

176. *Portrait de l'auteur.*

T. — H. 0,62. — L. 0,52.

Buste vu de face, la main gauche sur la poitrine. On lit sur le fond : *Ætatis suæ* 28, 1632. *Franz Haals pinxit.*

Collection du marquis de Lacaze.

HAUTE (Jean-Baptiste), *peintre et musicien, né à Bordeaux en 1816, élève de M. Lacour fils.*

177. *Nature morte.*

T. — H. 1,40. — L. 1,06.

Dans une niche en pierre sont suspendus et groupés : un lièvre, un canard, une perdrix, une bécasse, et divers ustensiles de chasse.

Acheté par la ville en 1851.

HEEM (Jean-David de), *né à Utrecht en 1600 ou 1604, mort à Anvers en 1674.*

Élève de son père, il peignit la nature morte avec une rare perfection. C'est un des plus célèbres peintres de ce genre. Il eut deux fils qui furent ses élèves. L'un d'eux, nommé Jean, signa très-rarement ses tableaux ; son père les retouchait et les faisait passer comme siens. Les historiens hollandais font des descriptions magnifiques des tableaux de cet artiste, dont les prix ont toujours été excessivement élevés.

178. *Nature morte.*

T. — H. 0,59. — L. 0,48.

Vase d'argent sur une table, avec du linge, une rose et une pipe.

Collection du marquis de Lacaze.

DE BORDEAUX.

HEIM (François-Joseph), *né à Belfort en 1787, fixé à Paris.*

Élève de Vincent, grand prix de Rome en 1807; chevalier de la Légion d'honneur en 1824, membre de l'Institut en 1829.

179. *Arrivée de Jacob en Mésopotamie.*

T. — H. 2,63. — L. 3,04.

Jacob, fuyant la colère d'Ésaü, partit de la Mésopotamie où il se proposait d'épouser une des filles de son oncle Laban. (*Genèse*, ch. XXVIII, vers. 10.) Le moment représenté est celui où Jacob, tenant encore sur l'épaule son bâton de voyageur, semble indiquer du doigt qu'il a choisi la jeune fille qui fait rentrer ses troupeaux.

Exposé à Paris en 1812. Don du gouvernement en 1816.

HERMAN. — *Voyez* SWANEVELD.

HERMITE. — *Voyez* SWANEVELD.

HOBBEMA (Meindert ou Minden), *peintre hollandais du* XVIIe *siècle.*

Les biographes ne sont d'accord ni sur son nom, ni sur sa patrie, ni sur la date de sa naissance, ni sur celle de sa mort. Tout ce que l'on sait de positif, c'est qu'il travaillait en 1660 et 1670, et qu'il était élève et ami de Ruysdaël avec lequel sa manière a beaucoup de rapports. On prétend que Hobbema, dont les ouvrages sont dignes de figurer à côté de ceux des plus grands paysagistes connus, était un simple amateur qui donnait ses tableaux et ne les vendit jamais.

180. *Paysage.*

B. — H. 0,41. — L. 0,56.

Effet de neige. Un ruisseau encombré de glaçons traverse un village dont un pont d'une seule arche réunit les deux parties.

Collection du marquis de Lacaze; attribution douteuse.

HOLBEIN (Jean), *peintre, sculpteur, graveur et architecte, né à Bâle ou à Augsbourg en 1498, mort à Londres en 1554.*

Il descendait d'une famille d'artistes; sa liaison avec Erasme fut la source de sa fortune. Recommandé par lui au célèbre chancelier d'Angleterre, Thomas Morus, Holbein devint premier peintre et favori de Henri VIII, qui l'aima au point de lui pardonner d'avoir jeté du haut en bas d'un escalier un grand seigneur anglais qui voulait, malgré lui, le voir travailler. « N'oubliez pas, disait le monarque au plaignant, que de sept paysans je puis faire sept comtes comme vous, tandis que de sept comtes je ne pourrai jamais faire un Holbein. » Sa réputation fut si grande, que quelques enthousiastes le comparèrent à Raphaël. Il peignait de la main gauche, et mourut de la peste.

181. *Portrait d'homme.*

B. — H. 0,62. — L. 0,46.

Un homme, jeune encore, et qu'on croit être Holbein lui-même, coiffé d'un bonnet rond, vêtu d'une robe ouverte qui laisse voir la chemise ornée d'une petite fraise, appuie ses deux mains sur une table, et semble un professeur qui parle à son auditoire.

Collection du marquis de Lacaze.

HONTHORST (Gérard), *peintre et graveur, né à Utrecht en 1592, mort en 1666 ou 1680.*

Élève de Bloemaert, il peignit souvent des effets de nuit et de lumière; en sorte qu'en Italie on lui donna le surnom de *Gherardi delle Notti*, d'où est venu, par corruption, le nom de *Gérard de la Notte*. Il peignit aussi avec beaucoup de succès des tableaux d'histoire et des portraits pour un grand nombre de princes et de souverains de son temps. Un de ses frères, nommé Guillaume, peignit assez bien, et dans le même genre.

182. *Sainte Madeleine.*

B. — H. 0,26. — L. 0,18.

La sainte, vue de face, à mi-corps, les yeux tournés vers le ciel, se frappe la poitrine. On la reconnaît au

DE BORDEAUX. 135

livre, à l'urne et à la tête de mort qui décorent sa grotte.

> Acheté par la ville en 1845. Gravé au trait par M. Lacour, pour *la Gironde*.

JABIOT (JACQUES-ÉDOUARD), *né à Bordeaux en 1827, actuellement pensionnaire de la ville de Paris et élève de M. Picot.*

> Il a envoyé à la ville : *Naufrage de la Méduse*, copie d'après Géricault. voyez n° 153.

JAMELI. — *Voyez* MEEL.

JÉSUITE D'ANVERS. — *Voyez* SEGHERS (DANIEL).

JOLIVART (ANDRÉ), *né au Mans le 13 septembre 1787, mort à Paris le 8 décembre 1851.*

> D'abord avocat, puis militaire, M. Jolivart ne s'adonna à la peinture que fort tard. Il choisit le paysage, et entra dans l'atelier de M. Bertin dont il ne chercha pas cependant à imiter le genre. Il fut au contraire un des plus ardents novateurs de l'école moderne. Il obtint une médaille d'or à l'exposition de 1827, et la croix de la Légion d'honneur en 1836.

183. *Paysage.*

> T. — H. 0,88. — L. 1,36.

A gauche, une mare occupe le premier plan ; elle est bordée, à droite, par de grands arbres entre lesquels passe un chemin où l'on distingue un homme conduisant deux chevaux.

> Don du gouvernement en 1836.

JORDAENS (JACQUES), *peintre et graveur, né à Anvers le 20 mai 1593, mort dans la même ville le 18 octobre 1678.*

> Fils d'un marchand de toile, il entra à dix ans dans l'atelier d'Adam Vanoort, fut admis à la maîtrise à dix-huit ans ; et peu après, le 16 mai 1616, il épousa Catherine Vanoort, fille de son maître, avec laquelle il em-

brassa le protestantisme. L'amitié de Rubens pour Jordaens ne se ralentit jamais. Les tableaux de Jordaens n'étaient pas payés aussi cher que ceux de Rubens.; mais, comme il travaillait beaucoup et très-vite, il gagna des sommes énormes. Il mourut de la suette, âgé de quatre-vingt-quatre ans, le même jour et de la même maladie que sa fille unique.

184. *Le Christ en croix.*

Don du gouvernement en 1803; avait été pris en Belgique. Restauré par le musée central. Ses dimensions rendant son placement difficile dans la galerie, il fut échangé en 1819 pour la *Sainte-Famille* d'André del Sarto (n° 411), appartenant à l'église cathédrale de Bordeaux, et ne fait plus partie du Musée.

185. *Vénus et Vulcain.*

T. — H. 0,34. — L. 0,41.

Vénus, accompagnée de l'Amour, vient solliciter Vulcain dans son antre.

Collection du marquis de Lacaze. Il est probable que ce tableau n'est pas de la main de Jordaens lui-même.

JORDANO. — *Voyez* GIORDANO.

JOSEPIN. — *Voyez* CESARI.

JOUY (JOSEPH-NICOLAS), *né à Paris en* 1809 , *actuellement à Paris.*

Élève de M. Ingres, il a fait plusieurs tableaux de bataille pour la galerie de Versailles; mais jusqu'ici son meilleur tableau est celui que possède le musée.

186. *Supplice d'Urbain Grandier.*

T. — H. 4,73. — L. 6,10.

Le drame qui s'accomplit à Loudun, le 18 août 1634, est un des épisodes les plus lugubres du lugubre règne de Louis XIII. Urbain Grandier, fils d'un notaire de Sablé, curé de la paroisse *Saint-Pierre-du-Marché* à Loudun, et directeur du couvent des Ursulines de la même ville, joignait aux agréments du

DE BORDEAUX.

visage et de l'esprit un talent de prédicateur peu ordinaire. Ses succès lui suscitèrent des jalousies qu'il eut tort de mépriser, et qu'il irrita même en prêchant *sur l'obligation de se confesser à son curé.* L'envie se changea en une haine furieuse. Accusé de n'avoir ambitionné le titre de directeur des Ursulines que pour faire de l'asile de la pudeur le centre de ses plaisirs, il fut acquitté. Mais bientôt après, on lui suscita une affaire plus grave : il fut accusé d'être magicien et d'avoir ensorcelé quelques religieuses de Loudun. Pour mieux assurer sa perte, on persuada au cardinal de Richelieu qu'Urbain Grandier était auteur d'une plate satire contre Son Éminence ; et celui-ci, pour se venger, le livra à Laubardemont. Le pauvre curé, soumis aux plus cruelles tortures, fut bientôt déclaré atteint et convaincu du crime de sorcellerie, et, comme tel, condamné à être brûlé vif après avoir fait amende honorable. C'est le moment fatal qui précéda le supplice, que l'artiste a représenté. En haut d'une estrade, d'où une haie de soldats écarte la foule, le malheureux curé, dont la torture a brisé les membres et qui ne peut se soutenir, est forcé de s'agenouiller pour faire amende honorable d'un crime auquel ses juges ne croyaient probablement pas.

Don du gouvernement en 1839.

KARLE *ou* **KAREL.** — *Voyez* DUJARDIN, MARATTE, VAN-LOO, *etc.*

KESSEL. — *Voyez* VANKESSEL,

KICKER. — *Voyez* MEEL.

KINSON ou **KINSOEN** (François), *né à Bruges en 1770, mort dans la même ville en 1839.*

On ne connait pas le maitre de cet artiste, qui jouit longtemps d'une certaine célébrité. Fixé à Paris, il s'adonna au portrait, fut à la mode, peignit presque tous les grands personnages de son époque, et devenu riche, se retira dans sa patrie, décoré de la Légion d'honneur, du lion de Belgique, etc.

187. *Portrait en pied du duc d'Angoulême.*

T. — H. 2,11. — L. 1,45.

Louis-Antoine de Bourbon, duc d'Angoulême, fils de Charles X et de Marie-Thérèse de Savoie, né à Versailles le 6 août 1775, marié le 10 juin 1799 à Marie-Thérèse-Charlotte de Bourbon, fille de Louis XVI, mort à Goritz le 3 juin 1844. Le duc d'Angoulême séjourna à Bordeaux en 1814 et en 1823. Il est représenté debout, en face, en costume de grand-amiral et devant Bordeaux. La date du 12 *mars,* par flatterie ou moquerie, est inscrite sur un ballot de marchandises.

Envoyé par le gouvernement en 1819. Le *Dictionnaire des artistes,* de Gabet, dit que ce portrait a été donné à la ville par l'artiste.

KLOOMP ou **CLOMP** (Albert), *peintre de paysage de l'école flamande.*

M. de Burtin est le seul biographe qui cite cet artiste, dont le nom s'écrivait quelquefois par un C. Selon cet auteur, le prix des tableaux de Kloomp était d'environ 860 livres.

188. *Étude de chèvres.*

B. — H. 0,26. — L. 0,39.

Deux chèvres, l'une à gauche en profil, l'autre à droite en face.

Collection du marquis de Lacaze.

DE BORDEAUX.

KOLEN ( ), *peintre flamand du* XVIIIe *siècle.*

Nous n'avons aucun renseignement sur cet artiste, dont le tableau est signé *Kolen.*

189. *Paysage.*

B. — H. 0,46. — L. 0,63.

Vue d'une plage couverte de pêcheurs, de marchands de poisson, etc.

Collection du marquis de Lacaze.

KRAYER. — *Voyez* CRAYER.

KUYP. — *Voyez* CUYP.

L..... (J.....), *peintre flamand du* XVIIe *siècle.*

190. *Paysage.*

B. — H. 0,51. — L. 0,71.

Le cours d'une petite rivière, traversé par un pont, et qui devient plus large en s'éloignant vers l'horizon, sépare le paysage en deux. A droite, à l'entrée d'un chemin qui s'enfonce dans un bois, une dame et un cavalier se promènent en se donnant la main. A gauche, à l'entrée d'un autre chemin qui s'enfonce aussi dans un bois, quelques personnages vont et viennent à une ville dont les clochers paraissent dans le lointain.

Collection du marquis de Lacaze. Signé J. L. sur une barrière à droite.

LACOUR (PIERRE), *peintre, graveur et littérateur, né à Bordeaux le 15 avril 1745, mort dans la même ville le 28 janvier 1814.*

Pierre Lacour ou Delacour, car c'est ainsi qu'il signa jusqu'en 1793, est complétement le fils de ses œuvres. Destiné au commerce, et par conséquent sans éducation sérieuse, un goût déterminé pour les arts décida de son sort. Il travailla quelque temps à Bordeaux chez M. Lavau, graveur assez distingué, et partit pour Paris à l'âge de dix-neuf ans, en compagnie de M. Taillasson, avec lequel il s'était lié chez M. Lavau. Les deux artistes bordelais entrèrent ensemble chez M. Vien, et s'y lièrent avec David, Regnault, Menageot, Vincent, etc. Cinq ans après, M. Lacour concourut pour le prix de Rome. Parmi de tels adversaires on pouvait succomber avec gloire. M. Lacour n'obtint que le second prix; mais le désir de partir pour l'Italie était si vif, qu'ayant en réserve le prix de quelques travaux exécutés soit pour M. Vien, soit pour M. Deleuze, peintre de décoration du théâtre Favart, il résolut de partir à ses frais. Il resta à Rome à peu près le temps qu'y restent les pensionnaires; et, à son retour, en 1774, il se maria à Bordeaux, et y fixa définitivement son séjour.

Élu membre de l'Académie de peinture de Bordeaux pendant qu'il était encore en Italie, membre correspondant de l'Institut de France, et plus tard président de l'Académie des sciences et belles-lettres de notre ville, M. Lacour était tout à la fois un littérateur aimable et un artiste habile. Il ne lui a manqué qu'un théâtre plus vaste pour mettre en saillie les qualités extraordinaires dont il était doué. M. Lacour cultiva tous les genres de peinture, depuis la peinture d'histoire et la décoration théâtrale jusqu'au pastel et à la miniature; mais ce qui caractérise principalement son génie, c'est le sentiment profond de la couleur joint à une merveilleuse aptitude à s'approprier la manière des différents maitres.

A ces qualités artistiques, M. Lacour joignait une aménité de mœurs, une délicatesse de sentiments, une bonté et une modestie si réelles, qu'elles lui méritèrent l'affectueuse estime de tous ceux qui le connurent. Une des choses qui recommandent plus particulièrement le nom de M. Lacour aux amis des arts à Bordeaux, c'est le soin et l'habileté avec lesquels il dirigea pendant longtemps l'école de peinture de la ville. Son zèle et son dévouement pour ses élèves et les arts étaient tels, que pendant les jours néfastes de la Révolution, il continua d'entretenir à ses frais cette école d'où sont sortis tant d'artistes éminents parmi lesquels il suffit de citer MM. Bergeret, Alaux, Briant, Pallière, J.-M. Gué, Gassies, Monvoisin, etc.

Nous ne pouvons dire ici tout ce qui concerne la vie de cet artiste; nous citerons cependant, indépendamment de tableaux de lui que possède le musée, quelques-uns de ses principaux ouvrages : *Saint Roch*, peint en Italie, aujourd'hui dans l'église Saint-Louis aux Chartrons; *la Visitation* et *Saint Jean-Baptiste*, dans la même église; *Portrait de Romainville*, au foyer du grand théâtre; la *Vue des Chartrons*, immense toile, exposée quelque temps au musée, et qui appartient encore à la fille de l'auteur, etc. Plusieurs des compositions de M. Lacour ont été gravées, soit par lui-même, soit par son fils, soit par MM. Baraincon, Monbrun, Emmanuel, etc.

191. *Loth sortant de Sodome.*

T. — H. 0,82. — L. 0,96.

Le patriarche, soutenu par deux anges, semble abandonner à regret sa demeure et la ville que le feu

DE BORDEAUX. 147

céleste doit consumer. Sa femme et ses filles emballent et emportent diverses provisions.

Acheté par la ville en 1846.

192. Le Samaritain.

T. — H. 1,28. — L. 1,76.

Sur le premier plan d'un vaste paysage au milieu duquel serpente une rivière, le bon Samaritain est descendu de cheval et verse du baume sur les plaies du blessé que le Pharisien, qu'on aperçoit à droite continuant sa route, avait dédaigné de secourir.

Acquis par échange en 1840.

193. Saint Paulin, évêque de Nole.

T. — H. 3,30. — L. 2,30.

Saint Paulin, né à Bordeaux, et ami du poëte Ausone, donna tous ses biens aux pauvres et se retira en Espagne avec sa femme sainte Thérasie. Quelque temps après, ayant été nommé évêque de Nole en Italie, il en occupait le siége lorsque les Goths, sous la conduite d'Alaric, prirent et saccagèrent la ville l'an 410. Comme il paraît positif, d'après saint Augustin, que, pendant le siége de la ville, saint Félix de Nole apparut plusieurs fois à son successeur, Baronius en a conclu que le peuple de Nole ne souffrit aucun dommage, et l'artiste a représenté les habitants de Nole, effrayés de la fureur des barbares et confiants dans les vertus de leur pontife, se réfugiant dans son église pour lui demander sa protection.

Donné au Musée en 1814 par les héritiers de M. Lacour.

194. L'avare endormi sur son trésor.

B. — H. 0,25. — L. 0,31.

Un homme s'est endormi sur sa cassette, en laissant

la porte ouverte ; sa femme s'approche doucement et paraît hésiter à la vue de la vigilance d'un chien.

Acheté par la ville en 1847.

195. *Un mendiant et sa fille.*

B. — H. 0,25. — L. 0,31.

Buste d'un vieillard à moitié nu ; on aperçoit derrière lui la tête d'une jeune fille.

Acheté par la ville en 1847.

196. *Portrait de F.-L. Doucet.*

T. — H. 0,61. — L. 0,51.

François-Lucie Doucet, né à Nantes, orfèvre à Paris, se retira du commerce en 1802, et vint s'établir à Bordeaux. Il en partit en 1804, retourna à Nantes, et mourut à Paris en 1809. Pendant son séjour à Bordeaux, il avait été témoin du zèle et du dévouement que M. Lacour avait pour ses élèves, et de la reconnaissance de ceux-ci pour leur maître ; il en avait été si touché, qu'avant de quitter Bordeaux il voulut donner aux artistes un témoignage perpétuel de la reconnaissance des services que les arts lui avaient rendus. Il légua à l'école de dessin une collection de quatorze tableaux (voyez l'*Introduction*, p. 19), et laissa entre les mains de M. Lacour une somme de 10,000 fr. pour en employer le revenu de la manière la plus convenable aux besoins et aux études des élèves de l'école. M. Doucet, aussi modeste que généreux, refusa longtemps à M. Lacour la permission de faire son portrait ; il n'y consentit que pour ne pas priver son ami d'associer son nom au souvenir d'un bienfait. Ce portrait, orné de l'inscription : *A François-Lucie Doucet, ami des arts, l'école de dessin de la ville de Bordeaux reconnaissante*, est régulièrement

DE BORDEAUX.

porté chaque année dans la salle où se distribuent les prix de l'école.

Donné à la ville en 1814 par les héritiers de M. Lacour.

197. *Portrait de M. Combes.*

T. — H. 0,55. — L. 0,55.

M. Louis-Guy Combes, architecte, né à Podensac près Bordeaux en 1754, mort à Bordeaux le 7 mars 1818, était élève de Peyre; il remporta le grand prix de Rome en 1785, fut membre de l'académie de peinture de Bordeaux, correspondant de l'Institut de France, etc. Doué d'une imagination ardente, comme le témoignent les dessins des projets gigantesques dont il proposa l'exécution à différentes époques, il joignait à une grande richesse d'imagination, toujours dirigée par un style sévère et pur, les connaissances pratiques les plus simples et les plus variées. Longtemps ingénieur en chef des départements de la Charente, de la Dordogne et de la Gironde, il y dirigea avec succès une grande quantité de travaux publics très-importants. Bordeaux lui doit en outre quelques constructions particulières remarquables : la maison de M. D. Meyer, *sur Tourny*, l'hôtel de M. Acquart, *Fossés-de-l'Intendance*, le château de M. de Lacolonia, en Médoc, etc. Il a publié plusieurs mémoires sur diverses sciences relatives à sa profession; quelques-uns sont restés manuscrits. M. Combes est représenté de face, en buste, les épaules enveloppées d'un manteau bleu.

Donné à la ville par M. Lacour en 1854. Peint en 1810, il a été lithographié pour la Commission des monuments historiques.

198. *Portrait de la famille de l'auteur.*

B. — H. 0,36. — L. 0,31.

L'artiste, vêtu d'une *chenille* en molleton blanc, est

assis dans son atelier et prépare sa palette pour achever une toile sur laquelle il a tracé le portrait de sa femme malade. A côté de Catherine Chauvet, est le frère de l'artiste, Antoine Lacour, sa fille Madeleine Lacour, depuis madame Lartigue, et son fils Pierre Lacour, actuellement conservateur du Musée. L'artiste a indiqué qu'il était élève de Vien, en faisant paraître ce nom au bas d'une gravure qui sort d'un portefeuille entr'ouvert.

Donné au Musée par M. Lacour en 1854. Peint en 1798, signé P L sur les plis du mouchoir qui est sur la chaise.

LACOUR (Antoine), *né à Bordeaux en 1748, mort dans la même ville en 1837.*

Entraîné par l'exemple de son frère aîné, dont il reçut quelques leçons, il abandonna le commerce et s'adonna aux arts. Pendant son séjour à Paris, il fut élève de Lépicié et de Sicardi, et réussit surtout dans la peinture en miniature. Fixé à Bordeaux, il fut pendant longtemps professeur de dessin à l'Institution des sourds-muets.

199. *Portrait de mademoiselle Briant, sœur de l'artiste de ce nom.*

B. — H. 0,18. — L. 0,15.

Don de M. Lacour, en 1854.

LAGRÉNÉE. — *Voyez* Vertanghen.

LAIRESSE (Gérard de), *peintre, graveur, poëte et musicien, né à Liége en 1640, mort à Amsterdam le 28 juillet 1711.*

Cet artiste, fils d'un peintre assez médiocre, était excessivement laid; mais il profita si bien de l'éducation que son père lui fit donner, qu'il était difficile de concevoir comment tant de mérite et d'esprit pouvait s'allier à une pareille physionomie. Malheureusement des goûts crapuleux se joignaient chez Gérard à cet extérieur repoussant. Il dépensa régulièrement chaque jour le produit considérable d'un travail d'une merveilleuse facilité; c'est la seule régularité qu'il mit jamais dans sa conduite. On prétend cependant qu'il ne peignit jamais sans commencer par jouer du violon. O

DE BORDEAUX.

dit qu'il gagna le pari de peindre dans la journée Apollon et les neuf muses de grandeur naturelle. Ses compatriotes l'ont surnommé le *Nouveau Poussin hollandais* ou le *Nouveau second Raphaël*. En avançant en âge il devint aveugle et fit des conférences publiques sur la peinture. Elles ont été recueillies et publiées par un de ses fils. Gérard de Lairesse avait trois frères qui furent peintres comme leur père l'avait été, et lui-même eut deux fils et un neveu qui s'occupèrent de peinture.

200. *Minerve.*

T. — H. 0,91. — L. 0,70.

La déesse des sciences et des arts, entourée de ses attributs, est assise sur un trône à côté duquel un aigle tient dans ses serres un sceptre d'or. Elle soutient et aide à monter jusqu'à elle un petit génie aux ailes vertes qui tient d'une main un calice et de l'autre une palette et des pinceaux.

Collection du marquis de Lacaze.

LALLEMANT. — *Voyez* SINGHER.

LAMBERT (PIERRE-ÉDOUARD), *né à Bordeaux en 1818, élève de M. Picot.*

201. *Figure allégorique de la République de 1848.*

T. — H. , . — L. , .

Figure debout, en face, coiffée du bonnet phrygien; elle tient de la main gauche un niveau et de la droite une épée.

Le conseil municipal de 1848 ayant mis au concours, entre les artistes résidents à Bordeaux, une figure allégorique qui personnifiât le nouveau gouvernement, M. E. Lambert obtint le deuxième prix, et la mairie acheta son tableau.

LANFRANCO (JEAN), *peintre et graveur, né à Parme en 1580 ou 1582, mort à Rome le 29 novembre 1647.*

Il entra comme page chez le comte Scotti à Plaisance. Le comte remarqua ses heureuses dispositions pour le dessin et l'envoya étudier chez Augustin Carrachi. Lanfranco se fit une grande réputation par le nombre considérable de fresques dont il orna diverses églises et surtout par la coupole de *Santo Andrea della Valle* où il montra toute son habileté dans la science du raccourci. Les figures ont plus de vingt pieds de haut, mais l'artiste a si bien *laissé travailler l'air*, selon son expression, que d'en bas elles paraissent charmantes et de grandeur naturelle. Les fresques et les grandes compositions convenaient au génie fougueux de Lanfranco qui ne pouvait se plier à toutes les exigences des tableaux ordinaires.

202. *Saint Pierre.*

T. — H. 0,60. — L. 0,43.

La tête du saint, tournée à droite, en trois quarts, éclairée d'en haut, lève les yeux au ciel, tandis que la main gauche relève les plis d'un manteau.

Collection du marquis de Lacaze.

203. *Tête de saint Pierre.*

T. — H. 0,27. — L. 0,33.

Collection du marquis de Lacaze (école de Lanfranco).

LAURI (PHILIPPE), *né à Rome en 1623, mort dans la même ville en 1694.*

Fils d'un peintre flamand, assez bon paysagiste, il reçut aussi des leçons de son oncle Angelo Caroselli. Il a surtout excellé dans des sujets historiques représentés en petit ou placés dans des paysages, etc.; il a souvent peint les figures dans les paysages de Claude Gelée.

204. *Vertumne et Pomone.*

T. — H. 0,34. — L. 0,26.

Pomone, déesse des fruits, est négligemment étendue sur un banc de gazon; son amant, Vertumne, dieu des Saisons, debout, à moitié nu et le bras gauche appuyé sur un rocher, passe sa main droite derrière la tête de Pomone et semble l'inviter à le suivre.

Collection du marquis de Lacaze.

LAVINIA. — *Voyez* FONTANA.

DE BORDEAUX.

LAZZARINI (Grégoire), *né à Villanova* (*États de Vénise*) *en 1655, mort à Venise en 1740.*

On est peu fixé sur l'époque précise de la naissance et de la mort de cet artiste, mais il surpassa tous les peintres vénitiens de son temps et fut surnommé le *Raphaël de Venise*. Il réussit très-bien en grand et encore mieux dans les tableaux de chevalet. Rien n'est gracieux comme ses petites figures.

205. *Vénus et l'Amour.*

T. — H. 1,17. — L. 0,90.

La déesse assise en face, à mi-corps, montre à deux Amours son collier de perles qu'elle vient de détacher.

Collection du marquis de Lacaze.

LEBRUN (Charles), *peintre, graveur et littérateur, né à Paris en 1619, mort dans la même ville le 12 février 1690.*

Charles Lebrun, fils d'un sculpteur médiocre, est un des peintres les plus célèbres de l'école française. Il s'illustra non-seulement par son talent, mais aussi par l'immense influence qu'il exerça sur la direction des arts. Cependant on peut dire que les faveurs dont il fut comblé n'ajoutèrent rien à sa gloire, et que son génie fut toujours à la hauteur des honneurs qu'il reçut. Quand arrivèrent à Rome les superbes gravures des *Batailles d'Alexandre*, par Audran, d'après Lebrun, les Italiens étonnés crurent un moment que Raphaël allait être détrôné. La réputation de cet artiste commença de bonne heure; il avait à peine quatre ans qu'il charbonnait des dessins sur le plancher : à douze ans il fit le portrait de son aïeul d'une manière fort remarquable. Élève favori de Simon Vouet, ami de Nicolas Poussin avec lequel il passa six ans en Italie, il suggéra à Colbert l'idée de créer à Paris une Académie des beaux arts et en fut le premier directeur. C'est aussi Lebrun qui eut la pensée de la création de l'école de France à Rome. La ville de Bordeaux doit en outre une reconnaissance particulière à ce grand homme ; car c'est à lui qu'elle doit l'honneur d'être la seule ville de France qui ait possédé une Académie de peinture comme celle de Paris, sous le règne de Louis XIV. Malheureusement notre Musée ne possède de cet illustre artiste qu'un tableau d'une attribution douteuse et qui peut être aussi bien de Verdier, son disciple, que de Lebrun lui-même.

206. *Nymphe poursuivie par un fleuve.*

T. — H. 1,52. — L. 0,96.

Don du gouvernement en 1819.

MUSÉE

LEBRUN (Marie-Louise-Élisabeth Vigée, Mme), *peintre et littérateur, née à Paris en 1755, morte dans la même ville en 1842.*

Elle excella surtout dans le portrait; sa réputation fut européenne : elle fut reçue membre de plusieurs académies, entre autres de celle de Paris, le 31 mai 1783. Aussi célèbre par sa beauté et son talent que par son esprit et son instruction, elle quitta la France en 1790 et n'y rentra qu'à la Restauration.

207. *Hébée.*

T. — H. 0,73. — L. 0,92.

La déesse de la jeunesse est ici représentée par le portrait d'une jeune personne assise, vêtue de rose, les bras et le sein nus, couronnée de fleurs et tressant une guirlande.

Don de M. F.-L. Doucet en 1809.

LECLERC (Jean), *né à Nancy vers 1588, mort dans la même ville en 1633.*

Après avoir passé plus de vingt ans en Italie et principalement à Venise, où il imita si bien la manière de Charles Vénitien que quelques-uns de ses tableaux passent pour être de ce maître, il revint à Nancy, travailla pour le duc Henri de Lorraine, et décora plusieurs églises de Nancy, entre autres la célèbre église que les jésuites possédaient dans cette ville.

208. *Atropos.*

T. — H. 0,70. — L. 0,70.

Atropos, *l'inflexible*, la troisième des Parques, celle qui tient les ciseaux et tranche le fil des destinées, est représentée sous les traits d'une vieille femme coiffée et vêtue à la moderne, assise, à mi-corps, tournée à droite, et coupant un morceau d'un écheveau de laine.

Acheté par la ville en 1848. Avait fait partie de la galerie de M. Journu Aubert.

LEGI (Jacques), *né en Flandre, mort à Gênes en 1645.*

Il vint fort jeune encore s'établir à Gênes, et y mourut subitement au moment où il se disposait à retourner dans sa patrie.

209. *Nature morte.*

T. — H. 0,99. — L. 1,48.

A gauche, un jeune marmiton dépose quelques pièces de gibier sur une table déjà chargée de volailles, d'un agneau et d'autres comestibles. Près de la table, on remarque un bassin de cuivre, des paniers, etc., et la tête d'un chat qui cherche à s'emparer d'une pièce de gibier.

Collection du marquis de Lacaze.

LESGALLERY. — *Voyez* ALBAN.

LESUEUR (EUSTACHE), *peintre et graveur, né à Paris en 1617, mort dans la même ville le 1er mai 1655.*

La douce et mélancolique figure de Lesueur est une des gloires les plus pures de l'histoire des arts et la plus belle peut-être de l'art français. Les historiens, les romanciers et les poëtes l'ont tour à tour célébrée, popularisée et chantée, mais elle resplendit encore plus belle et plus suave de la vue des nombreux et immortels ouvrages du jeune et malheureux artiste. Lesueur mourut à l'âge où était mort Raphaël; mais ceux qui déjà avaient inutilement donné le nom de Raphaël français à Poussin voulurent inutilement aussi le donner à Lesueur. Un titre inexact n'ajoutait rien à leur gloire, et l'un et l'autre pouvaient également s'en passer. Fils de Cathelin Lesueur et d'Antoinette Touroude, Eustache Lesueur épousa Geneviève Goussé; et, quoique mort à trente-huit ans, il survécut à sa femme et à tous ses enfants. Son père, tourneur ou sculpteur en bois, assez médiocre, lui donna de bonne heure le goût des arts et le plaça dans l'atelier de Simon Vouet, d'où sont sortis presque tous les grands artistes français du XVIIe siècle. La candeur et la modestie que faisaient pressentir chez Lesueur une physionomie douce et des manières nobles et agréables, ne nuisaient pas à une sorte d'indépendance et de fierté natives. Son aptitude et son assiduité au travail le firent regarder très-jeune encore comme un des premiers peintres de son siècle. Lors de la fondation de l'Académie, il fut admis à trente et un ans dans la classe dite des *anciens*, et lorsqu'il mourut sept ans plus tard, le célèbre et tout-puissant Charles Lebrun regarda la mort de son humble émule comme celle d'un rival redoutable. De tous les ouvrages de Lesueur, celui qui contribua le plus à sa popularité fut la longue suite des tableaux de la vie de saint Bruno; mais le plus beau, sans contredit, est le *saint Paul prêchant à Éphèse*. Il passe pour le chef-d'œuvre de l'école française. Néanmoins Lesueur parut se surpasser lui-même dans la décoration de l'hôtel de M. Lambert de Thorigny, et il semble avoir épuisé toutes les ressources de son génie dans l'appartement connu sous le nom de *Cabinet des Muses*, pour lequel fut exécutée la composition que possède notre Musée.

210. *Uranie.*

T. — H. 0,50. — L. 0,40.

La muse de l'astronomie, assise dans un paisible paysage auprès d'un globe céleste, tient de la main gauche un compas avec lequel elle mesure la distance qui sépare quelques astres, et de la main droite semble indiquer la position de ces astres dans le ciel.

Acheté par la ville en 1854. Cette gracieuse petite toile est plutôt une nouvelle composition qu'une réduction du tableau peint pour l'hôtel Lambert, et qui est maintenant au musée du Louvre. Non-seulement la forme du tableau est carrée au lieu d'être ovale; mais des changements importants et heureux dans la pose de la figure, dans l'agencement des draperies, dans la composition du paysage, et surtout dans la disposition et la multiplicité des accessoires, prouvent que Lesueur s'était occupé de ce sujet avec amour, et s'était efforcé, pour cette composition comme pour plusieurs autres, de la rendre de plus en plus parfaite. Dans la décoration du *Cabinet des Muses*, trois de ces déesses seulement étaient peintes isolées. Uranie était une de ces trois. Le dessin original de cette composition, que la gravure a reproduit un grand nombre de fois, est conservé dans la collection de M. Reiset (n° 286 de son catalogue), en sorte qu'on peut étudier la pensée de Lesueur sur ce sujet à trois époques différentes : la première pensée dans la collection Reiset; l'exécution en grand au musée du Louvre; et la pensée corrigée et perfectionnée au musée de Bordeaux. La richesse du cadre contemporain de la peinture prouve également le prix qu'on y attachait.

LETHIÈRE (GUILLAUME-GUILLON), né à la Guadeloupe en 1760, mort à Paris en 1832.

Élève de Doyen, il remporta le grand prix de Rome en 1786. Ami de Lucien Buonaparte qu'il accompagna en Italie, il fut par sa protection nommé directeur de l'école de Rome en 1811. Chevalier de la Légion d'honneur, baron de l'empire, membre de l'Institut en 1815, il a exposé un grand nombre de beaux et grands tableaux, mais pas un n'a fait oublier le succès qu'obtint en 1812 son *Brutus faisant exécuter ses fils*, qui est actuellement au musée du Louvre.

211. *Louis IX visitant les pestiférés à Carthage.*

T. — H. 4,06. — L. 3,05.

En 1270, la peste s'était emparée de l'armée des croisés campés devant Carthage. Le roi de France, animé d'un saint zèle et certainement beaucoup plus par dévotion et par charité que pour essayer de ramener le calme dans les esprits, prodiguait partout ses soins, et visitait les malades sans suite et sans ostentation. L'artiste a représenté le saint roi visitant un seigneur de haut parage, auprès duquel un nègre et un page viennent d'expirer. Tandis qu'un esclave africain, les mains soigneusement enveloppées, ose à peine soutenir son maître malade, le roi, penché sur lui, touche courageusement ses tumeurs, selon l'expression naïve de l'historien confesseur du saint roi, « et quand la maladie estoit plus griève ou apostume ou autre chose, tant plus volontiers l'atouchoit. »

Don du gouvernement en 1822.

LIBERI (Pierre), né à Padoue en 1605, mort en 1687.

Il passe pour le plus savant dessinateur de l'école de Venise; il s'était fait une manière qui tient un peu de tous les maîtres qu'il avait étudiés, et, pour être exact, il faut ajouter qu'il avait deux manières, comme il le disait lui-même : une manière hardie et heurtée pour les connaisseurs, et une manière moelleuse et finie pour les gens du monde. Il aimait peu à peindre les draperies, et poussa l'amour du nu jusqu'à représenter le Père Éternel sans vêtements. Ses allégories peu modestes lui firent donner le nom de *Libertino*. Devenu comte et chevalier, il mourut comblé d'honneurs et de richesses, laissant un fils qui ne se distingua que par la perfection avec laquelle il copiait les tableaux de son père.

212. Sainte Apolline et un Ange.

B. — H. 0,84. — L. 0,62.

Une jeune femme blonde, en buste, dans tout l'éclat de sa parure et de sa beauté, regarde un ange qui, lui montrant dans un plat d'or quelques dents arrachées, semble lui révéler le supplice qu'elle doit endurer. Il est d'autant plus probable que ces deux figures sont des portraits, que sainte Apollonie, vulgairement sainte Apolline, était déjà fort avancée en âge lorsque, l'an 249 de J.-C., les persécuteurs lui cassèrent d'abord toutes les dents et la menacèrent de

152   MUSÉE

la précipiter dans un brasier ardent, si elle ne reniait pas Jésus-Christ. La vierge, inspirée du ciel, voulant montrer aux persécuteurs combien peu elle redoutait leurs menaces, se jeta elle-même dans le feu. L'église célèbre sa fête le 9 février.

Collection du marquis de Lacaze.

213. *La Charité.*

T. — H. 1,32. — L. 1,76.

Figure de femme entourée d'enfants ailés dont l'un est suspendu à son sein.

Collection du marquis de Lacaze.

214. *Les Grâces lutinant les Amours.*

T. — H. 1,26. — L. 1,30.

Collection du marquis de Lacaze.

LICINIO *ou* **LICINO** (Jules), *dit* Pordenone, *né dans le Frioul en* 1520, *mort à Augsbourg en* 1570.

Jules Pordenone était neveu du célèbre Jean-Antoine Pordenone, rival de Titien. Quelques auteurs placent le neveu sur la même ligne que son oncle, surtout pour les peintures à fresque.

215. *Jésus endormi et deux Anges.*

T. — H. 0,55. — L. 0,72.

L'enfant déjà grand, étendu sur des coussins, dort, le bras gauche pendant et la main droite sur la poitrine, tandis que deux têtes de chérubins, placées dans l'ombre, semblent l'adorer ou veiller sur son repos.

Collection du marquis de Lacaze.

216. *Portrait de la femme du doge Giustiniani.*

T. — H. 1,24. — L. 1,01.

La famille des Giustiniani ou Justiniani, qui se prétend issue de l'empereur Justinien, est une des plus illustres et des plus nombreuses qu'il y ait eu à Venise. Cent membres de cette famille périrent dans une seule bataille. La jeune femme, dont nous avons le portrait est représentée debout, en face, à mi-jambes, vêtue d'une robe de velours rouge, tenant un de ses gants dans la main droite.

Collection du marquis de Lacaze (payé 1,500 fr.).

LINGELBACK (JEAN), *peintre et graveur, né à Franc-fort-sur-le-Mein en 1625, mort à Amsterdam en 1687.*

On ne sait presque aucun détail de la vie de cet artiste. Venu fort jeune à Amsterdam, il partit pour Paris en 1642, y séjourna deux ans, alla passer six ans à Rome et en sortit le 8 mai 1650, possesseur d'une énorme quantité d'études. Il ne pouvait suffire à toutes les demandes qui lui étaient faites, et néanmoins il ne négligea jamais de peupler ses paysages et ses marines d'une grande quantité de petites figures dessinées avec beaucoup d'esprit et de vérité.

217. *Buveurs flamands.*

T. — H. 0,66. — L. 0,48.

Devant une auberge, dont la toiture s'élève d'un côté jusqu'au cadre, divers paysans attablés écoutent un aveugle qui joue du violon.

Collection du marquis de Lacaze.

LOIR (MARIANNE), *née à Paris.*

Nièce ou petite-nièce du célèbre peintre Nicolas Loir, son nom n'est mentionné dans aucune biographie; cependant elle est inscrite dans le testament de Détroy qui lui légua sa montre et sa tabatière (Archiv. de l'art franç., t. II, p. 276). Nous ne connaissons d'elle que deux portraits: celui de madame Duboccage et celui que possède le Musée.

218. *Portrait de madame Duchâtelet.*

T. — H. 1,01. — L. 0,80.

Gabrielle-Émilie Letonnélier de Breteuil, marquise Duchâtelet, est une des femmes les plus remarquables du xviiie siècle. Ses travaux mathématiques et ses ga-

7.

lanteries l'ont rendue presque aussi célèbre que sa liaison avec Voltaire. Née en 1706, elle mourut à quarante-trois ans, le 10 août 1749. Elle est représentée assise, en face, vêtue d'une robe bleue, tenant d'une main une fleur et de l'autre un compas.

Collection du marquis de Lacaze.

LOMBARDO (BIGIO), né à Venise vers 1600.

Il ne peignit que des paysages, et peu d'artistes ont mieux réussi que lui en ce genre.

219. *Paysage.*

T. — H. 0,68. — L. 0,86.

Soleil levant; à droite, une grotte d'où sort une cascade; au milieu, un homme assis et une femme debout; à gauche, une femme qui lave du linge.

Collection du marquis de Lacaze.

LONSING (FRANÇOIS-JOSEPH), *peintre et graveur, né à Bruxelles en 1743, mort à Leognan, près Bordeaux, le 11 avril 1799* [1].

Quoique né en Belgique, Lonsing peut à bon droit être considéré comme notre compatriote, puisqu'il vécut beaucoup plus longtemps parmi nous que dans sa patrie. Fils d'un officier de l'armée impériale, il fut destiné aux armes, et, quoique fort jeune, il fit quelque temps partie de la garnison d'Anvers. Le goût des arts l'emporta. Élève de Geeraerts, il entra à l'académie que le prince Charles de Lorraine, gouverneur des Pays-Bas, avait fondée à Anvers, et le 17 mars 1759 il remporta le premier prix de peinture. Le 30 août 1761, le prince Charles de Lorraine lui accorda une pension de 400 florins pour aller étudier en Italie. Il entra à Rome dans l'atelier de Raphaël Mengs, et à son retour d'Italie, en 1778, il séjourna cinq ans à Lyon. Il y peignit entre autres son portrait regardé comme son chef-d'œuvre, et qu'il apporta avec lui en venant se fixer à Bordeaux en 1783. La vue de ce portrait lui créa une brillante et nombreuse clientèle; il exécuta à Bordeaux une très-grande quantité de portraits des principaux

1. D'après le registre de l'état civil de Leognan, Lonsing (François-Louis), et non Joseph, était né à Anvers et non à Bruxelles, et mort à l'âge de soixante-deux ans, il serait donc né en 1737. Ce registre déclare aussi qu'il s'était marié en Italie et y avait laissé sa femme qui vivait encore en 1799.

personnages de l'époque, entre autres ceux du maréchal duc de Mouchy, du duc de Duras, de M. Dudon, procureur général, de M. Leberthon, premier président, etc. Le duc de Mouchy voulut attirer Lonsing à Paris; l'artiste y envoya ses effets, et entre autres son portrait qui satisfit les meilleurs connaisseurs; mais une maladie et les événements révolutionnaires empêchèrent Lonsing de nous quitter. Quand la tranquillité fut un peu rétablie, Lonsing fit un voyage à Paris, au commencement de l'année 1799, mais il revint bientôt parmi ses compatriotes d'adoption. Il mourut au château de Lalouvière, à Léognan, où il terminait pour M. Mareilhac la décoration d'un salon représentant en grisailles l'histoire de Psyché.

220. Portrait de l'auteur.

T. — H. 0,97. — L. 0,85.

L'artiste s'est représenté en costume de travail, debout, en face, à mi-corps, la main droite armée d'un couteau à palette, préparant une teinte et s'arrêtant pour écouter ou dire quelque chose.

Acheté par la ville en 1848. Il existe à Paris, chez madame la baronne de Bouglon, une autre copie ou plutôt l'original de ce portrait qui mit le comble à la réputation de Lonsing. Une tradition veut que M. le baron de Bouglon, grand amateur et artiste lui-même, ait payé la possession de ce portrait d'une rente viagère de 800 fr. Ce portrait gravé au trait dans le *Bulletin polymatique*, t. III, p. 298, a été également reproduit dans une belle lithographie exécutée par M. Dupré, et au bas de laquelle on lit cette inscription : *In memoriam amici sui celeberrimi Joannes Goethals hanc effigiem patriæ restituens lapide fideliter delineandam excudendamque curavit. D. D. dedicavitque gandavensi libr. art. societati.*

221. Portrait du duc de Duras.

T. — H. 0,98. — L. 0,79.

Emmanuel-Félicité de Durfort, duc de Duras, né le 19 décembre 1715, entra aux mousquetaires en 1731, fit les campagnes d'Italie, du Rhin, de la Bavière, etc.; assista aux batailles de Fontenoy, Raucoux, Lawfeld, Hastembeck, etc.; nommé maréchal de camp en 1745, lieutenant général en 1748, et maréchal de France le 24 mars 1775, après avoir été successivement : ambassadeur en Espagne en 1752, gouverneur du Château-Trompette en 1755, pair de France en 1757, chevalier du Saint-Esprit en 1767, gouverneur de Franche-Comté en 1770 et généralissime de l'armée patriotique bordelaise en 1791. Il est représenté en face, à mi-corps, vêtu de sa cuirasse, la main droite sur la hanche, la gauche sur son bâton. Derrière lui un jeune nègre tient un cheval de bataille.

Acheté par la ville en 1843.

LORRAIN. — *Voyez* GELÉE.

LOTH (JEAN-CHARLES), *né à Munich en 1611 ou 1632, mort à Venise en 1698.*

Fils d'Ulrich Loth, peintre de l'électeur de Bavière, il passa dans son temps pour un des quatre plus grands peintres de son siècle. Néanmoins beaucoup d'incertitude règne sur les principales époques de sa vie. Tout ce qu'on sait, c'est qu'il vint fort jeune en Italie, y étudia beaucoup les grands coloristes, et travailla ensuite en Allemagne où l'avait appelé l'empereur Léopold Ier qui le nomma son premier peintre.

222. *L'Amour se mordant les doigts.*

T. — H. 0,74. — L. 0,98.

Un enfant nu, couché sur une draperie banche, ayant près de lui un carquois et un arc, semble méditer quelque vengeance.

Collection du marquis de Lacaze.

223. Buste d'un *Condottiere.*

B. — H. 0,46. — L. 0,39.

Un homme vu de face, baissant la tête, couvert de son armure et coiffé d'un bonnet fourré, porte sa lance sur l'épaule et semble marcher.

Collection du marquis de Lacaze.

LOUTHERBOURG. — *Voyez* LUTHERBURG.

LUCAS DE REGGIO. — *Voyez* FERRARI.

DE BORDEAUX.

LUCATELLI (André), né à Rome à la fin du XVIIe siècle, mort dans la même ville en 1741.

Excellent peintre de paysage et de genre, souvent mis sur la même ligne que Zuccarelli; cependant, malgré son immense talent, il mourut dans la capitale des arts dans la plus profonde misère.

224. Paysage.

T. — H. 0,73. — L. 0,99.

Ruines d'un temple au milieu desquelles paissent des troupeaux. Sur le premier plan un berger et une bergère assis prennent leur repas.

Collection du marquis de Lacaze.

LUTHERBURG (Philippe-Jacques), peintre, graveur et mécanicien, né à Strasbourg le 31 octobre 1740, mort en Suisse en 1814.

Fils d'un peintre en miniature portant les mêmes prénoms, il reçut de son père les premiers éléments du dessin et passa ensuite dans l'atelier de Casanova. Il fut bientôt mis au rang des plus estimés imitateurs de Berghem. Nommé membre de l'Académie de peinture de Paris en 1768, il quitta cette ville et suivit à Londres le célèbre Cagliostro. On lui donna 25,000 livres par an pour faire les croquis des décorations de l'Opéra. L'impératrice de Russie lui ayant commandé un tableau représentant le passage du Danube par les Russes, il demanda qu'on lui envoyât toutes les espèces d'armes des différentes nations russes et turques, et se fit ainsi un cabinet très-curieux. On prétend qu'il est inventeur des théâtres mécaniques et pittoresques.

225. Paysage.

T. — H. 0,32. — L. 0,49.

A droite, au pied d'un rocher, un berger et une bergère se lancent mutuellement des noyaux de cerises qu'ils pressent entre leurs doigts. Le jeune homme, sans renoncer à lancer ses projectiles, abrite son visage sous son chapeau, tandis que le chien de la jeune fille, prenant le parti de sa maîtresse, aboie vigoureusement contre son adversaire ; à gauche, une vache et quelques brebis boivent dans un ruisseau qui baigne le premier plan.

Collection du marquis de Lacaze.

226. *Paysage.*

T. — H. 0,32. — L. 0,49.

A gauche, au pied d'un rocher, pendant qu'un berger assis et entouré de divers bestiaux retient la main d'une bergère debout, qui lui présente un gobelet, un petit garçon boit à pleine tasse dans le pot au lait que la bergère a déposé près d'elle.

Collection du marquis de Lacaze.

MAAS (THIERRY OU DIRCH.), *né à Harlem le 11 septembre 1656, mort dans la même ville en 1715.*

Élève de Henri Mommers, puis de Berghem, puis de Hugtenburgh, il réussit très-bien dans les batailles et les chasses.

227. *Paysage. — Village hollandais sur le bord d'un fleuve.*

T. — H. 0,28. — L. 0,35.

Collection du marquis de Lacaze.

MAES (GODEFROY), *né à Anvers en 1660, mort dans la même ville en 1722.*

Il jouit d'une grande réputation comme peintre de portraits et d'histoire. Son coloris est quelquefois comparable à celui de Rubens; c'est un des artistes les plus féconds de son époque. Il était élève de son père et fut reçu à l'Académie d'Anvers en 1682.

228. *Portrait d'homme.*

T. — H. 0,66. — L. 0,53.

Debout, à mi-jambes, coiffé d'une énorme perruque, porteur de petites moustaches, il appuie la main gauche sur la base d'une colonne, et de la droite il relève l'espèce de robe dont il est revêtu.

Collection du marquis de Lacaze. Signé : MAES.

229. *Portrait de femme.*

T. — H. 0,66. — L. 0,53.

Debout, en face, à mi-jambes, elle appuie son bras droit sur un meuble sur lequel sont posées quelques fleurs.

Collection du marquis de Lacaze. Signé : MAES, 1680.

MARANDON DE MONTYEL (BRUNO-ÉDOUARD-FERDINAND), *peintre et littérateur, né à Bordeaux en 1782, mort à Paris le 13 mars 1854.*

Intimement lié avec MM. Geraud, Lorrando, Martignac et les autres littérateurs qui étaient alors à Bordeaux, M. Marandon eut une jeunesse un peu orageuse, et beaucoup plus politique et littéraire qu'artistique. Pendant longtemps il ne s'occupa des arts qu'en amateur ; mais appelé à Paris sous le ministère de son ami M. de Martignac, la vue de nos musées et la fréquentation de nos artistes ranimèrent son goût pour les arts, et, malgré son âge, il y fit de rapides progrès. Il obtint une troisième médaille en 1837, une deuxième en 1839 et une première en 1841. Il était déjà chevalier de la Légion d'honneur depuis le 28 octobre 1828.

230. *Paysage.*

T. — H. 0,98. — L. 1,30.

Vue des Pyrénées.

Don de l'auteur en 1838.

231. *Paysage.*

T. — H. 1,20. — L. 1,88.

Vue d'Italie. Sur le premier plan, un chemin avec des moutons au pied d'une croix ; à gauche, un bouquet d'arbres.

Don du gouvernement en 1839.

MARATTI (Charles), *peintre et graveur, né à Camerano, près d'Ancône, en 1625, mort à Rome le 15 décembre 1713.*

Dès son enfance il annonça des dispositions extraordinaires ; cependant il étudia jusqu'à vingt-cinq ans avant d'exposer en public aucun de ses ouvrages. Peu d'artistes ont joui pendant leur vie d'une aussi grande réputation ; il passe pour avoir retardé à lui seul la décadence de la peinture italienne. Il aimait peu les grandes compositions, mais ses madones en petit ont un tel caractère d'amabilité et de modestie qu'il fut surnommé *Carluccio delle Madonine*. Modeste, désintéressé, spirituel et plein de bienveillance, déjà âgé de quatre-vingt-deux ans il peignit encore deux tableaux très-remarquables ; mais, devenant aveugle, il fut enfin forcé de renoncer à la peinture et mourut à quatre-vingt-neuf ans. *Le dernier des Romains*, comme on l'appelait à Rome, s'était fait faire un tombeau qui lui coûta 90,000 livres tournois. Il répondit à quelqu'un qui se plaignait du prix excessif de ses tableaux : « Le monde est débiteur d'une énorme somme envers mes maîtres, et j'en touche les intérêts. »

232. *Tête d'une Sibylle.*

T. — H. 0,46. — L. 0,36.

Buste sans mains, tourné à droite, la tête enveloppée d'une draperie bleue frangée d'or.

Collection du marquis de Lacaze.

MARCELLIS (Othon), *né à Amsterdam en 1613, mort dans la même ville en 1673.*

Surnommé le *Furet*, il partit d'Amsterdam, visita Paris, Rome, Naples, et revint se fixer dans sa patrie. Il avait chez lui une espèce de ménagerie où il élevait des reptiles, des oiseaux, des papillons et des insectes qu'il peignait ordinairement dans ses tableaux. Ses ouvrages sont fort recherchés.

233. *Fleurs, chardons, lézards et papillons.*

T. — H. 0,63. — L. 0,53.

Collection du marquis de Lacaze.

234. *Fleurs, lézards, papillons, etc.*

T. — H. 0,63. — L. 0,53.

Collection du marquis de Lacaze.

MARIA (Hercule de), *connu sous le nom d'*Ercole di San Giovanni *ou* Ercolino di Guido.

On ignore la date de la naissance et de la mort de cet élève favori de Guido Reni ; il imitait si parfaitement la manière de son maître, que celui-ci ayant commencé un tableau, Ercolino le copia, substitua la copie au modèle, et Guide acheva le tableau sans s'en apercevoir. Guido Reni employa souvent Ercolino à faire des répétitions de ses principaux ouvrages, et quelques-unes de ces copies sont préférées à certains originaux de la main même du maître. Le pape Urbain VIII le créa chevalier ; mais il ne jouit pas longtemps de cet honneur et mourut fort jeune.

235. *Vénus endormie et couchée sur des draperies blanches.*

T. — H. 0,48. — L. 1,00.

Collection du marquis de Lacaze.

MARTINEAU (Louis-Joseph-Philadelphe), *peintre et littérateur, né à Conches (Eure) en 1800, fixé à Bordeaux.*

Fils d'un père qui périt dans les désastres de Saint-Domingue, il n'a jamais eu de maître. Établi à Bordeaux depuis 1829, il s'est principalement adonné au portrait, et a su acquérir comme artiste et comme écrivain une position d'autant plus honorable qu'il ne la doit qu'à lui seul.

235. *Intérieur d'un couvent.*

T. — H. 0,64. — L. 0,53.

Acheté par la ville en 1830.

MARTINOTTI (Évangelista), *né à Casal - Montfer- rato en 1634, mort en 1694.*

Élève de Salvator Rosa, il se distingua surtout dans les paysages.

237. *Paysage.*

T. — H. 0,57. — L. 0,74.

Sur le premier plan, à gauche, l'énorme tronc d'un arbre déraciné se détache en vigueur sur la surface jaunâtre d'une roche schisteuse. A droite, un pêcheur est assis sur l'escarpement du bord d'un ruisseau.

Collection du marquis de Lacaze.

MAUZAISSE (Jean-Baptiste), né à Corbeil en 1784, fixé à Paris.

Élève de Vincent et nommé chevalier de la Légion d'honneur en 1824, M. Mauzaisse est un des peintres-modernes les plus féconds et les plus remarquables par l'étonnante dextérité de la main. Plusieurs de ses tableaux décorent les musées et les palais de la capitale, et quelques-uns sont devenus populaires par les gravures qui en ont été faites.

238. Baptême de Clorinde.

T. — H. 3,27. — L. 2,62.

Tancrède, vainqueur, reconnaît dans le guerrier infidèle qu'il a eu tant de peine à terrasser son amante la belle Clorinde, et, surmontant sa douleur, s'empresse de donner avec de l'eau la vie spirituelle à celle qu'il a tuée avec son épée. Au son des paroles sacrées, Clorinde se ranime; une joie calme se peint sur son front, et elle semble dire : « Le ciel s'ouvre et j'y vais en paix. »

E, premendo il suo affanno, a dar si volse
Vita con l'acqua a chi col ferro uccise.....

TASSE, Jérusalem délivrée, chant XII, strophe 68.

Don du gouvernement en 1817.

MEDULA (André), dit Schiavone, peintre et graveur, né à Sebenico (Dalmatie), en 1522, mort à Venise en 1582.

Peu d'artistes sortirent des mains de la nature avec autant de dispositions pour les arts; mais obligé pour vivre de peindre des pans de mur ou des bahuts, il ne put se perfectionner dans le dessin. Dans toutes les autres parties de la peinture, son aptitude était telle qu'il fut admiré de Titien, et que Tintoret aima tellement sa manière qu'il peignit dans ce genre un tableau que Vasari a décrit comme étant de Schiavone. Néanmoins Schiavone vécut pauvre et ne laissa pas de quoi se faire enterrer. Ses ouvrages n'eurent de réputation qu'après sa mort, et pour s'en procurer il fallut les enlever de dessus les coffres ou les bancs sur lesquels ils avaient été peints.

239. *Des Italiens se battent à coups de poignards.*

B. — H. 0,37. — L. 0,47.

Un homme, à mi-corps, coiffé d'un chapeau orné de plumes blanches, tient dans ses bras un de ses camarades qu'il menace de son poignard. Deux autres têtes nues paraissent dans le fond, à droite et à gauche.

Collection du marquis de Lacaze.

240. *Un professeur et trois de ses élèves, auxquels il apprend le calcul.*

B. — H. 0,37. — L. 0,47.

Collection du marquis de Lacaze.

MEEL ou MIEL (Jean), *peintre et graveur, né à Vlaenderen, près d'Anvers, en 1599, mort à Turin en 1664.*

Nommé Bicker par les Hollandais et Jamieli par les Italiens, il fut élève de G. Zeeghers en Flandre et de André Sacchi à Rome. Malgré son talent comme peintre d'histoire, il se laissa souvent entraîner à représenter des sujets de chasse et des grotesques, il y réussit de manière à égaler Bamboche et Michel-Ange des Batailles.

241. *Paysage.*

T. — H. 0,57. — L. 0,70.

Halte de pèlerins et de religieux, la plupart dans des positions peu décentes.

Collection du marquis de Lacaze.

MENJAUD (Alexandre), *né à Paris en 1768, mort dans la même ville en 1832.*

Élève de Regnault, grand prix de Rome en 1802, il s'est fait connaître par un grand nombre de tableaux de circonstance que la gravure a rendu populaires.

242. *Madame la duchesse d'Angoulême au lit de mort de l'abbé Edgeworth.*

T. — H. 0,77. — L. 0,60.

Henri-Essex Edgeworth de Firmond, dernier confesseur de Louis XVI, né en Irlande en 1745, est étendu sur son lit de mort, à Blakenbourg, le 22 mai 1807. Il est malade d'une épidémie qui règne parmi les prisonniers français qu'il a soignés, et tandis qu'un ecclésiastique le soutient, madame la duchesse d'Angoulême s'apprête à lui faire prendre une tasse de bouillon. Dans le fond, à gauche, une dame d'honneur de la princesse, qui n'a pas osé entrer, paraît émerveillée de cet acte de courage et de bonté. A droite, un tableau représentant le donjon de la prison du Temple, semble rappeler le souvenir du drame funeste auquel le malade avait assisté. Nous pouvons affirmer, pour l'avoir entendu dire en 1823 à la princesse elle-même, en présence de M. le duc de Blacas, que le fait représenté n'avait pas eu lieu. C'était une flatterie maladroite de l'artiste, et M. Beaulieu s'est bien gardé d'admettre ce fait dans le long article qu'il a consacré dans la *Biographie universelle*, t. xiv, p. 566, à la mémoire de l'abbé Edgeworth de Firmond.

Don du gouvernement en 1817.

243. *Le duc d'Angoulême arme chevalier de Saint-Louis un officier français blessé à l'attaque du pont de la Drôme.*

T. — H. 0,77. — L. 0,60.

Lorsque Napoléon parti de l'île d'Elbe débarqua en France, le duc d'Angoulême quitta précipitamment Bordeaux, rassembla à la hâte quelques soldats et essaya de s'opposer à la marche triomphante de l'empereur. Son armée rencontra, le 2 avril 1815, quelques troupes impériales près de Loriol, à quatre lieues au-dessus de Montélimart. Il y eut, sur le pont de la Drôme, un engagement assez vif dans lequel les royalistes eurent l'avantage. C'est à la suite de cette action que le duc d'Angoulême, voulant récompenser un des officiers qui s'était le plus distingué, le créa et l'arma lui-même chevalier de l'ordre de Saint-Louis. L'officier, grièvement blessé, est étendu sur un brancard, un sapeur le soulève avec précaution, pendant que M. le duc d'Angoulême, debout, à droite du tableau, lui impose son épée et prononce les paroles sacramentelles.

Don du gouvernement en 1819.

MEYNIER (Charles), *né à Paris en 1768, mort dans la même ville en...*

Élève de Vincent, grand prix de Rome en 1789, membre de l'Institut en 1815, chevalier de la Légion d'honneur en 1822. Le tableau le plus célèbre de M. Meynier est celui où il a représenté la 33e *demi-brigade retrouvant ses drapeaux dans l'arsenal d'Inspruck.*

244. *Érato inspirée par l'Amour.*

T. — H. 2,94. — L. 1,39.

Sous un berceau de verdure que le zéphyr agite, Érato, muse de la poésie lyrique, est assise, couronnée de fleurs, et traçant avec une des flèches de l'Amour les vers que le dieu semble lui dicter. Près d'elle est une lyre, une corbeille de fleurs, etc., et, devant elle, les eaux transparentes d'une source paisible reflètent les couleurs variées des vêtements de la Muse et du corps de l'Amour.

Collection du marquis de Lacaze. Ce tableau, le meilleur de la suite des neuf Muses, commandé à M. Meynier par M. Boyer Fonfrède pour sa galerie à Toulouse, eut un grand succès au salon de l'an VIII. Il a été gravé par C. Normand (*Annales du Musée*, t. Ier, p. 82). Les catalogues de M. le marquis de Lacaze mentionnent cette toile comme originale et payée 1,500 fr. Cependant on lit au dos une inscription soigneusement effacée où l'on distingue encore : *Copie par mademoiselle.....*

MIALHE (Pierre-Toussaint-Frédéric), *né à Bordeaux en 1810, élève de MM. Lacour et Picot, ex-directeur de l'Académie des arts à la Havane, actuellement fixé à Borceaux.*

245. *Vue prise à Sassenage.*

T. — H. 0,29. — L. 0,37.

Acheté par la ville en 1830.

246. *Un moulin à eau.*

T. — H. 0,29. — L. 0,37.

Acheté par la ville en 1830.

247. *Vue prise du sommet du Mont-Bretagne, près Marseille.*

T. — H. 0,24. — L. 0,32.

Acheté par la ville en 1830.

MICHEL-ANGE. — *Voyez* Cerquozzi.

MIEL. — *Voyez* Meel.

MIERIS (Guillaume), *peintre et sculpteur, né à Leyden en 1662, mort dans la même ville le 24 janvier 1747.*

Fils et élève de François Mieris, dit *le Vieux*, il peignit avec un égal succès l'histoire, le genre, le paysage et les animaux. Trois générations d'artistes ont illustré le nom de Mieris et produit des œuvres comparables à tout ce qu'ont laissé de plus fini et de plus précieux les plus célèbres peintres hollandais.

248. *Portrait d'un jeune botaniste.*

T. — H. 0,33. — L. 0,26.

Sur le fond du tableau on distingue des armoiries presque effacées, et au-dessus ces mots : Ætatis 28, anno 1630. Il faut donc que la date ou l'attribution soit fausse.

Collection du marquis de Lacaze.

MIGNARD (Pierre), né à Troyes en 1610, mort à Paris en 1695.

De nombreux artistes ont illustré le nom de Mignard qui n'est cependant pas un nom de famille mais un surnom. Leur ancêtre, Pierre More, servait dans nos armées avec six de ses frères. Henri IV, qui vit un jour tous ces officiers si bien faits, dit en plaisantant : « Ce ne sont pas là des Maures, mais des Mignards. » Le nom leur est resté. Pierre More eut deux fils, Nicolas, l'aîné, connu sous le nom de Mignard d'Avignon, qui eut aussi deux fils qui s'adonnèrent aux arts; et Pierre, le second fils, dit le Romain, le plus célèbre de tous, et qui est auteur des portraits que nous allons décrire.

Pierre Mignard est un des artistes les plus connus de l'école française. Destiné à la médecine, il montra tant de dispositions pour les arts, quoiqu'il peignit, dit-on, de la main gauche, qu'on lui permit de s'y consacrer entièrement. Après avoir étudié chez Simon Vouet, Mignard partit pour Rome à vingt-six ans; il s'y lia d'une étroite et inaltérable amitié avec le célèbre peintre et poète Dufresnoy, et obtint de très grands succès dans les principales cours d'Italie Après vingt-deux ans d'absence, il revint en France, s'établit à Paris, et y recueillit les mêmes succès qu'en Italie, où il avait épousé la jolie et spirituelle Anne Volera, fille d'un architecte romain. Nous ne raconterons point les querelles de Mignard avec Charles Lebrun ; qu'il nous suffise de dire qu'après avoir refusé de faire partie de la nouvelle académie de peinture dont Lebrun fut le premier directeur, il accepta avec empressement d'en faire partie après la mort de son rival, et que ce fut lui qui signa, en qualité de directeur de l'Academie royale de Paris, les espèces de lettres patentes par lesquelles, en 1691, l'Académie de Paris établissait, comme mère et fondatrice, une école académique à Bordeaux dépendant de celle de Paris. Ami du poète Dufresnoy, Mignard l'était aussi de Boileau, de Racine, de Chapelle, etc., et il eut l'honneur de voir célébrer un de ses ouvrages par un poète encore plus illustre. C'est en 1669 que Molière composa son poème sur les peintures à fresque de la coupole du Val-de-Grâce, et montra que la souplesse de son génie savait aussi bien chanter les arts que les mettre en action sur la scène.

Deux anecdotes arrivées à Mignard à propos des peintures du Guide peuvent montrer combien il est difficile de décider de l'authenticité des tableaux. Mignard savait admirablement bien imiter la manière des maîtres qu'il voulait contrefaire. Un jour il fit vendre, comme arrivant d'Italie, une Madeleine attribuée à Guide, puis il fit répandre le bruit qu'on avait trompé l'acquéreur, et que c'était lui, Mignard, qui l'avait faite. Lebrun, pris pour juge, décida que l'ouvrage était réellement de Guide, c'est ce que Mignard attendait ; alors, pour prouver que c'était réellement lui qui l'avait faite, il effaça la chevelure et fit voir qu'elle recouvrait, comme il l'avait annoncé, un chapeau de cardinal. Cette petite malice eut sa punition. Cet habile contrefacteur de Guide fut lui-même trompé par une contrefaçon qu'il attribua aussi à Guide Reni, tandis qu'elle avait été faite par Bon Boullongné. Il eut beau dire pour se venger : « Alors qu'il fasse toujours du Guide au lieu de faire du Boullongné. » Il avait été pris au même piège qu'il avait tendu à Lebrun.

168 MUSÉE

Mignard avait autant d'esprit que de talent; on cite de lui plusieurs mots heureux, entre autres celui qu'il répondit à Louis XIV dont il faisait le portrait pour la dixième fois et qui lui disait : « Vous me trouverez bien vieilli ? — Il est vrai, dit l'artiste, je vois quelques victoires de plus sur le front de Votre Majesté. » Il fut ennobli en 1687, et sa fille épousa le marquis de Feuquières.

249. *Portrait de Louis XIV.*

T. — H. 1,47. — L. 1,11.

Assis, à mi-jambes et plus petit que nature, Louis XIV, en grand costume, appuie la main droite sur le bras de son trône et porte la gauche sur sa couronne placée devant lui sur un coussin de velours bleu.

Acheté par la ville en 1823 (2,400 fr.).

250. *Portrait inconnu.*

T. — H. 1,33. — L. 1,21.

Ce personnage, dont les traits rappellent ceux de Louis XIV, est représenté en face, en buste et sans mains.

Don du gouvernement en 1803.

MILLÉ *ou* MILET (FRANÇOIS-FRANCISQUE), *né à Anvers en* 1643, *mort à Paris en* 1680.

Quoique né à Anvers, il doit d'autant mieux figurer parmi les peintres français que, fils d'un tourneur de Dijon, il habita presque toujours en France, et n'a pour ainsi dire aucune des qualités qui distinguent les peintres flamands. Élève de Laurent Franck, dont il épousa la fille, il s'inspira uniquement des paysages de Poussin. Malheureusement une mémoire prodigieuse, et qui lui permettait de reproduire n'importe quel tableau après l'avoir vu une fois, lui fit beaucoup trop négliger de copier la nature. Au lieu d'étudier il aimait mieux s'amuser à aider des tailleurs de pierre. Reçu membre de l'Académie de peinture, ses succès lui suscitèrent tant d'envieux qu'on attribue à la jalousie l'empoisonnement qui termina ses jours à trente-sept ans.

251. *Paysage.*

T. — H. 0,60. — L. 0,71.

L'horizon est borné à droite par les murs d'une

DE BORDEAUX.

ville en ruines, et sur le premier plan une femme, debout, parle avec un homme assis.

Collection du marquis de Lacaze.

MOLENAER (CORNEILLE), *né à Anvers en* 1535 *ou* 1540, *mort dans la même ville en.....*

Les tableaux de ce peintre, surnommé *le Louche*, sont fort estimés, quoiqu'il ait eu pour maitres son père et son beau-père, peintres assez médiocres. Il peignait avec une grande facilité; mais ses débauches l'obligèrent souvent à peindre des fonds de tableaux pour d'autres artistes qui les lui payaient 6 à 7 sous la pièce.

252. *Paysage.*

B. — H. 0,47. — L. 0,67.

Sur le premier plan sont assis ou couchés quelques personnages dont l'un tient une ligne. Sur une rivière, passent deux bateaux porteurs de diverses autres personnes. A droite, un pont dont le parapet en briques reçoit la principale lumière, relie les deux rives d'un ruisseau qui passe entre deux maisons ombragées d'arbres de diverses grandeurs.

Collection du marquis de Lacaze.

253. *Paysage.*

T. — H. 0,40. — L. 0,61.

Un voyageur à cheval s'avance vers des moissonneurs qui se reposent, pendant que des gerbes sèchent dans l'aire. Le fond du tableau est fermé par une haie d'arbres au milieu desquels on aperçoit quelques maisons et le clocher d'un village.

Collection du marquis de Lacaze.

MOLYN (PIERRE), *dit* LE JEUNE , *né à Harlem en* 1637, *mort à Plaisance en* 1701.

Fils d'un célèbre peintre de paysage qui porte le même nom que lui, P. Molyn montra beaucoup de talent dans tous les genres de peinture. En

8

Italie, en lui donna le nom de *Mulier* ou de *Mulieribus*; mais il est encore plus connu sous le nom du chevalier *Tempesta*. Accusé à Gênes d'avoir assassiné sa maîtresse, il fut condamné à une prison perpétuelle; mais il en sortit en 1684.

254. *Paysage.*

B. — H. 0,40. — L. 0,61.

A gauche, un champ de blé près d'une ferme qui paraît à peine à droite, derrière un rideau d'arbres.

Collection du marquis de Lacaze. Ce tableau rappelle ceux de Vangoyen, dont P. Molyn fut un imitateur.

MOMERS *ou* MOMMERS (N...).

Il approcha de très-près des qualités qui distinguent P. Potter et C. Dujardin.

255. *Paysage.*

T. — H. 0,78. — L. 1,04.

Sur une élévation dominée par des ruines, et d'où l'on aperçoit diverses villes et villages de construction italienne, une vingtaine d'hommes et de femmes semblent tenir un marché. Le premier groupe, à gauche, représente un moine mendiant qui parle à une femme assise.

Collection du marquis de Lacaze.

MONPER, MONPÈRE *ou* MONPERS (JOSSE *ou* JODOCUS), *peintre et graveur, né à Anvers en* 1580, *mort dans la même ville en* 1638.

Il s'est éloigné de la manière dont les peintres flamands représentent ordinairement la nature. Au lieu de chercher le fini et le précieux, il affectionne les touches hardies et légères, en sorte que ses tableaux ont besoin d'être vus de loin. Ce genre de travail a longtemps nui au prix des tableaux de Momers, mais l'habileté de la dégradation des teintes et l'entente parfaite de la perspective aérienne font aujourd'hui rechercher ses paysages, surtout quand les figures ont été peintes par Breughel ou Téniers.

DE BORDEAUX.

256. _Paysage._

B. — H. 0,45. — L. 0,74.

A gauche, un chemin tortueux, sur lequel passent divers personnages, descend d'une église qui couronne un rocher. A droite, l'œil s'étend sur une chaîne de montagnes tellement éloignée, qu'on n'y distingue presque plus rien et qu'elles paraissent peintes en camaïeux.

Collection du marquis de Lacaze.

257. _Paysage._

B. — H. 0,45. — L. 0,74.

Même site et même disposition que dans le tableau précédent. Deux ponts traversent un ravin qui descend de la montagne et vient couper le chemin vers la droite.

Collection du marquis de Lacaze.

MONFALLET (Adolphe-François), _né à Bordeaux vers 1816, actuellement à Paris._

Né de parents pauvres, il fut dès son enfance destiné au théâtre. Il était à peine âgé de quatorze ans que ses émoluments, comme attaché au corps des ballets, et ce qu'il pouvait gagner en fabriquant des peignes, lui procurèrent les moyens de suffire à son existence et à celle de sa mère paralytique. Peu à peu ses appointements, comme danseur, lui permirent d'abandonner les travaux manuels pour suivre les cours de l'école de peinture de la ville : il s'y appliqua avec tant d'ardeur et se fit tellement aimer de tous ceux qui le connaissaient, que, pour le sortir de la conscription, ses camarades du théâtre donnèrent une représentation à son bénéfice. En 1842, M. Monfallet obtint le premier prix de l'école de peinture : quelque temps après, il exécuta un grand tableau : _L'entrée de Dunois à Bordeaux._ On y remarqua de si heureuses dispositions que le conseil municipal délibéra d'envoyer l'artiste continuer ses études à Paris aux frais de la ville. Ainsi c'est à l'intérêt que M. Monfallet sut inspirer que l'école de Bordeaux est redevable de l'usage adopté par la ville d'entretenir à Paris les élèves qui remportent le premier prix à l'école de Bordeaux. Arrivé à Paris, M. Monfallet entra dans l'atelier de M. Picot, et plus tard dans celui de M. Drolling. Pour témoigner de sa reconnaissance et des progrès qu'il avait faits, M. Monfallet envoya à la ville, en 1849, le tableau décrit ci-dessous. Depuis lors il a abandonné la peinture d'histoire pour cultiver la peinture de genre, et il a obtenu plusieurs succès.

258. *Entrée de la princesse Éléonore à Bordeaux.*

T. — H. 1,30. — L. 1,97.

Éléonore, sœur de l'empereur Charles-Quint, ayant épousé François Ier à Roquefort, fit son entrée solennelle à Bordeaux, vers la Pentecôte, en 1530. MM. les Jurats lui firent une réception magnifique et lui firent présent d'un navire d'or de la valeur de 1,200 écus.

Reçu par la ville en 1849.

MONTI (FRANÇOIS), *né à Bologne en 1685, mort en 1768.*

Élève de Jean-Joseph Delsole, il se distingua surtout dans les grandes compositions.

259. *Deux enfants se disputant.*

T. — H. 0,62. — L. 0,81.

Deux enfants nus et de grandeur naturelle, l'un assis, l'autre agenouillé, se disputent un objet que l'un d'eux devrait tenir, mais que l'artiste n'a pas représenté.

Collection du marquis de Lacaze. Ce groupe est la reproduction exacte d'un groupe semblable qui occupe la partie inférieure du célèbre tableau de Dominiquin : *la Vierge au Rosaire.* Dans l'original, c'est un rosaire que ces enfants se disputent. Un catalogue de M. le marquis de Lacaze avait attribué ce groupe d'enfant à Domin. Zampieri lui-même, et supposait par conséquent que c'était une étude préparatoire pour son grand tableau : un second catalogue l'attribue à François Monti, sans doute sur des données positives; car rien dans la vie de cet artiste, relativement assez moderne, ne peut donner prétexte à cette attribution.

MONVOISIN (RAIMOND QUINSAC), *né à Bordeaux en 1793, actuellement au Chili.*

Élève de M. Lacour père à Bordeaux et de P. Guérin à Paris, il concourut pour le prix de Rome en 1822, mais il n'obtint que le deuxième prix. Il fut néanmoins envoyé en Italie comme pensionnaire du gouvernement. A l'exposition de 1831, il obtint une médaille de première classe et fut décoré en 1837. Peu d'artistes ont eu une facilité d'exécution comparable à celle de M. Monvoisin. Nous n'essaierons donc pas d'énumérer l'immense quantité

DE BORDEAUX. 173

de compositions, la plupart reproduites par la gravure ou la lithographie, qui sont sorties de son habile et fécond pinceau. La plupart des musées de Paris et des principales villes de France s'enorgueillissent de les posséder; et le musée de sa ville natale a le regret de ne pouvoir montrer, de cet artiste éminent, qu'un tableau exécuté en 1819, lequel ne peut donner une idée du talent actuel de notre compatriote. Des contrariétés auxquelles M. Monvoisin a été trop sensible, l'ont porté à quitter momentanément sa patrie et ses amis, et il est maintenant fixé à Valparaiso.

260. *Jésus guérissant un possédé.*

T. — H. 3,27. — L. 2,94.

Jésus debout, en profil à gauche, entouré de la foule, étend les bras vers le possédé, qui, nu, debout, à droite, se tord et semble éprouver d'horribles souffrances.

Don du gouvernement en 1822. *Signé* : MONVOISIN, 1819.

MERIGI. — *Voyez* AMERIGHI.

MOUCHERON (FRÉDÉRIC), *né à Embden en* 1633, *mort à Amsterdam en* 1686.

Élève d'Asselyn, avec lequel sa manière a beaucoup de rapports, il se fixa quelque temps à Paris et retourna en Hollande. Ses paysages sont fort recherchés, surtout quand les figures en ont été peintes par Helmbrecker ou Vandenvelde. Son fils Isaac Moucheron eut encore plus de talent que son père.

261. *Paysage.*

T. — H. 0,81. — L. 0,64.

Vue perspective d'une maison de campagne moderne, en Hollande. Sur le premier plan, un seigneur à cheval semble partir pour la chasse.

Collection du marquis de Lacaze.

262. *Paysage.*

T. — H. 0,48. — L. 0,42.

Sur le premier plan, un homme à cheval s'avance dans une route qui se déroule et s'enfonce dans le lointain ; à droite, un immense rocher sert de repoussoir et projette son ombre sur une grande partie du paysage.

Collection du marquis de Lacaze.

MULIER *ou* DE MULIERIBUS. — *Voyez* MOLYN.

MURILLO (BARTHÉLEMI-ESTEBAN), *né près de Séville le 1er janvier 1618, mort à Séville le 3 avril 1682.*

Quelques auteurs ont pris le nom d'Estéban pour son nom de famille ; mais généralement on le regarde comme le prénom du plus grand coloriste des Espagnes. Pour se procurer les moyens d'aller étudier à Madrid, Murillo acheta une grande quantité de toiles, les coupa, les prépara, et les peignit toutes pour les expédier aux Indes. Avec le profit qu'il en retira, il vint à Madrid où les conseils de Velasquez et l'étude des tableaux de la galerie de l'Escurial, lui firent faire de tels progrès que, lorsqu'il revint à Séville, personne ne pouvait croire qu'il fût auteur des ouvrages qu'il exposait. Peu d'artistes ont travaillé autant que Murillo ; et quoique très-désintéressé ; il laissa une immense fortune. Il était aussi considéré qu'admiré. Le ministre des affaires étrangères d'Espagne ne dédaigna pas d'épouser sa sœur ; et à sa mort, des comtes et des marquis se firent un honneur de porter eux-mêmes son cercueil.

263. *Des enfants qui se battent.*

T. — H. 1,24. — L. 1,30.

Collection du marquis de Lacaze. Don du roi de Bavière.

264. *Un philosophe.*

T. — H. 1,30. — L. 1,03.

Vu de face, à mi-corps, tourné à droite, un homme jeune encore, vêtu de misérables haillons, mais beau et robuste et dans toute la plénitude de sa force et de son intelligence, tient dans ses mains puissantes un volumineux manuscrit qu'il déchire avec une indéfinissable expression d'insouciance. Est-ce l'indifférence d'une ignorante stupidité, ou le sublime mépris du philosophe qui croit avoir trouvé la vérité? L'un ou l'autre sentiment se prêtent également à la poétique imagination du spectateur.

Acheté par la ville en 1853. Murillo eut plusieurs manières; et si le faire de ce tableau s'éloigne de celui qu'ont le plus grand nombre des tableaux de Murillo, il n'en est pas moins remarquable.

MUTTONI. — *Voyez* DELLAVECCHIA.

NAVOLINI. — *Voyez* NUVALONE.

NATOIRE (CHARLES-JOSEPH), *né à Nîmes le 3 mars 1700, mort à Castelgandolfo le 29 août 1777.*

Élève de Lemoyne, il fut reçu membre de l'Académie le 31 décembre 1734. Plus tard, il remplaça Detroy à la tête de l'école de France à Rome; il y fut remplacé en 1775 par un de ses élèves, M. Vien, et fut par conséquent le dernier représentant officiel de cette école qui dédaignait les leçons de l'art antique autant que l'étude de la nature, et n'admettait pas, par exemple, que la nature puisse servir de modèle pour des figures placées au deuxième ou au troisième plan. Le principal mérite de Natoire consistait dans la correction du dessin; sa couleur même n'est pas tout à fait sans mérite. Quoi qu'il en soit, il fut obligé de quitter la direction de l'école de Rome, soit que son âge l'empêchât d'exercer cet emploi, soit que l'abus qu'il avait fait de son autorité ne lui permit pas d'en conserver plus longtemps l'exercice. Partisan zélé des jésuites, il se laissa exclusivement diriger par l'influence des pères exilés qui étaient venus chercher à Rome un refuge contre les poursuites des parlements français, et osa prendre sur lui d'expulser de l'école un pensionnaire du roi nommé Mouton, qui n'était coupable que de n'avoir pas fait ses Pâques. Mouton se pourvut au Châtelet contre cette injuste expulsion; et les débats judiciaires, qui accablèrent de dégoût et de ridicule la vieillesse de Natoire, aboutirent à une condamnation à 20,000 livres de dommages-intérêts envers Mouton.

265. *Vénus et Vulcain.*

T. — H. 1,30. — L. 0,98.

La déesse de la beauté vient prier Vulcain de vouloir bien forger pour Énée les armes qui lui sont nécessaires pour triompher de Turnus.

Acheté par la ville en 1852.

266. *Vénus et Énée.*

T. — H. 1,30. — L. 0,98.

La déesse apporte à son fils Énée les armes forgées par Vulcain.

Voyez aussi Zauffeli.

Acheté par la ville en 1852.

NUVOLONE (Charles-François), *dit* Panfilo, *né à Milan en* 1608, *mort dans la même ville en* 1651.

Fils d'un noble et célèbre peintre Milanais, il adopta la manière de Procaccini, et surtout celle de Guido Reni, ce qui le fit surnommer *le Guide de la Lombardie.* Il avait une dévotion toute particulière à la vierge, et ne commençait jamais une madone sans avoir accompli quelques actes de piété.

267. *La Résurrection.*

T. — H. 1,09. — L. 0,82.

Jésus sort debout de son tombeau, pendant que ses gardes sont endormis. Il semble indiquer par son geste qu'il va s'élever vers le ciel.

Collection du marquis de Lacaze.

268. *L'Ascension.*

T. — H. 1,09. — L. 0,82.

Jésus, entouré de ses disciples, s'élève vers le ciel qui s'entr'ouvre.

Collection du marquis de Lacaze.

OBERTHO *ou* **ORBETTO.** — *Voyez* Turchi.

OTTO VENUIS. — *Voyez* Van Veen.

PADOUAN *ou* **PADOVANINO.** — *Voyez* Varotari.

PAGÈS. — *Voyez* Brune.

PALAMÈDES *ou* **PALAMEDESZ.** — *Voyez* Stævarts.

DE BORDEAUX.

PALLIÈRE (Louis-Vincent-Léon), *né à Bordeaux en juillet 1787, mort dans la même ville le 28 décembre 1820.*

Fils de Jean Pallière, peintre et graveur Bordelais fort estimé, il se consacra ainsi que son frère Julien Pallière à l'étude des arts. Entré dans l'atelier de Vincent, dont était élève son oncle Étienne Pallière, il remporta le deuxième prix de Rome en 1809 et le premier prix en 1812. Son tableau de concours : *Ulysse immolant les prétendants de Pénélope*, eut une telle supériorité qu'elle fut reconnue par ses concurrents eux-mêmes. De retour en France, il épousa mademoiselle Gué, jeune artiste dont il était épris, et qui depuis épousa M. Jean Alaux. Aimé et chéri de tous ceux qui l'entouraient, passionné pour son art, fier de ses succès, chargé par le gouvernement de travaux considérables, tout semblait se réunir pour le rendre heureux, lorsque la mort l'enleva à trente-trois ans. Rien ne peut mieux faire l'éloge de ce jeune homme que la sensation profonde que ce funeste événement causa dans Bordeaux. La population tout entière y prit part; et l'administration elle-même s'associa à la douleur publique, en contribuant de ses deniers à l'érection du monument que le pieux empressement de ses concitoyens se hâta de consacrer à la mémoire de M. Léon Pallière.

269. *Berger en repos.*

T. — H. 1,78. — L. 2,26.

Entièrement nu et la tête couverte d'un chapeau de paille, il est étendu de gauche à droite, une main pendante et l'autre appuyée sur un de ses genoux.

Peint à Rome en 1818. Don du gouvernement en 1820.

370. *Tobie rend la vue à son père.*

T. — H. 2,94. — L. 3,72.

Le jeune Tobie a rencontré son père, qui était venu au-devant de lui, quoique aveugle ; le vieillard s'est assis, et son fils, plein de foi aux promesses de l'ange Raphaël, frotte les yeux de son père avec le foie du poisson qu'il a rapporté. (*Tobie*, chap. xi.)

Don du gouvernement en 1820.

8.

MUSÉE

PALMA (Jacques), *dit* LE VIEUX, *né à Serinalta, près de Pergame, vers 1480, mort à Venise en* 1548.

Il fut surnommé *le Vieux* pour le distinguer d'un de ses neveux du même nom, lequel vécut beaucoup plus longtemps que son oncle ; il fut un des peintres les plus célèbres de l'époque la plus florissante de la peinture. Il imita tantôt Giorgion et tantôt Titien; et, comme on lui attribue beaucoup de tableaux qui ne sont pas de lui, on lui reproche à tort d'être inégal. On croit que sa fille Violente, que Titien aimait avec passion, lui servait de modèle.

271. *Sainte-Famille avec Saints.*

B. — H. 0,79. — L. 1,15.

Six personnages à mi-corps : la Vierge, l'Enfant, saint Joseph, saint Paul, saint Jean et sainte Madeleine.

Collection du marquis de Lacaze (payé 8,000 fr.).

272. *Portrait d'un noble vénitien.*

B. — H. 0,75. — L. 0,41.

Debout, en face, coiffé d'un bonnet noir et vêtu d'une robe fourrée d'hermine, il vient de déganter une de ses mains qu'il appuie sur une table.

Collection du marquis de Lacaze.

PALMA (Jacques), *dit* LE JEUNE, *peintre et graveur, né à Venise en* 1544, *mort dans la même ville en* 1628.

Petit-neveu de Palma le vieux et fils d'un assez mauvais peintre nommé Antoine Palma, il peut être regardé comme le dernier peintre du grand siècle et de premier du siècle de la décadence. Le duc d'Urbin l'envoya à ses frais étudier à Rome pendant huit ans, en sorte qu'il réunit les principes de l'école romaine à ceux de l'école vénitienne ; néanmoins il eut beaucoup de peine à se faire employer ; on lui préférait Jacques Robusti et Paul Caliari. Cependant, ayant gagné les bonnes grâces de Vittorio, architecte et sculpteur très en crédit, il obtint beaucoup de travaux et commença dès lors à se négliger. L'émulation lui était nécessaire ; et quand la mort l'eut débarrassé de ses rivaux, le désir de gaguer de l'argent le domina seul. Il adopta une manière expéditive qui fit beaucoup de tort à sa réputation. Il poussa, dit-on, l'amour du gain jusqu'à peindre le jour même où l'on enterrait sa femme.

273. *Suzanne et les Vieillards.*

T. — H. 0,43. — L. 0,41.

La femme de Joachim, entièrement nue, est assise devant une fontaine surmontée d'un Amour. L'un des vieillards la retient, tandis que l'autre semble lui expliquer les dangers auxquels elle s'expose si elle leur résiste.

Collection du marquis de Lacaze. Attribution douteuse.

PANFILO. — *Voyez* NUVOLONE.

PANINI (JEAN-PAUL), *né à Plaisance en 1695, mort à Rome le 21 octobre 1768.*

Il essaya quelque temps d'imiter Salvator Rosa, mais il y renonça, et réussit mieux dans la représentation des monuments et des ruines qu'il animait de petites figures extrêmement gracieuses. Il se distingua beaucoup aussi dans les décorations théâtrales.

274. *Paysage.*

T. — H. 1,21. — L. 0,89.

Vis-à-vis d'un temple, dont cinq colonnes debout supportent encore un morceau d'entablement, on aperçoit à droite une grande statue d'Hercule, et, dans le fond, l'arcade d'une porte ou d'un arc de triomphe. Au milieu du tableau, un groupe de divers personnages semble écouter une femme debout, vêtue de blanc, qui chante ou déclame.

Collection du marquis de Lacaze.

MUSÉE

275. *Paysage.*

T. — H. 0,65. — L. 0,50.

Ruines d'un temple, formées de cinq colonnes. Près d'elles, à gauche, une bergère debout parle avec un berger couché.

Collection du marquis de Lacaze.

PARROCEL (PAUL), *peintre, graveur et littérateur, né à Brignole en Provence en 1648, mort à Paris en 1704.*

On ne compte pas moins de huit artistes du nom de Parrocel. Joseph, le dernier des trois fils de Barthélemy, surpassa tous ses frères et ses parents. Après un séjour de huit années en Italie, où il eut le bonheur de mettre en fuite à lui seul sept à huit spadassins apostés pour l'assassiner, il s'établit à Paris, s'y maria en 1675, et fut reçu de l'Académie en 1676. Malgré l'estime particulière que Louis XIV faisait de lui, comme il était peu courtisan, il n'arriva jamais à une grande fortune. N'ayant pas été payé de quelques travaux commandés par Mansart, il eut le courage de faire assigner, condamner et saisir le surintendant. Ignace, son fils aîné, approcha de très-près du mérite de son père.

276. *Josué ordonne au soleil de s'arrêter.*

T. — H. 0,62. — L. 0,75.

L'an 1447 avant J.-C., Adonibesech, roi de Jérusalem, et quatre autres rois chananéens, se liguèrent pour attaquer les Gabaonites; Josué, chef des Hébreux, vint à leur secours. Il marcha toute la nuit, et, dès le matin, attaqua si brusquement les cinq rois ligués, qu'il les mit en fuite. Comme les ennemis fuyaient dans la descente de Bethoron, Dieu fit pleuvoir sur eux une grêle de grosses pierres qui en tua beaucoup plus que n'avait pu le faire le fer des Hébreux. C'est alors que Josué s'écria : « Soleil, arrête-toi vis-à-vis de Gabaon; lune, n'avance pas contre la vallée d'Aïalon. » (*Josué*, chap. x.) Dans cette composition, qui est plutôt une esquisse qu'un tableau achevé, Josué est à gauche, vu de dos, et n'adresse pas son commandement au soleil qui est en face de lui et encore assez élevé sur l'horizon, mais sans doute à la lune.

Collection du marquis de Lacaze.

PAUL. — *Voyez* POTTER.

PAUL. — *Voyez* CALIARI.

PELLEGRINI (PELLEGRINO), *dit* TIBALDI *ou* PELLEGRINO DI TIBALDO DE' PELLEGRINI, *peintre, sculpteur et architecte, né à Valdelsa, dans le Milanais, en 1527, mort à Modène en 1592.*

Fils d'un pauvre maçon de village, on ignore quels furent les premiers maîtres de ce génie privilégié qui, comme peintre, mérita que les Carrache lui donnassent le nom de *Michel-Ange réformé*, et comme architecte, couvrit l'Italie et l'Espagne de si admirables édifices, que Philippe II le créa marquis de Valdelsa, du nom de ce même village où sa famille avait exercé une si humble profession.

278. *Neptune sur son char.*

T. — H. 0,48. — L. 0,61.

Le dieu des mers, étendu sur un char bizarrement sculpté, semble attendre que des tritons soient parvenus à réatteler ses chevaux marins échappés.

Collection du marquis de Lacaze.

PELLEGRINI (D...).

Nous n'avons trouvé aucun renseignement sur cet artiste, que nous savons seulement s'être trouvé en Portugal à l'époque de l'occupation de ce royaume par les Français.

277. *Portrait de madame Junot, depuis duchesse d'Abrantès, peint en 1805.*

T. — H. 2,40. — L. 1,47.

Laure de Permon, née à Montpellier le 6 novembre 1784, originaire de Corse, issue par sa mère d'une famille qui prétendait descendre de David Comnène, dernier empereur de Trébizonde, épousa à Paris, le 30 octobre 1800, le général de division Andoche Junot, alors gouverneur de Paris, qui devint ensuite duc d'Abrantès, et mourut à Montbar en 1813. Madame Junot, qui a joui d'une grande célébrité comme femme élégante et comme écrivain, est représentée dans un riche jardin, vêtue d'une robe de velours noir, assise au pied d'un arbre, ayant derrière elle un petit chien, et devant elle sa fille aînée, mademoiselle Valentine Junot d'Abrantès, qui s'est distinguée, comme sa mère, dans la littérature. Madame la duchesse d'Abrantès, dont les parents avaient été très-liés avec la famille de Bonaparte, est venue à Bordeaux plusieurs fois, soit avant, soit après son mariage. Elle y fit connaissance avec les familles Émilhaud, de Cazeaux, etc. Madame la duchesse d'Abrantès est morte à Chaillot, près Paris, le 7 juin 1838.

Donné à la ville en 1846 par Antoinette Beau, mariée en premières noces à M. Alexandre-Antoine Limoges, et en secondes noces avec M. le lieutenant général vicomte de Puthod.

PÉRUGIN. — *Voyez* VANNUCCI (PIERRE).

PÉTERS (BONAVENTURE), *peintre et poëte, né à Anvers en 1614, mort dans la même ville le 25 juillet 1652.*

Il passait pour le meilleur peintre de marine de son temps; il se plaisait à représenter les scènes les plus affreuses des ouragans et des tempêtes. Ses tableaux, presque toujours petits et très-finis, sont remplis d'une multitude de figures touchées avec beaucoup de finesse et d'esprit.

279. Marine.

B.— H. 0,42.— L. 0,55.

Sur une mer agitée, un brick, les voiles déployées, avance sur le spectateur; à droite, quelques rochers sur lesquels une barque vient de se briser.

Collection du marquis de Lacaze.

DE BORDEAUX.

280. *Marine. — Une petite flottille.*

B. — H. 0,47. — L. 0,64.

Collection du marquis de Lacaze.

281. *Marine. — Mer calme.*

B. — H. 0,47. — L. 0,64.

Collection du marquis de Lacaze.

PIÈTRE DE CORTONE. — *Voyez* BERRETTINI.

PILLEMENT (JEAN), *peintre et graveur, né à Lyon en 1728, mort dans la même ville en 1808.*

Il peignait avec beaucoup de facilité le paysage et les fleurs, mais il se distingua surtout dans le portrait, et ses succès en ce genre lui firent obtenir le titre de peintre de la reine Marie-Antoinette. La révolution lui fit perdre sa position et sa fortune. Errant de ville en ville, il vint à Bordeaux en 1792 et y a laissé un grand nombre de dessins, aquarelles et paysages. Son fils, Victor Pillement, né à Vienne en 1767, mort à Paris le 27 septembre 1814, s'est surtout distingué dans la gravure, dont il obtint le grand prix en 1801.

282. *Paysage.*

T. — H. 0,45. — L. 0,68.

Au centre du tableau, une large cascade tombe entre deux rochers; et sur son écume blanchâtre, se détache en vigueur un groupe de savonneuses et de divers animaux.

Signé : PILLEMENT, 1792. Don de M. Adolphe Charroppin.

283. *Paysage.*

T. — H. 0,45. — L. 0,68.

Un rocher s'avance, à gauche, au-dessus des eaux bleuâtres d'un lac; un rayon de soleil éclaire la pointe de ce rocher sur lequel un berger conduit en courant un troupeau de chèvres.

Signé : PILLEMENT, 1792. Don de M. Adolphe Charroppin.

POELEMBURG (Corneille), *peintre et graveur, né à Utrecht en 1586, mort dans la même ville en 1666.*

Élève de Bloemaert, il vint fort jeune en Italie et s'attacha à la manière d'Elzheimer, qu'il quitta pour celle de Raphaël. Il pécha toujours par l'incorrection du dessin ; mais la suavité et la finesse de son coloris, la simplicité et l'harmonie de ses compositions, donnèrent tant de charmes à ses tableaux, que Rubens lui-même voulut en avoir plusieurs pour sa galerie. Les cardinaux italiens, le grand duc de Toscane, le roi d'Angleterre, etc., firent en vain les propositions les plus avantageuses à Poelemburg ; l'amour de son pays et peut-être aussi l'influence d'un caractère qui lui fit donner les surnoms de *Brusco* et de *Satiro*, le déterminèrent à revenir à Utrecht, où il continua de travailler avec une assiduité extraordinaire jusque dans un âge très-avancé. Les petites compositions de Peelemburg sont généralement plus estimées que celles d'une grande dimension.

284. *Paysage.*

B. — H. 0,28. — L. 0,33.

Sur une route qui tourne autour d'un énorme rocher, à droite, un religieux est agenouillé en prières.

Acheté par la ville en 1835. Lithographié par mademoiselle Lydie Duços (madame Bermont).

PONTE (Jacques), *dit* le Bassan, *né à Bassano, États de Venise, en 1510, mort dans la même ville le 13 février 1592.*

Cet artiste, élève de son père, peignit jusqu'à quatre-vingt-deux ans, et produisit un nombre considérable de tableaux dont on pourra se faire une idée quand on saura que, pour aller plus vite, Jacques Bassan évitait de peindre le nu, cachait presque toujours les pieds et les mains par des draperies, et ne peignait que des figures moins grandes que nature. Cependant les sujets de ses tableaux, qu'il tirait presque toujours de la Bible, étaient ordinairement placés dans des paysages et peuplés d'une multitude d'animaux et d'ustensiles. Bassan aimait beaucoup à surprendre ses visiteurs par des trompe-l'œil ; et il fut ravi d'avoir ainsi attrapé Annibal Carrache qui, étant venu le voir à Venise, avança la main pour prendre un livre peint sur le mur.

Il eut quatre fils qui tous héritèrent du talent de leur père, mais aussi de la folie de leur mère. L'un d'eux, ayant été créé chevalier par le doge, ne paraissait jamais en public qu'orné de son collier et suivi de ses disciples, dont l'un portait son épée et l'autre des tablettes où était écrit ce que le noble chevalier devait faire dans la journée. A l'exemple des souverains, il ne mangeait jamais sans avoir fait goûter de ses viandes ; mais il fallait que le goûteur fût discret, sans quoi le grand seigneur redevenait petit et se fâchait.

DE BORDEAUX.

283. *Sortie de l'arche.*

B. — H. 1,06. — L. 1,21.

Don du gouvernement en 1803. Les dimensions de ce tableau semblent prouver qu'il avait été fait pour servir de pendant à *l'Entrée dans l'Arche* qui est aujourd'hui au Louvre, et qui plaisait tant à Titien qu'il en avait acheté une copie à Bassan.

286. *Les anges annoncent la naissance de Jésus aux bergers.*

T. — H. 0,90. — L. 0,72.

Collection du marquis de Lacaze. Ce tableau est probablement une copie faite par un des fils de Jacques da Ponte, et peut-être par Jean-Baptiste da Ponte qui se borna à copier les ouvrages de son père.

287. *Jésus entre Marthe et Marie.*

T. — H. 1,04. — L. 1,68.

Il est difficile, malgré le titre de ce tableau, de le regarder comme un sujet religieux. Jésus, il est vrai, est assis dans un coin, à gauche, entre les deux sœurs; mais le sujet principal est évidemment une table de cuisine encombrée et couverte de toute espèce d'ustensiles et de provisions : un panier de légumes, deux plats de porcelaine du japon, un gigot, un lièvre, un canard, une tranche de saumon et un chat qui veut en avoir sa part. Dans le bas, à droite, sont groupés un chaudron, un chou, un melon, des asperges et divers ustensiles en grès ou en terre.

Don du gouvernement en 1803. Un amateur de Bordeaux, M. Goethals père, avait un double de ce tableau.

PORDENONE. — *Voyez* LICINIO.

POTTER (PAUL), *peintre et graveur, né à Enckhuyzen en 1625, mort à Amsterdam en janvier 1654.*

Élève de son père, il donna de très-bonne heure des preuves de l'admirable talent qu'il devait exercer pendant si peu d'années. Nous ne possédons d'ailleurs qu'une copie de cet inimitable artiste dont un seul tableau, *la Vache qui pisse*, a été payé 250,000 fr. par l'empereur de Russie.

288. *Un troupeau.*

T. — H. 0,60. — L. 0,74.

Les premiers plans sont occupés par cinq vaches, trois moutons, etc.

Collection du marquis de Lacaze.

POUSSIN (Nicolas), *peintre et sculpteur, né aux Andelys en juin 1594, mort à Rome le 19 novembre 1665.*

Le Raphaël français, le peintre des gens d'esprit et des hommes sérieux, était fils de Jean Poussin, appartenant à une famille d'épée, et de Marie de Laisement. Il quitta ses parents à dix-huit ans pour venir étudier à Paris; mais il était si pauvre, si modeste, si studieux, et il rencontra tant d'obstacles de toute nature, qu'il avait déjà trente ans lorsqu'il put enfin réaliser son vœu le plus ardent, celui de partir pour Rome. En Italie, les mêmes causes amenèrent à peu près les mêmes résultats. Marié avec la sœur de Gaspard Dughet, il vivait dans l'isolement au sein de sa famille. D'un esprit sérieux et réfléchi, il se contentait d'examiner longtemps les tableaux des maîtres et croyait inutile de les copier. Entièrement absorbé par le soin de la composition et du dessin, il négligeait exprès l'étude du coloris, de peur, disait-il, que le charme de l'un ne fasse oublier la nécessité de l'autre. Du reste, profondément versé dans toutes les sciences qui se rattachent à la peinture, même celle de l'optique, Poussin était si consciencieux et si désintéressé que, malgré le grand nombre de tableaux qui lui étaient commandés, il ramassa à peine de quoi vivre. Il écrivait lui-même derrière la toile le prix qu'il voulait de ses tableaux; et plusieurs fois, quand on lui envoya une somme plus forte, il refusa ce qu'on lui avait donné de plus. Un tel homme était nécessairement plus sensible aux distinctions honorifiques qu'aux avantages pécuniaires. Aussi, lorsque le cardinal de Richelieu, ayant entendu parler de Poussin, voulut l'attirer en France, il ne parvint à vaincre les répugnances de l'artiste qu'en flattant sa vanité; il lui fit expédier exprès un envoyé du roi, l'envoya chercher dans un carrosse de la cour, etc. Louis XIII fit lui-même à Poussin un accueil des plus gracieux; il lui accorda le brevet de premier peintre du roi, une pension de 3,000 livres, etc. (Voyez le tableau d'Ansiaux, no 9.) Le séjour de France déplut bientôt à Poussin, se trouvant sans cesse en butte à de mesquines tracasseries. Sous prétexte d'aller chercher sa femme, il partit pour Rome en 1642 et ne revint jamais.

DE BORDEAUX.

289. Sainte-Famille.

T. — H. 0,73. — L. 0,60.

La Vierge, assise de profil, presque entièrement couverte de son manteau bleu, tient dans ses bras l'enfant Jésus. Devant elle, saint Jean présente une petite croix, et derrière une colonne, à gauche, on aperçoit la tête de saint Joseph.

Don du gouvernement en 1803. Copie ancienne.

290. Sacrifice à Priape.

T. — H. 0,48. — L. 0,98.

Collection du marquis de Lacaze. Copie.

291. Berger gardant son troupeau.

T. — H. 0,49. — L. 0,65.

Collection du marquis de Lacaze. Genre de Poussin.

POUSSIN (GASPARD). — *Voyez* DUGHET.

PRETI (MATHIEU), *dit* CALABRÈSE, *né à Taverna (Calabre) le 24 février 1613, mort à Malte le 13 janvier 1699.*

Élève de Lanfranc, il fut reçu chevalier de Malte et ne peignit guère que de grands tableaux. C'était un de ces peintres qu'on désigne sous le nom de *Strapassons ;* il maniait le pinceau avec tant de vivacité qu'on eût dit qu'il jouait du tambour.

292. Un homme jouant de la guitare.

T. — H. 1,03. — L. 0,85.

Vue de profil et presque de dos : un homme, à mi-corps, coiffé d'un bonnet à plumes et vêtu d'une étoffe à larges bandes, chante en s'accompagnant de la guitare.

Collection du marquis de Lacaze.

PROCACCINI (Camille), *peintre et graveur, né à Bologne en 1546, mort à Milan en 1626.*

Fils aîné d'Hercule Procaccini, il reçut comme ses frères les premières leçons de son père. Il est généralement préféré aux cinq Procaccini qui se sont distingués dans la peinture. Il fonda l'Académie de Milan et mourut très-vieux, très-riche et très-honoré.

293. *Salutation angélique.*

B. — H. 0,51. — L. 0,37.

A droite, la Vierge, vue de face, est agenouillée à côté d'un pupitre sur lequel est ouvert un livre de prières. Elle croise les bras sur la poitrine pour exprimer sa soumission aux volontés de Dieu, qu'un archange, suspendu dans l'air, semble lui révéler. Pour faire comprendre ce que Gabriel annonce à Marie, Procaccini a figuré l'incarnation du Verbe d'une manière singulière, mais qui n'est pas sans exemple. Au-dessus de la Vierge, le ciel s'est ouvert et laisse voir, au milieu des cercles innombrables des chérubins, le Père éternel dans toute sa majesté. Plus bas, au-dessous de Dieu le Père et au-dessus de la Vierge, le Saint-Esprit, sous la forme d'une colombe, plane immobile et laisse tomber perpendiculairement de son bec un rayon ou un souffle, auquel est suspendue la forme aérienne mais nimbée d'un enfant serrant une croix dans ses bras et qui va s'incorporer et prendre vie dans le sein de la Vierge.

Collection du marquis de Lacaze. Payé 1,000 fr.

PROCACCINI (Jules-César), *peintre et sculpteur, né à Bologne en 1548, mort à Milan en 1626.*

C'est un des plus célèbres peintres de la haute Italie. S'étant brouillé avec Annibal Carrache, qu'il avait frappé violemment pour répondre à un mot piquant, tous les Procaccini quittèrent Bologne pour s'établir à Milan. Jules-César Procaccini étudia principalement les œuvres de Corrége et l'imita si bien, que plusieurs de ses tableaux passent pour être d'Ant. Allegri.

DE BORDEAUX.

294. *Un marchand d'esclaves.*

B. — H. 0,49. — L. 0,48.

A droite, un marchand d'esclaves placé en face d'une femme nue, arrache le dernier voile qui la couvre, pour déterminer un acquéreur en costume grec à ajouter quelques pièces d'or à celles qu'il a déjà offertes.

Collection du marquis de Lacaze.

PTEUMAN ( ).

Ce nom donné par M. le marquis de Lacaze ne se trouve dans aucun des catalogues que nous avons consultés.

295. *Objets inanimés placés sur une table autour d'une tête de mort.*

T. — H. 1,01. — L. 0,77.

Collection du marquis de Lacaze.

PUYRENIEZ (Fort), *dit* LILA, *né à Bordeaux en 1805, élève de M. de Galard; obtint la première médaille de paysage en 1830.*

296. *Vue prise à Floirac.*

T. — H. 0,38. — L. 0,46.

Acheté par la ville en 1830.

297. *Vue d'une ferme à Lormont.*

T. — H. 0,38. — L. 0,46.

Acheté par la ville en 1830.

QUERFURT (Auguste), *né à Wolfenbutel en 1696, mort à Vienne en 1761.*

Les tableaux de cet artiste, exécutés avec esprit et légèreté, ressemblent quelquefois à des Van der Meulen, des Courtois, des Parrocel. Le tableau que nous possédons pourrait être attribué à Demarne. Voyez aussi Wouwermans.

298. *L'Abreuvoir. — Une femme à cheval.*

T. — H. 0,89. — L. 0,48.

Collection du marquis de Lacaze.

RAIBOLINI (François), *dit* Francia, *peintre, sculpteur et graveur, né à Bologne vers 1450, mort dans la même ville le 6 janvier 1517.*

Il se distingua de bonne heure dans l'orfévrerie et la gravure en médailles, et ne s'adonna que très-tard à la peinture. Le plus ancien tableau qu'on connaisse de lui est daté de 1490. Dans ses tableaux, il ajoutait à son nom le titre d'orfévre, et sur les pièces d'orfévrerie celui de peintre. Raibolini jouit d'une immense réputation. Raphaël, qui était son ami, lui écrivait que ses vierges étaient les plus belles qu'il eût vues. Il avait près de soixante-dix ans quand il mourut probablement d'une autre douleur que de celle de voir ses tableaux surpassés par ceux de son jeune ami. Il devint maître de la monnaie de Bologne, et eut l'honneur d'avoir pour élève le célèbre graveur Marc-Antoine Raimondi.

299. *Le Christ en croix et deux anges.*

T. — H. 0,47. — L. 0,36.

Jésus seul, attaché sur la croix, est encore vivant. Dans le lointain, peint en camaïeu, on distingue quelques soldats qui se retirent. Deux têtes d'anges apparaissent sous chacun des bras de la croix et semblent converser avec le Christ.

Collection du marquis de Lacaze. Cette attribution nous paraît douteuse et se rapprocherait peut-être davantage de la vérité si elle était donnée à un autre des artistes qui ont porté le nom de Raibolini.

RAMADE (Eugène), *né à Bordeaux en 1802, élève de MM. Lacour et J.-M. Gué.*

Il s'est principalement adonné à représenter des églises gothiques. Un de ses principaux tableaux faisait partie de la célèbre galerie de madame la duchesse de Berry.

300. *Intérieur de l'Église de La Réole.*

T. — H. 0,82. — L. 0,66.

Acheté par la ville en 1830.

DE BORDEAUX.

RAOUX (Jean), *né à Montpellier en 1667, mort à Paris en 1734.*

Pensionnaire de l'école de Rome en 1704, il vint ensuite s'établir à Paris; et la protection du grand prieur de Vendôme, dont il fit le portrait avec beaucoup de succès, lui procura une nombreuse clientèle. Reçu membre de l'Académie en 1717, c'est lui qui, le premier, mit en vogue ce coloris de convention, ce dessin maniéré et ce genre de composition guindée que Boucher perfectionna plus tard et fit complétement triompher. Raoux attachait une grande importance à son titre de peintre d'histoire; mais il n'a réussi que dans les portraits et surtout dans les portraits de femme, qu'il ne peignait jamais qu'historiés.

301. *Une Vestale.*

T. — H, 2,54. — L. 0,99.

Portrait de Marie-Françoise Perdrigeon, épouse d'Étienne-Pierre Boucher, secrétaire du roi, morte en 1734.

Acheté par la ville en 1846. Raoux avait peint en vestale madame Boucher et madame de Senosan, depuis princesse de Tingri. Il fit deux copies de celui de madame Boucher; l'une d'elles existe au musée de Versailles, n° 2562; il a été gravé en 1736 par C. Dupuis.

RAPHAEL. — *Voyez* Sanzio.

REMBRANDT (Paul Gerritz *ou* Gerretsz), *dit* Van Ryn, *peintre et graveur, né près de Leyde le 15 juin 1608, mort à Amsterdam le 8 octobre 1669.*

L'un des plus étonnants génies qu'ait produits la peinture, était fils d'un meunier, Hermann Gerritz, surnommé Vanryn parce que son moulin était situé sur les bords du Rhin. Le nom de Rembrandt serait donc un prénom. Quoi qu'il en soit, le meunier enrichi voulut faire de son fils un savant et le plaça au collége; mais le goût du dessin l'emporta, et Rembrandt alla étudier à Amsterdam chez divers artistes. Il en revint au bout de quatre ou cinq ans, et, se faisant un atelier du moulin paternel, s'y enferma pour se livrer uniquement à l'étude de la nature et à l'observation des effets de l'ombre et de la lumière. Il créa, pour ainsi dire, une ère nouvelle pour la peinture. Mais vivant isolé, il s'ignorait lui-même; et l'un de ses amis lui ayant conseillé d'aller porter un de ses tableaux à La Haye, comme il en trouva 100 florins, la joie faillit lui faire perdre la tête. Il était venu à pied, il revint en poste et fit mille extravagances.

L'amour du gain, déjà très-développé chez le jeune artiste, le fit tra-

MUSÉE

vailler avec encore plus d'ardeur. Il peignait d'une manière très-soignée et finie ; mais alors, pour satisfaire plus aisément les nouvelles commandes qui lui venaient de tous côtés, il se mit à peindre beaucoup plus largement. Peu à peu il en vint à poser la pâte en couches toutes préparées, et pour ainsi dire sans les fondre ; quelques glacis servaient ensuite à les unir, et des lumières excessivement empâtées leur donnaient le relief nécessaire.

Vers 1630, Rembrandt vint s'établir à Amsterdam; il y fut plus occupé que tous les peintres de la ville et peignit un nombre considérable de portraits, de paysages et de tableaux d'histoire et de genre. Il leva une école qui lui rapporta aussi beaucoup; et devenu riche, il épousa une simple paysanne. Rembrandt publia un nombre prodigieux de gravures, presque aussi estimées que ses tableaux; mais il ne voulut jamais graver devant personne. Son secret était un trésor dont il était aussi avare que de son or. Ces estampes obtinrent une vogue incroyable; et Rembrandt, non moins cupide qu'habile, exploita cette vogue avec une âpreté jusqu'alors inouïe et que l'imagination des historiens a sans doute embellie et exagérée. Le caractère de ce grand artiste était aussi bizarre que son génie. En présence des traits singuliers qu'on lui attribue, on ne sait ce qu'il faut croire de tant d'anecdotes contradictoires : l'inconséquence ou la mauvaise foi de ses biographes, ont jeté sur la vie de cet homme extraordinaire une obscurité pour ainsi dire impénétrable.

Fils d'Hermann Gerritz, pourquoi ne porta-t-il pas le nom de son père? On lui donne le prénom de Paul : rien ne constate qu'il ait réellement porté ce nom. On n'est d'accord ni sur le nom de ses maitres, ni sur le nombre ou l'époque de ses prétendus voyages. On s'accordait à le faire naître, en 1606 : il parait qu'il est né en 1608. On le faisait mourir en 1674; les archives d'Amsterdam prouvent qu'en 1669 il est mort dans cette ville un Rembrandt auquel la charité publique fut obligée de fournir un cercueil. Était-ce le grand homme auquel on dresse aujourd'hui des statues? Comment cet homme si avare, qui travaillait tant, se faisait si bien payer et vivait si économiquement, a-t-il pu mourir si pauvre? Il n'eut qu'un fils ; tous les biographes le font mourir en 1668, et cependant ils disent qu'il hérita de son père mort en 1674, ou au plus tôt en 1669, etc. Heureusement il n'y a pas la même incertitude sur l'incomparable mérite de ses œuvres, et toutes les voix proclament Rembrandt comme un des génies les plus extraordinaires que la peinture a produits. Tout ce qu'il fut, il le dut à lui-même. Par système et par goût, jamais il ne fit choix et n'étudia que la nature. Il avait un amas de vieilles étoffes et de vieux meubles qu'il appelait *ses antiques*, et il s'en servait partout. Presque tous les écrivains s'accordent à blâmer Rembrandt de n'avoir pas étudié l'antique et de n'avoir pas visité l'Italie : Taillasson prouve très-bien que ce reproche est injuste et manque de logique. En voyageant ou en étudiant les maitres, Rembrandt eût nécessairement perdu quelque chose de cette franchise et de cette énergie qui donne tant d'attraits à ses compositions ; ce qu'il eût gagné dans l'estime des savants, n'eût pas compensé ce qu'il eut perdu dans l'admiration des artistes; et ce qui le prouve, c'est la difficulté et le temps qu'il fallait à Rembrandt pour draper ses bizarres figures. Ne regrettons donc pas que ce rare génie soit resté ce que la nature l'avait fait; c'est ainsi qu'il est parvenu à créer dans l'art une route nouvelle, et qu'en n'imitant personne,

DE BORDEAUX.

il a trouvé tant d'imitateurs. Regrettons seulement que la vie d'un artiste aussi illustre n'ait pas encore trouvé une histoire sérieuse et digne d'elle.

302. *Adoration des Bergers.*

B. — H. 0,80. — L. 0,65.

La Vierge, assise sur la paille, à l'écart, à gauche, semble triste des honneurs rendus à son fils. Saint Joseph, adossé à un poteau, dort comme un ivrogne; tous les bergers paraissent vieux; l'âne traditionnel est remplacé par une chèvre blanche. L'artiste semble s'être amusé à travestir cette scène, presque méconnaissable. Cependant, dans le haut du tableau, quelques enfants nus qui s'ébattent dans le ciel, ou jouent dans le grenier à foin, semblent indiquer que c'est bien la nuit de Noël que l'artiste a voulu représenter.

Collection du marquis de Lacaze (payé 3,000 fr.).

303. *Tête de nègre.*

Maroufllé sur bois. — H. 0,21. — L. 0,15.

Vue de profil, tête à gauche, le regard baissé, l'oreille ornée d'un pendant.

Collection du marquis de Lacaze.

304. *Intérieur.*

B. — H. , . — L. , .

Quatre buveurs flamands attablés écoutent un mendiant qui joue du violon.

Acheté par la ville en 1850. Avait fait partie de la galerie de sir Robert Brown. La couleur de ce tableau et le monogramme dont il est signé (RVR) font penser qu'il a été peint par Rembrandt comme un pastiche d'Ostade ou de Brauwer.

RENI (Guido), *dit* Le Guide, *peintre, sculpteur, graveur et musicien, né à Calvenzano, près de Bologne, le 4 novembre 1575, mort à Bologne le 18 août 1642.*

Fils d'un menuisier, il resta plusieurs années à l'école de Denis Calvaert

9

mais Albane, avec lequel il s'était lié, s'étant brouillé avec ce maître, il mena Réni avec lui chez les Carrache. Appelé à Naples en 1622, les Jésuites lui confièrent des travaux que de basses intrigues avaient déjà fait enlever à Josepin. A peine eut-il reçu des arrhes, que deux inconnus rouèrent de coups le valet de Guide et le menaceront de tuer son maître, s'il ne quittait Naples au plus vite. Guide, qui avait plus de talent que de courage, se hâta de faire ce qu'on lui demandait, mais eut beaucoup de peine à restituer les arrhes reçues. Peu de peintres ont eu de leur vivant, autant de réputation que Guido Reni. Il jouissait d'une telle considération, qu'à son retour à Rome, la plupart des cardinaux envoyèrent un de leurs carrosses au-devant de lui, comme cela se pratiquait pour les ambassadeurs. La passion du jeu empoisonna cette brillante carrière. Peu à peu, il ne fréquenta plus que la mauvaise compagnie. Abandonné de ses amis, obligé de travailler pour se procurer de l'argent, il survécut à sa réputation, et finit par être réduit à la misère. Il aimait à représenter des têtes les yeux levés vers le ciel, et savait leur donner tant d'expression et de charmes, que Passeri les appelait des *Vierges de Paradis.*

305. *Ravissement de la Madeleine.*

T. — H. 0,49. — L. 0,36.

L'âme de Madeleine, à moitié couverte d'un voile, les bras croisés sur la poitrine, lève les yeux vers le ciel, où la conduisent et la reçoivent en triomphe une troupe de petits anges.

Collection du marquis de Lacaze. Avait fait partie du cabinet de M. de Rassate, président au parlement d'Aix (esquisse).

306. *La Mère de douleur.*

T. — H. 0,54. — L. 0,46.

Tête de femme, vue de trois quarts, coiffée d'une draperie bleue.

Collection du marquis de Lacaze (école de Guide).

307. *Tête d'homme.*

T. — H. 0,76. — L. 0,76.

Portrait d'un jeune homme coiffé d'une espèce de turban, avec un plumet, et vêtu d'une cuirasse recouverte d'un manteau.

Collection du marquis de Lacaze. Au dos est écrit : Retiré de l'hôtel d'Antin en 1755 (école de Guide).

DE BORDEAUX.

RESTOUT (Jean), *né à Rouen en 1692, mort à Paris en 1768.*

Fils d'un peintre assez distingué qui portait le même nom que lui, Restout était en outre neveu par sa mère, qui cultivait aussi la peinture, du célèbre Jouvenet. Son goût et la fréquentation de l'atelier de son oncle, lui donnèrent une grande prédilection pour les grands tableaux et les compositions d'un genre noble et sérieux. Il fut considéré pendant sa vie comme un des plus grands peintres de l'école française. Il mérita cette réputation par ses qualités comme homme. Il fut surtout remarquable par une modestie qui ne se démentit jamais. On en cite un exemple charmant. Nommé membre de l'Académie à vingt-huit ans, il n'en continua pas moins à fréquenter l'école. Un jour qu'il présentait son dessin comme à l'ordinaire au professeur de service, celui-ci donna son avis sans remarquer celui qui lui présentait son ouvrage; ayant reconnu son collègue, il lui fit ses excuses. « Monsieur, répondit l'artiste, depuis quatre jours que je suis de l'Académie, je n'ai pas fait assez de progrès pour ne plus profiter de vos conseils. »

308. *Le prophète Ézéchiel.*

T. — H. 3,44. — L. 1,15.

Assis, tourné à gauche, il écrit sur un tableau ce passage de ses prophéties : *Porta hœc clausa erit.* (*Ézéchiel*, ch. XLIV, v. 2.)　　Signé : Restout, 1748.

Don du gouvernement en 1803.

309. *Présentation de Jésus au temple.*

T. — H. 4,07. — L. 2,75.

Siméon, l'homme juste et craignant Dieu, est debout près de l'autel : il a pris le divin Enfant dans ses bras, et prononce les célèbres paroles qui comblent de joie la sainte Mère agenouillée près de lui, pendant que saint Joseph retire d'une cage les deux petits de colombes qui doivent être offerts en sacrifice. (*Saint Luc*, ch. II.)　　Signé : Restout, 1735.

Don du gouvernement en 1803.

RHYNGRAEF. — *Voyez* Breughel.

RIBERA (Joseph), *dit* l'Espagnolet, *peintre et gra-*

veur, né à Xativa, royaume de Valence, le 12 janvier 1588, mort à Naples en 1656.

Son humeur trop indépendante le retint longtemps dans la misère ; mais étant venu à Naples, sa manière de peindre, qui réunissait quelque chose de celle d'Antonio Allegri à celle de Michel Ange Amerighi, séduisit un riche marchand de tableaux. Ce marchand lui fit épouser sa fille ; et peu après, Ribera passa pour le premier peintre de Naples. Jaloux de conserver le prestige de ce titre, Ribera eut la faiblesse d'entrer dans les basses intrigues qui éloignèrent de cette capitale plusieurs artistes célèbres. On prétend que sa fille unique fut enlevée par don Juán d'Autriche, et que le père, s'étant mis à la poursuite du ravisseur, ne reparut jamais. La fille revint, épousa un gentilhomme qui devint premier ministre de la vice-royauté de Naples ; mais elle ne vécut pas longtemps, et laissa toutes ses pierreries à son beau-frère Antoine Ribera, qui était alors docteur en droit.

310. *Assemblée de religieux.*

T. — H. 1,22. — L. 1,77.

Sept personnages, à mi-jambes et mal vêtus, paraissent occupés à commenter un gros manuscrit que l'un d'eux tient ouvert sur sa poitrine.

Collection du marquis de Lacaze : payé 2,000 fr. M. de Lacaze avait d'abord attribué cette composition et son pendant à Lucas Giordano.

311. *Réunion de philosophes.*

T. — H. 1,22. — L. 1,77.

Sept personnages debout, déguenillés, vus à mi-jambes, paraissent discuter un projet. Celui qui occupe le centre de la composition, débraillé et les bras nus, s'appuie de la main droite sur un long bâton.

Collection du marquis de Lacaze. Payé 2,000 fr. D'abord attribué à Lucas Giordano.

RICCI *ou* RIZZI (Sébastien), *né à Bellune, États de Venise, en 1662, mort à Venise le 15 mai 1734.*

Il étudia et voyagea fort longtemps avant de parvenir à se faire connaître. Il avait la faculté d'imiter si parfaitement tous les maîtres, que plusieurs de ses imitations ont été prises pour des originaux. Peu de peintres vénitiens ont égalé Ricci dans la correction du dessin et la grâce des contours. Il travailla dans presque toutes les cours d'Italie, à Londres, à Vienne et à Paris, où il fut reçu membre de l'Académie en 1718.

312. *L'Amour jaloux de la fidélité.*

T. — H. 1,14. — L. 1,62.

Deux nymphes, étendues sous l'ombrage, caressent un chien qu'un Amour renversé s'efforce en vain de retenir.

Collection du marquis de Lacaze. Cette composition a été gravée et lithographiée par M. Lacour, dans le *Musée d'Aquitaine* et dans les *Études sur les vieux maîtres.*

RICCI (MARC), *peintre et graveur, né à Bellune, États de Venise, en 1679, mort à Venise en 1729.*

Neveu et élève de Sébastien Ricci, il abandonna l'histoire pour s'adonner à représenter des vues d'architecture et des paysages qui sont fort estimés. Il voyagea beaucoup, surtout en Angleterre, où sont ses meilleurs ouvrages.

313. *Saint Antoine invoquant la Vierge.*

T. — H. 1,12. — L. 0,65.

Saint Antoine, debout, à gauche, invoque la Sainte Vierge qui descend du ciel entourée d'anges.

Collection du marquis de Lacaze.

314. *Saint Paul et saint François.*

T. — H. 1,12. — L. 0,65.

Saint François, debout, appuyé contre un rocher, ayant à ses pieds un livre ouvert, serre sur sa poitrine un long bâton surmonté de l'écusson des armoiries de son ordre, et semble montrer un de ses frères endormis aux anges qui lui apparaissent dans le ciel.

Collection du marquis de Lacaze.

ROBERT (Hubert), *peintre, graveur, architecte et littérateur, né à Paris en 1733, mort dans la même ville le 15 avril 1808.*

Il avait été destiné à l'état ecclésiastique, mais son goût décidé et ses dispositions précoces lui obtinrent enfin la permission de partir pour Rome. Il y resta douze ans, et s'y lia d'une étroite amitié avec Fragonard et l'abbé de Saintnon. Son esprit entreprenant lui fit une réputation au moins égale à celle que lui procura son admirable facilité pour le travail. Une fois, il escalada la nuit les murs du Colisée et y planta une petite croix qui fit l'étonnement de toute la ville ; une autre jour, il fit une promenade sur la corniche du dôme de Saint-Pierre ; et une autrefois, il s'enfonça seul dans le labyrinthe des catacombes. Cette aventure inspira à Delille un des plus beaux épisodes de son poëme de l'*Imagination*. Robert fut nommé membre de l'Académie de peinture en 1767 ; il ne quitta plus sa patrie, et refusa les offres avantageuses que l'impératrice Catherine II lui fit faire en 1782 et 1791 pour l'attirer à Saint-Pétersbourg. La république récompensa son patriotisme par une détention de dix mois. L'horreur de cette captivité ne fit perdre à Robert ni la sérénité de son âme ni la fraîcheur de son imagination. Dans les premiers jours de son emprisonnement, il dessinait sur des assiettes, sur la table, jusque sur le dossier des chaises. Quand il sortit, il avait fait cinquante-trois tableaux, sans compter une quantité prodigieuse de dessins que s'étaient disputés ses compagnons d'infortune. C'est lui qui dessina le portrait que Roucher envoya à sa famille avec ces vers si connus :

> Ne vous étonnez pas, objets sacrés et doux,
> Si quelque air de tristesse obscurcit mon visage ;
> Quand un savant crayon dessinait cette image,
> J'attendais l'échafaud et je pensais à vous !

Lorsqu'on transféra les prisonniers de Sainte-Pélagie à Saint-Lazare, sur des charrettes découvertes, à la lueur des flambeaux, au milieu des cris de la populace, Robert ne fut occupé qu'à retracer cette scène d'horreur dont il fit un tableau très-remarquable. Il mourut subitement dans son atelier à soixante-treize ans.

315. *Ruines avec figures.*

T. — H. 0,47. — L. 0,37.

A gauche, les ruines d'un tombeau ; à droite, l'entrée d'une caverne.

Collection du marquis de Lacaze.

316. *Ruines avec figures.*

T. — H. 0,47. — L. 0,37.

Halte de voyageurs au pied d'une statue. Sur le

piédestal on lit : Marco. Au fond se dresse une immense pierre couverte de bas-reliefs.

Collection du marquis de Lacaze.

ROBUSTI (Dominique), *né à Venise en 1562, mort dans la même ville en 1637.*

Fils et élève du célèbre Jacques Robusti, si connu sous le nom de Tintoret, Dominique Robusti jouit d'une grande réputation comme portraitiste, mais il est loin d'égaler le mérite de son père. Devenu paralytique à soixante-douze ans, il continua à peindre en se servant de la main gauche.

317. *Portrait d'un noble-vénitien.*

T. — H. 1,02. — L. 0,84.

Debout, à mi-jambes, la barbe grise, le front chauve, il est vêtu d'une robe de damas cramoisi.

Collection du marquis de Lacaze. Restauré par Ruiz.

ROBUSTI (Marie), *née à Venise en 1560, morte dans la même ville en 1590.*

Fille et élève de Tintoret, et sœur de Dominique Robusti, elle peignit le portrait avec tant de succès, que l'empereur et le roi d'Espagne lui firent les propositions les plus séduisantes pour l'attirer à leurs cours; mais son père, qui en était fier, aima mieux, pour la garder près de lui, la marier à un joaillier nommé Mario Augusti. La mort la lui enleva à trente ans. Voyez le tableau sur ce sujet de M. Léon Coignet, nº 93.

318. *Portrait du sénateur André Capello.*

T. — H. 1,20. — L. 1,05.

Debout, à mi-jambes, vêtu d'une robe damassée rouge et bordée de fourrures, il tient ses gants de la main gauche, et de la droite, touche un livre relié de velours rouge aux coins d'or. Devant lui, sur la muraille, à gauche, on lit cette inscription en majuscules : Andréas Capello Laurentii Filius senator Johannis equitis ac divi Marci procuratoris frater.

Collection du marquis de Lacaze (payé 1,200 fr.).

RODE (Chrétien-Bernard), *peintre et graveur, né à Berlin en 1725, mort dans la même ville le 24 juin 1797.*

Élève de Pesne pour la gravure, il était déjà célèbre à Berlin, lorsqu'il vint à Paris pour se perfectionner : il y prit des leçons de Vanloo et de Restout, et partit ensuite pour l'Italie, où il s'arrêta, surtout à Venise. De retour dans sa patrie en 1761, il devint directeur de l'Académie des arts de Berlin en 1785. Rode est un des meilleurs et des plus féconds peintres que la Prusse ait produits ; mais sa réputation est encore plus grande comme graveur.

319. *Baptême de l'eunuque éthiopien.*

T. — H. 0,65. — L. 0,81.

Saint Philippe, allant de Jérusalem à Gaza, rencontra un eunuque éthiopien, surintendant des trésors de Candace, reine d'Éthiopie ; il monta sur son chariot et commença à lui parler de Jésus. Comme ils passaient dans un lieu où il y avait de l'eau, l'eunuque dit : Voilà de l'eau, qu'est-ce qui empêche que je ne sois baptisé ? — Vous pouvez l'être, dit Philippe, si vous croyez de tout votre cœur... Ils descendirent tous deux dans l'eau, et Philippe baptisa l'eunuque. (*Actes des Apôtres*, ch. VIII.)

Collection du marquis de Lacaze. Ce tableau vient de la galerie du prince Henri de Prusse : il a été peint en collaboration de Dubois.

ROMBOUT (Théodore), *né à Anvers en 1597, mort dans la même ville en 1637.*

Son plus beau titre de gloire est certainement d'avoir été, pendant quelque temps, comparé à Rubens, avec lequel sa tête avait d'ailleurs quelques ressemblances. On ignore les principales circonstances de sa vie. Tout ce qu'on sait, c'est qu'à vingt ans, il était déjà plus habile que ses maîtres ; et qu'arrivé à Rome, un Français lui commanda douze compositions qui répandirent sa gloire dans toute l'Italie. Reçu maître à Anvers le 3 février 1625. Une réputation qui eût fait le bonheur d'un autre causa son malheur et sa mort. L'envie de soutenir la comparaison en tout avec Rubens, même dans sa magnificence, le ruina et hâta sa fin.

DE BORDEAUX.

320. *Paysage.*

B. — H. 0,64. — L. 0,54.

Carrefour d'une forêt. Sur le premier plan, un homme à pied, vu de dos et vêtu de rouge.

Collection du marquis de Lacaze. Signé en bas, dans le coin à gauche, ROMBOUT.

321. *Paysage.*

B. — H. 0,64. — L. 0,54.

Entrée d'un bois traversé par un chemin sur lequel un cavalier vêtu de rouge, et vu de dos, parle avec un vieillard à pied.

Collection du marquis de Lacaze.

ROOS (PHILIPPE-PIERRE), *dit* ROSA DI TIVOLI, *peintre et graveur, né à Francfort en* 1655, *mort à Rome en* 1705.

Un grand nombre d'artistes connus ont porté le nom de Roos. Celui-ci, fils de Jean-Henri Roos, partit pour l'Italie en 1677, s'établit à Tivoli, s'y fit catholique, vécut dans la débauche et mourut dans la misère. Les œuvres de cet extravagant et fécond artiste, n'ont aucun des caractères distinctifs de la peinture flamande et se rapprochent beaucoup du genre de J.-B. Castiglione.

322. *Paysage.*

T. — H. 0,50. — L. 0,66.

Ruines du temple de *Minerva Medica* à Rome. Sur le premier plan, une femme montée sur un âne et conduisant un troupeau, fait la conversation avec un homme qui la suit.

Collection du marquis de Lacaze.

323. *Paysage et ruines.*

T. — H. 0,50. — L. 0,66.

Collection du marquis de Lacaze.

9.

202 · MUSÉE

ROQUEPLAN (Camille-Joseph-Étienne), *peintre, né à Mulhouse (Bouches-du-Rhône) en* 1803, *fixé à Paris.*

Élève de Gros, officier de la Légion d'honneur, M. Roqueplan est un des peintres les plus populaires de l'école moderne ; il a quelquefois essayé de donner les dimensions de la peinture historique à des tableaux de genre, et a voulu s'approprier, dans le domaine de l'art, la place que Walter Scott occupe dans celui de la littérature.

324. *Valentine et Raoul.* (Scène tirée de l'Opéra des *Huguenots.*)

T. — H. 2,79. — L. 1,96.

Entendant le tumulte de la rue, Raoul saisit son épée et veut sortir, malgré Valentine qui s'est jetée à genoux pour lui fermer le passage.

Signé C. Roqueplan.

Don du gouvernement en 1854.

ROSA DI TIVOLI. — *Voyez* Roos.

ROSA (Salvator), *peintre, graveur, poëte et musicien, né à Naples le* 20 *juin* 1615, *mort à Rome le* 15 *mars* 1673.

A la mort de son père, il fut obligé pour vivre de peindre de petites compositions qui se vendaient à vil prix. Lanfanco, étonné de leur vigueur, encouragea et aida le jeune artiste. Il se trouvait à Naples en 1647, et prit part à l'insurrection de Masaniello. Obligé de se réfugier à Rome, ce fut la source de sa renommée. Caractère excentrique et généreux, esprit enjoué et satirique. Sa société fut aussi recherchée que ses peintures. Sa gaieté ne l'abandonna même pas à l'article de la mort. Il vivait avec une maîtresse dont il partageait les faveurs avec beaucoup d'autres ; et comme son confesseur le pressait de légitimer cette union, il lui répondit : *Se andar non si può in Paradiso senza esser cornuto, converrà farlo.* Les paysages et les batailles de Salvator Rosa, jouissent d'une immense réputation, quoiqu'ils soient presque toujours faits d'imagination et sans consulter la nature. Salvator ambitionna aussi le titre de peintre d'histoire, mais il justifia peu cette prétention.

DE BORDEAUX.

325. *Repos de soldats.*

T. — H. 0,73. — L. 0,98.

Entre une immense tour en ruines, à gauche, et des navires en réparation, à droite, quelques soldats jouent à *la morte.* L'un d'eux, debout et vu de dos, vêtu de sa cuirasse et appuyé sur sa lance, se distingue par ses hauts-de-chausses de bleu d'outre-mer.

Collection du marquis de Lacaze. Payé 4,000 fr. Attribué d'abord à Velasquez.

326. *Paysage.*

T. — H. 0,41. — L. 0,51.

Au milieu de sombres rochers, quelques hommes se baignent dans une grotte pendant que deux autres se reposent derrière un bloc de pierre isolé.

Collection du marquis de Lacaze. Attribution douteuse.

ROSALBA. — *Voyez* CARRIERA.

ROYE ( ).

Nous n'avons trouvé aucun artiste portant le nom dont était signé ce tableau ; mais cette signature avait évidemment été ajoutée après coup, car en nettoyant le tableau elle a disparu.

327. *Nature morte.*

B. — H. 0,55. — L. 0,45.

Des perdrix suspendues.

Collection du marquis de Lacaze.

RUBENS (PIERRE-PAUL), *né à Cologne le 29 juin 1577, mort à Anvers le 30 mai 1640.*

C'est le plus grand peintre de l'école flamande et l'un des plus étonnants génies que la terre ait produits. Raphaël seul peut lui ravir le premier rang dans les arts, et il partage avec lui le privilège d'avoir été, comme homme et comme artiste, comblé de toutes les faveurs de la gloire, de la fortune et de la nature. Doué d'une admirable organisation physique et morale, il

MUSÉE

excella dans tout ce qu'il entreprit, et cependant il mena de front l'étude approfondie des sciences, des lettres, de l'archéologie, de la peinture, de la gravure, de l'architecture, et même de la politique. Ambassadeur, il eut deux fois la gloire de faire réussir des négociations importantes entre le duc de Mantoue et le roi d'Espagne, et plus tard entre Philippe IV et Charles Ier. Sa merveilleuse facilité, secondée par l'extrême régularité de sa vie, lui permit de créer une si grande quantité de tableaux, que quelques biographes en portent le nombre à 4,000 [1]. La liste des auteurs qui ont écrit sur Rubens formerait un volume entier; mais son nom seul suffit pour le caractériser, et nous nous contenterons d'indiquer ici les principales dates de sa vie.

Fils d'un échevin d'Anvers réfugié à Cologne, Rubens avait déjà onze ans, quand son père revint à Anvers. Après avoir étudié sous Adam Vannoort et sous Otto Vanveern, Rubens partit pour l'Italie le 19 mai 1600. Huit ans après le duc de Mantoue le chargeait d'une mission en Espagne, et il revenait en 1609 s'établir à Anvers. Il vint à Paris en 1621 et 1625; retourna en Espagne en 1628, et passa en Angleterre en 1629. En 1633, il fut encore chargé d'une ambassade en Hollande, et se retira de la cour en 1635. Il avait eu deux femmes. La première, Isabelle Brandt, qu'il avait épousée le 13 octobre 1609, mourut en 1626 et lui laissa deux fils; la seconde, Hélène Fourment, qu'il épousa le 6 décembre 1630, lui donna deux autres fils et trois filles.

328. *Portrait de Rubens.*

T. — H. 0,65. — L. 0,54.

Tête à gauche, en trois quarts, coiffée d'un large feutre à plumes.

Don du gouvernement en 1803. Copie exécutée en 1785, par Cosson.

329. *Christ en croix.*

T. — H. 1,04. — L. 0,72.

Le Christ, les bras élevés perpendiculairement au lieu d'être attachés horizontalement, occupe à lui seul toute la toile, et les pieds sont posés l'un sur l'autre.

Don du gouvernement en 1803 Avait été pris en Belgique.

---

1. Dans ce nombre, on évalue les grands tableaux à 1,600, ce qui fait environ 100 tableaux par an : 40 grands et 60 petits, ou 2 tableaux par semaine.

DE BORDEAUX.

330. Martyre de saint Georges.

B. — H. 1,87. — L. 1,58.

Le saint agenouillé, en face, pendant que le bour-
reau lui lie les mains, semble apercevoir dans le ciel
les anges qui lui présentent la couronne des martyrs.

Don du gouvernement en 1803. Avait été pris en Belgique.

331. Martyre de saint Just.

B. — H. 1,91. — L. 1,34.

Saint Just, qu'on a souvent confondu avec saint
Justin, était un enfant chrétien né à Auxerre. Le 18
octobre 287, se trouvant à Beauvais avec quelques
amis de sa famille, il devina qu'il était poursuivi par
des soldats païens, et dit à ses amis de se cacher dans
une caverne. Les soldats, l'ayant atteint, lui tran-
chèrent la tête; mais le corps du jeune homme resta
debout, et, s'étant baissé, ramassa sa tête qu'il donna
à ses amis pour la porter à ses parents à Auxerre.

Quelque pénible que puisse être la vue d'une pareille action, il est impossible de ne pas admirer, dans ce tableau, avec les qualités exceptionnelles
de la peinture de Rubens, l'habileté merveilleuse avec laquelle ce grand
artiste a su représenter de manière à n'être ni trop dégoûtante ni trop incroyable, une scène aussi invraisemblable et aussi horrible. Le corps sans
tête du jeune homme est droit et d'aplomb; mais on devine qu'il vient de
se courber. Il est debout, mais chancelant et comme galvanisé par une sur-
excitation musculaire. La tête repose dans les mains; mais au lieu d'être
dans sa position ordinaire, et pour ainsi dire vivante encore, elle est renversée, les yeux tournés, les lèvres crispées, et saisissante de vérité, car
bien certainement elle a été étudiée sur nature. Callot et d'autres artistes
ont représenté saint Livius, saint Denis, etc., ramassant leur tête; mais il
suffit de comparer leurs compositions avec celles de Rubens, pour sentir la
distance de leur genre.

Donné au Musée par l'Empereur, en 1853. Voyez à ce sujet Rosalba Carriera, n° 79, et introduction, page   ). Ce tableau, qui a été gravé en contre-
partie par J. Witdoeck, contemporain de Rubens, avait été exécuté pour
l'église des Annonciades, à Anvers, et y est resté jusqu'à la suppression de
cette église. Il fut vendu à Bruxelles, le 17 juillet 1785, et payé 1,300 florins
par M. Horion. A la vente de celui-ci, en 1788, il fut vendu 1,125 florins.
Devenu la propriété du général hollandais Rothiers, il a été offert à l'Em-

pereur, et Sa Majesté l'a payé 16,000 francs pour le donner au Musée de Bordeaux.

332. *Bacchus et Ariadne.*

T. — H. 1,13. — L. 0,95.

L'amante délaissée de Thésée, la fille inconsolable de Minos et de Pasiphaé, a été rencontrée par le vainqueur des Indes, le dieu du vin, et bientôt s'est assise à ses côtés sur le char que traînent les tigres de Nysa. Bacchus, ivre et tenant d'une main une coupe dans laquelle un Amour exprime le suc d'une grappe, presse Ariadne sur son cœur, pendant que son cortége de Bacchantes, de Satyres et d'Amours, jouent et boivent autour de lui.

Collection du marquis de Lacaze. A fait partie de la galerie du prince Henri de Prusse. Payé 2,100 fr.

333. *Chasse aux lions.*

T. — H. 2,48. — L. 3,24.

Quatre chasseurs à cheval et deux à pied, déjà renversés, luttent contre un lion et une lionne blessés.

Don du gouvernement en 1803. Si ce tableau n'est pas de la main même de Rubens, c'est du moins une bonne et ancienne copie.

Voyez encore, comme attribué à Rubens, un paysage de Fouquières, nº 135.

RUYSDAAL ou RUYSDAEL (Jacob) *peintre et graveur, né à Harlem vers 1630, mort dans la même ville le 16 novembre 1681.*

Les historiens ne sont pas d'accord sur les principales circonstances de la vie de cet artiste. Tout ce que l'on sait, c'est que, fils d'un ébéniste qui le destinait à l'étude de la médecine, il montra de si heureuses dispositions pour la peinture, que dès l'âge de douze ans il faisait, dit-on, des tableaux excellents. Ami intime de Berghem avec lequel il travailla presque toujours, il s'établit entre eux une espèce d'émulation qui leur fut très-avantageuse. Ruysdaël s'entendait peu à peindre les figures ; celles qui décorent ses tableaux sont presque toujours de la main de Berghem, d'Ostade, de Wouwermans, etc. Ruysdaël peignit si souvent des paysages où il y a un cours ou une chute d'eau, qu'on a cru qu'il avait voulu en faire une allusion à son nom et une espèce de signature. Cependant il a fait aussi des marines d'une exécution admirable. Ruysdaël fut aussi bon fils qu'il était artiste habile ; il eut tant de soin de l'ébéniste auquel il devait le jour, que quelques auteurs prétendent qu'il ne se maria pas pour être plus libre de lui consacrer tous ses soins.

334. *Paysage.*

B. — H. 0,70. — L. 0,92.

À droite, une mare ; à gauche, une forêt d'où descendent quelques animaux ; une vache blanche est restée en haut, au centre de la toile.

Collection du marquis de Lacaze.

335. *Paysage.*

B. — H. 0,77. — L. 1,11.

Un arbre au milieu du tableau ; à côté, un berger conduit un troupeau qui s'avance vers le spectateur.

Signé J. R., 1669.

Collection du marquis de Lacaze.

336. *Paysage.*

B. — H. 0,51. — L. 0,70.

Entrée d'un bois. Le premier plan est occupé par une mare que traversent, en venant du fond du tableau à droite sur le devant à gauche, un troupeau de vaches et de brebis, conduit par un berger.

Collection du marquis de Lacaze. Signé du monogramme de Ruysdael et daté de 1669.

337. *Paysage.*

B. — H. 0,70. — L. 0,92.

Entrée d'un bois. Une petite mare, avec différents animaux et un berger couché.

Collection du marquis de Lacaze.

RUYSDAEL (Salomon), *né à Harlem vers 1610, mort dans la même ville en 1670.*

Frère aîné de Jacob Ruysdael et probablement son premier maître. C'est son plus beau titre de gloire. Il essaya vainement d'imiter la manière de son frère et celle de Vangoyen; il n'en comprit jamais l'esprit.

338. *Paysage.*

B.—H. 0,39.— L. 0,52.

Le premier plan est occupé par un terrain carré et vide. A gauche, à l'ombre d'un monticule, deux villageois se reposent, tandis que d'autres coupent des herbes ou des broussailles; à droite, d'autres travailleurs font la conversation sur la lisière d'un bois.

Collection du marquis de Lacaze.

SABBATINO (Laurent), *né à Bologne vers 1533, mort à Rome en 1577.*

Formé par l'étude des ouvrages de Parmesan et de Raphaël, il peignit quelques compositions dessinées par Michel-Ange Buonarotti, et fut un des peintres les plus gracieux et les plus délicats de son siècle. Il fut chargé par Grégoire XIII de diriger les travaux du Vatican.

339. *Sainte-Famille.*

B. — H. 0,95, — L. 0,76.

La Vierge, Jésus, le petit saint Jean, sainte Catherine et saint Joseph.

Collection du marquis de Lacaze.

SACCHI (Pierre-François), *dit* Francesco di Pavia. *On ignore la date et le lieu de sa naissance et de sa mort.*

La longue vie de cet artiste, qui travaillait à Milan en 1460 et à Gênes en 1526, a fait croire à quelques auteurs qu'il avait existé plusieurs P.-F. Sacchi; mais nous devons d'autant moins nous occuper de résoudre cette question, qu'il est bien difficile de reconnaître le style d'un contemporain et d'un imitateur de Mantegna dans le tableau que nous possédons. Nous mentionnons, sans y attacher aucune importance, que Charles Sacchi, fils du célèbre André Sacchi, était né à Pavie en 1616.

340. *Adam et Ève.*

T. — H. 1,90. — L. 1,50.

Deux figures debout, de grandeur naturelle et entièrement nues. Ève, placée à droite, offre la pomme à Adam.

Collection du marquis de Lacaze.

SAFTLEEVEN. — *Voyez* ZACHTLIEVEN.

SALVATOR. — *Voyez* ROSA.

SANGIOVANNI. — *Voyez* MARIA.

SANTERRE (JEAN-BAPTISTE), *né à Magny (Oise) en 1651, mort à Paris en 1717.*

Élève de Bon Boulogne, il vécut dans la retraite et ne parvint que très-tard à se faire connaître. Il avait déjà cinquante-cinq ans lorsqu'il fut reçu membre de l'Académie. Les portraits qu'on a de lui, sont beaucoup plus nombreux que ses tableaux d'histoire. *La Coupeuse de choux* est un de ses morceaux les plus célèbres. Il fut vendu 6,899 livres à la vente de M. Blondel, de Joigny.

341. *Une cuisinière.*

T. — H. 0,92. — L. 0,72.

Vue de face, à mi-corps, elle tient un chou qu'elle s'apprête à couper. Copie faite d'après Santerre, par Grimou, avec quelques changements dans les accessoires.

Don de M. Doucet en 1805.

SANZIO *ou* **SANTI** (RAPHAEL), *peintre, sculpteur et architecte, né à Urbin le 28 mars 1483, mort à Rome le 6 avril 1520.*

Nous ne dirons rien de la vie de ce prince des peintres, de cet homme presque divin, qui semblait participer de la nature d'un ange. Près de quatre siècles ont passé sur cette triple royauté de la bonté, du génie et de la beauté, sans rien enlever à son auréole sacrée. Son nom seul suffit à son éloge; et les cris impuissants de ceux qui voudraient ramener l'art en arrière, ne flétriront pas ces immortelles couronnes.

342. *La Vierge à la chaise.*

Tapisserie ancienne. — H. 1,59. — L. 1,21.

Cette tapisserie est d'autant plus précieuse, qu'elle est exécutée d'après un carton où Raphaël avait représenté, entière et en pied, la célèbre *Vierge à la chaise,* dont le tableau de la galerie de Florence ne reproduit que le buste.

Don du gouvernement en 1811.

SARTO (André del). — *Voyez* Vannucchi.

SAVERY. — *Voyez* Cerquozzy.

SAUVAGE (Antoine), *dit* Lemire, *peintre et sculpteur, né à Lunéville en 1773, élève de Regnault.*

343. *Bas-relief en grisailles.*

T. — H. 0,31. — L. 0,40.

Des nymphes, des enfants et un satyre s'apprêtent à faire un sacrifice au dieu des jardins.

Collection du marquis de Lacaze.

SAVOYEN (Charles), *né à Anvers en 1619, mort en 1680.*

Cet artiste aimait beaucoup à peindre le nu et le représenta quelquefois licencieusement. Presque tous ses sujets sont tirés d'Ovide; plus habile coloriste que dessinateur, il jouit néanmoins d'une grande réputation.

DE BORDEAUX.

344. *Vénus et l'Amour sur un dauphin.*

T. — H. 0,64. — L. 0,50.

La déesse debout, nue et vue de dos, déploie sa ceinture et parle à l'Amour qui, debout, en face, semble prêt à partir pour exécuter les ordres de sa mère.

Collection du marquis de Lacaze.

SCHIAVONE (ANDRÉ). — *Voyez* MEDULA.

SEGHERS *ou* **ZEEGHERS** (GÉRARD ET DANIEL), *le premier né à Anvers en* 1589, *le second en* 1590; *morts dans la même ville, le premier en* 1651, *le second le* 2 *novembre* 1660.

Gérard Seghers, peintre d'histoire, étudia longtemps en Italie, et, revenu à Anvers, y gagna beaucoup d'argent, malgré le séjour qu'y faisaient tant de peintres illustres, entre autres Rubens et Vandyck, avec lesquels il fut toujours ami. Daniel Seghers, son frère, se fit jésuite; mais, entraîné par un penchant irrésistible vers la peinture, il voyagea en Italie et s'adonna spécialement à la peinture des fleurs. Pas une réputation en ce genre ne dépasse celle du *Jésuite d'Anvers*: c'est le nom sous lequel Daniel Seghers est connu. Plusieurs artistes célèbres, et Rubens lui-même, ne dédaignèrent pas d'employer les pinceaux de Daniel Seghers pour entourer de guirlandes de fleurs des tableaux de leur composition. Le tableau que possède le musée de Bordeaux, semble réunir dans une seule toile le talent de ces deux illustres frères.

345. *Portrait d'un moine entouré d'une guirlande de fleurs.*

T. — H. 0,55. — L. 0,40.

D'après le catalogue de M. Lacaze, on pourrait supposer que le jésuite d'Anvers a entouré d'une guirlande son propre portrait fait par son frère; mais la toile est signée : *Hierolamo Halle, anno* 1654. Est-ce la signature d'un copiste ou celle d'un peintre inconnu ? Il est difficile de prononcer.

Collection du marquis de Lacaze.

MUSÉE

SEMENTI *ou* **SEMENZA** (Jacques), *né à Bologne en 1580, mort au commencement du* xviie *siècle.*

Élève de Denis Calvaërt, émule de Guido Reni. Dans ses deux manières, il peignit plusieurs grands tableaux d'église et mourut encore jeune.

346. *Samson et Dalila.*

T. — H. 1,28. — L. 1,58.

D'après le récit de la Bible, Dalila, voulant accomplir sa trahison, fit venir un barbier pour raser les cheveux de Samson; ici, c'est elle-même qui saisit des ciseaux et s'apprête à couper la mèche de cheveux dans laquelle réside la force surnaturelle de son amant. (*Juges*, chap. xvi, vers. 19.)

Collection du marquis de Lacaze.

SERRUR (Henri-Auguste-César), *né à Lambersart (Nord) en 1795, élève de Regnault, peintre vivant.*

347. *Portrait de Charles X, roi de France.*

T. — H. 2,52. — L. 2,00.

Charles-Philippe de Bourbon, fils de Louis-Auguste de Bourbon, dauphin, et de Marie-Antoinette-Josèphe-Jeanne d'Autriche, né à Versailles le 9 octobre 1757, comte d'Artois, monta sur le trône le 16 septembre 1824 sous le nom de Charles X. Mort à Goritz en Autriche le 6 novembre 1836. Il est représenté debout, en face, en grand costume, et mettant son sceptre au-devant de la charte. Signé : Serrur, 1827.

Donné au Musée en 1848.

SINGHER (Jean), *dit* Lallemand, *né dans le pays de Hesse vers 1510; on ignore l'époque de sa mort.*

Il s'adonna principalement au paysage en détrempe, et peignait avec tant de soin qu'on reconnaissait aisément, dans ses ouvrages, les différentes essences des arbres. Reçu membre de la corporation des peintres d'Anvers en 1543, il fit beaucoup de cartons pour les tapisseries qui étaient alors une des principales sources du commerce des manufactures de Flandre.

348. *Paysage. — La fuite en Égypte.*

T. — H. 1,29. — L, 1,63.

La fuite en Égypte est à peine aperçue, à gauche, au milieu de ce grand paysage, tandis qu'on remarque à droite plusieurs grands tombeaux sculptés en marbre blanc.

Don du gouvernement en 1811.

SNEYDERS, SNYDERS *ou* SNYERS (FRANÇOIS), *peintre et graveur, né à Anvers en 1579, mort dans la même ville en 1657.*

Il peignit d'abord des fleurs et des fruits, puis se livra à l'étude des animaux, qu'il représenta avec une grande finesse de touche et une grande vigueur de coloris. Le roi d'Espagne et le gouverneur des Pays-Bas le comblèrent d'honneurs et de présents; mais sa plus grande gloire est d'avoir peint les animaux et les fleurs dans une multitude de tableaux de Rubens, de Jordaens, etc., qui, à leur tour, ne dédaignèrent pas de peindre des figures dans les tableaux de Sneyders.

349. *Un lion mort.*

T. — H. 1,70. — L. 2,42.

Le peintre a voulu représenter cet adage : Un souverain, abandonné de ses sujets, est sans force et tombe dans le mépris.

Don de M. Doucet en 1805. Venait de la galerie de M. de Senozan.

350. *Chasse aux renards.*

T. — H. 1,70. — L. 2,47.

Don de M. Doucet en 1805. Venait de la galerie de M. de Senozan.

351. *Chasse au sanglier.*

T. — H. 1,61. — L. 2,40.

Dans ce tableau, évidemment d'une autre main que

les précédents, un sanglier se défend contre sept chiens, dont deux sont blessés.

Don de M. Doucet en 1805.

Voyez Diepenbeck, no 110. L'aigle est attribué à Sneyders.

SOLE (Jean-Joseph del), *né à Bologne en 1654, mort dans la même ville en 1719.*

Fils d'un assez bon peintre de paysage, il étudia quelque temps sous Pasinelli, et se fit une manière qui lui mérita le surnom de *Guide moderne.* Il peignait facilement; mais ses tableaux lui prenaient toujours beaucoup de temps parce qu'il en était difficilement satisfait.

352. *Paysage.*

T. — H. 0,98. — L. 1,31.

Quelques figures allégoriques représentant la Peinture.

Collection du marquis de Lacaze.

SOLIMENA (François), *dit* l'abbé Ciccio, *peintre, sculpteur et poète, né à Nocera, royaume de Naples, le 4 octobre 1657, mort à Naples le 5 avril 1747.*

Fils d'un peintre, il fut destiné à l'étude des lois ; mais, heureusement, la force de la vocation l'emporta sur les calculs de l'ambition paternelle. Livré tout entier aux arts, il acquit bientôt autant de réputation que de richesses. Doué d'une étonnante facilité de pinceau et ayant vécu quatre-vingt-dix ans, il a rempli l'Europe d'une innombrable quantité de tableaux en tout genre.

353. *Joseph, dans la prison, explique les songes du grand échanson et du grand panetier de Pharaon.*

T. — H. 0,72. — L. 0,54.

Joseph, assis à terre, semble expliquer quelque chose, en comptant sur ses doigts, à deux personnages comme lui moitié nus et assis à terre. (*Genèse,* liv. xl.)

Don du gouvernement en 1803.

DE BORDEAUX.

SPADA (Lionel), *né à Bologne en 1576, mort à Parme le 17 mai 1622.*

Il commença par broyer les couleurs dans l'atelier des Carrache, et devint un de leurs élèves les plus célèbres. Ses œuvres se distinguent par la vigueur, la hardiesse et l'originalité de la composition et du coloris. Aimé pour sa gaieté, redouté pour son insolence, usé par les débauches, il mourut jeune encore, mais pas assez pour n'avoir pas vu s'affaiblir un talent qui avait été placé au niveau de celui de Guide, de Tiarini et de Zampieri.

354. *Les quatre âges de la vie.*

T. — H. 1,14. — L. 1,50.

Les différentes époques de la vie sont caractérisées par un enfant qui s'amuse d'un oiseau, un adolescent qui fait de la musique, un homme qui tient un compas, et un vieillard qui boit du vin et compte de l'or.

Collection du marquis de Lacaze. Payé 12,000.

SPIERINGS (Henri), *né à Anvers en 1633, mort à Londres en 1715.*

Élève de Paul Bril, il se distingua comme paysagiste. Il vint en France, où Louis XIV, qui l'aimait, lui commanda plusieurs paysages. De Paris il passa à Bologne, et d'Italie en Angleterre; il eut le talent d'imiter le style et la manière des plus fameux peintres, entre autres celle de Salvator Rosa, de manière à ce que les connaisseurs les plus habiles y fussent trompés.

355. *Paysage.*

T. — H. 0,67. — L. 0,74.

Vue d'un pays montagneux. Des plantes et un tronc d'arbre occupent le premier plan; sur le second, on distingue deux pêcheurs.

Collection du marquis de Lacaze.

STAEVARTS, STEVERS ou **STEVENS** (Palamedes), *né à Londres en 1607, mort à Delft en 1638.*

Son père, joaillier célèbre de Delft, ayant été appelé à Londres par Jacques Ier, y demeura quelques années, pendant lesquelles naquit Palamedes qui fut ramené fort jeune dans sa patrie. Il n'eut point de maître et se forma par l'étude attentive des œuvres de Vandervelde; néanmoins il

acquit fort jeune une grande réputation. Ses ouvrages sont beaucoup plus
estimés que ceux de son frère aîné, Antoine Palamedes Staevarts, né à
Delft en 1604 et mort en 1680.

356. *Intérieur. — Réunion de famille.*

B. — H. 0,49. — L. 0,74.

Six personnes, à table, boivent et font de la musique.

Collection du marquis de Lacaze.

STEENWICK (HENRI), *né à Amsterdam en 1589, mort à Londres vers 1643.*

Steenwick n'est pas un nom de famille, mais celui d'une petite ville de
Flandre où était le père de notre artiste portant le même nom, artiste lui-
même et du même genre, mais moins habile que le fils. Ses intérieurs fort
rares et fort estimés produisent véritablement illusion. Steenwick passa en
Angleterre avec Vandyck qui lui fit peindre les monuments d'architecture
dont sont ornés quelques-uns de ses portraits.

357. *Intérieur d'église.*

C. — H. 0,24. — L. 0,34.

Collection du marquis de Lacaze.

STEVENS *ou* STEVERS. — *Voyez* STAEVAERTS.

STORCH (ABRAHAM), *né à Amsterdam en 1640, mort en 1708.*

Cet artiste, sur lequel on a très-peu de renseignements biographiques,
n'en est pas moins un des plus grands peintres de marine que la Hollande
ait produits. Les petites figures, dont il peuplait ses tableaux, en font un des
principaux charmes.

358. *Paysage composé.*

T. — H. 0,82. — L. 0,65.

A droite, un palais dans le genre du palais de la
Douane à Venise.

Collection du marquis de Lacaze.

DE BORDEAUX.

359. *Paysage composé.*

T. — H. 0,82. — L. 0,65.

A gauche, une porte ou arc de triomphe.

Collection du marquis de Lacaze.

SWANEVELT *ou* **SUANEVELT** (HERMAN), *dit* HERMAN D'ITALIE, *peintre et graveur, né à Wœrden vers 1620, mort à Rome en 1655.*

On croit qu'il fut élève de Gérard Dow; mais, arrivé en Italie, il entra à vingt ans dans l'atelier de Claude Gelée, et il y fit de très-rapides progrès. Swanevelt aimait tellement le travail et la solitude qu'on l'appela *l'Hermite.* Sa réputation s'accrut au point de rendre jaloux Claude Gelée lui-même. Il fut reçu membre de l'Académie de peinture à Paris le 8 mars 1653.

360. *Vue d'Italie.*

T. — H. 0,31. — L. 0,44.

A gauche, sur le premier plan, un ruisseau coule entre des rochers couronnés d'arbres; à droite, un chemin au bord duquel un homme debout prie devant une madone.

Collection du marquis de Lacaze.

TAILLASSON (JEAN-JOSEPH); *peintre et littérateur, né à Blaye en 1746, mort à Paris le 11 novembre 1809.*

Une tradition à l'origine de laquelle nous n'avons pu remonter d'une manière précise, veut que Taillasson soit petit-fils d'un peintre assez distingué, établi à Bordeaux et nommé Leblond de Latour. Quoi qu'il en soit, M. Taillasson est le seul Bordelais qui ait eu, comme M. Leblond de Latour, l'honneur d'être membre de l'ancienne Académie de peinture de Paris. Son premier maître fut M. Lavau, graveur de Bordeaux, dont la mémoire est trop oubliée, et qui eut le bonheur de compter parmi ses élèves des artistes aussi distingués que MM. Taillasson, Laconr père, Andrieu, etc.

La famille du jeune Taillasson tenait un rang distingué dans le commerce, et voulait qu'à l'exemple d'un de ses frères, qui est devenu un des principaux négociants de Hambourg, Jean-Joseph Taillasson, embrassât cette carrière; mais le goût des arts l'emporta. A peine âgé de dix-huit ans,

10

Taillasson partit pour Paris, accompagné de M. Lacour qu'il avait déjà rencontré dans l'atelier de M. Lavau. Les deux amis entrèrent ensemble chez M. Vien où ils rencontrèrent Vincent, David, et une foule d'autres artistes qui sont depuis devenus célèbres. Les jeunes Bordelais se lièrent de la plus étroite amitié. Compatriotes et du même âge, camarades d'atelier et camarades de chambre, ayant échoué tous les deux dans le concours pour le prix de Rome, ils résolurent tous les deux de partir pour l'Italie à leurs frais et sans attendre les chances d'un autre concours. Étant encore en Italie, ils furent tous les deux associés à l'Académie de peinture de Bordeaux. M. Taillasson fut admis dans les termes les plus honorables sur la présentation de M. de Lamothe, alors secrétaire de cette compagnie et l'un des avocats les plus distingués du parlement de Guienne. Rentrés en France, les deux amis se séparèrent. M. Lacour vint à Bordeaux et s'y maria. M. Taillasson fut à Paris, et, après avoir été agréé de l'Académie royale de peinture, fut enfin nommé membre titulaire sur la présentation de son *Philoctète* le 27 mars 1784.

M. Taillasson a exposé un grand nombre de tableaux remarquables et qui ont été presque tous reproduits par la gravure; plusieurs écrivains ont déjà écrit l'histoire de sa vie; néanmoins elle est peu connue à Bordeaux, où Taillasson n'habita jamais. Un esprit sage, des mœurs simples et un caractère aimable, rendirent M. Taillasson cher à tous ceux qui le connurent, il ne fut pas heureux et mourut dégoûté de la vie. M. Taillasson cultivait les lettres avec autant de succès que les arts; son excessive timidité nuisit autant à sa réputation qu'à son bonheur. On a de lui plusieurs morceaux de poésie assez remarquables, entre autres un poème *sur le danger des règles dans les Arts*; mais l'ouvrage littéraire qui recommande le mieux la mémoire de M. Taillasson comme écrivain est un recueil intitulé : *Observations sur quelques grands peintres*. La justesse et la profondeur des pensées ne nuisent en rien à l'élégance et à l'intérêt de la diction. Publiées d'abord isolées dans quelques journaux littéraires, ces observations ont été réimprimées et réunies en un volume in-8, en 1807.

361. *Le tombeau d'Élysée.*

T. — H. 1,30. — L. 1,62.

L'an 835 avant J.-C., quelques Israélites portant le corps d'un homme mort, furent effrayés à la vue de voleurs moabites qui étaient venus sur les terres d'Israël. Pour fuir plus aisément, ils jetèrent le corps dans le tombeau d'Élysée ; mais à peine le mort eut-il touché les ossements du prophète, qu'il revécut et se leva sur ses pieds (*Rois*, liv. IV, chap. XIII, vers. 21).

Tableau envoyé de Rome pour la réception de M. Taillasson à l'Académie de Bordeaux. Gravé par M. Lacour (*Musée d'Aquitaine*, t. I, p. 265).

TASSAERT (Nicolas-Jean-Octave), *né et domicilié à Paris.*

362. *Communion des premiers chrétiens.*

T. — H. 1,34. — L. 1,12.

Des chrétiens réfugiés dans les Catacombes, y célèbrent les saints mystères; mais au moment de la communion, des soldats païens se montrent à l'entrée de l'escalier par où l'on descend dans les Catacombes. Sur le premier plan, on remarque un jeune homme *l'oreille appliquée* contre la terre pour mieux entendre le bruit des pas des ennemis.

Don du gouvernement en 1852.

TAVELLA (Charles-Antoine), *né à Milan en 1668, mort à Gênes en 1738.*

C'est un des paysagistes les plus célèbres de l'école de Gênes, élève de Tempesta et de Solfarolo; il confiait presque toujours les figures de ses paysages aux deux Pioli.

363. *Madeleine dans une grotte.*

T. — H. 0,48. — L. 0,36.

Au milieu de rochers sauvages, dont l'un forme une voûte sous laquelle passe un ruisseau, la sainte, demi-nue, agenouillée et tenant un crucifix, est en méditation devant un livre et une tête de mort.

Collection du marquis de Lacaze.

364. *Madeleine et deux chérubins.*

T. — H. 0,70. — L. 1,10.

En face, à mi-jambes, de grandeur naturelle et nue jusqu'à la ceinture, Madeleine, appuyée sur le bras gauche, tient de la main droite une tête de mort, tandis que deux chérubins semblent s'associer aux pleurs qu'elle répand.

Collection du marquis de Lacaze.

TEMPESTA (Antoine), *peintre et graveur, né à Florence en 1555, mort dans la même ville en 1630.*

C'est le premier des Florentins qui se soit distingué dans le paysage et les batailles. Il avait fait une étude particulière des animaux, et principalement des chevaux, qu'il représentait avec une grande perfection. Ses petits tableaux, très-nombreux, sont plus estimés que ses grandes compositions.

365. *Vue d'Italie.*

T. — H. 0,33. — L. 0,43.

Sur le premier plan, un berger, assis en profil, tient son bâton de la main gauche; il est entouré de son chien, de brebis et de chèvres.

Collection du marquis de Lacaze.

366. *Vue d'Italie.*

T. — H. 0,33. — L. 0,43.

Un berger assis, vu de dos, garde un troupeau de divers animaux.

Collection du marquis de Lacaze

TEMPESTA (LE CHEVALIER). — *Voyez* PIERRE MOLYN *le jeune,* n° 253.

TENIERS (David), *père, né à Anvers en 1582, mort dans la même ville en 1649.*

Élève de Rubens, il habita pendant dix ans l'Italie, et s'y lia avec Elzheimer, dont la manière lui plut. Il peignit beaucoup de petits tableaux dans ce genre, et communiqua son goût à ses deux fils, Abraham et David. L'aîné, Abraham, est à peine connu, tandis que la gloire du second, David, dit *le Jeune,* éclipse et fait trop oublier le mérite des tableaux de son père.

367. *Paysage.*

B. — H. 0,28. — L. 0,37.

Vue des bords d'un fleuve. Sur le premier plan, à

gauche, deux cavaliers sont arrêtés ; l'un d'eux est descendu pour rattacher ses chausses. Signé d'un monogramme composé d'un T inscrit dans un D.

Collection du marquis de Lacaze.

TENIERS (David), *le fils ou le jeune, peintre et graveur, né à Anvers en 1610, mort près de Bruxelles le 25 avril 1694.*

Ses débuts ne furent pas heureux ; malgré l'excessive facilité avec laquelle il faisait des pastiches, facilité qui lui fit donner le surnom de *Singe de la peinture,* il eut de la peine à se faire connaître ; mais peu à peu sa fortune changea, et peu d'artistes ont joui d'une réputation aussi éclatante et aussi méritée. L'archiduc Léopold le nomma directeur de sa galerie de tableaux, et envoya de ses ouvrages dans les différentes cours de l'Europe. Ces envois ne produisirent pas partout le même effet. Tandis que le roi d'Espagne s'en enthousiasmait et faisait construire une galerie exprès pour les peintures de Teniers, Louis XIV, habitué aux allégories mythologiques dont on flattait sa vanité, s'écria : « Otez de devant moi ces magots. » Mais la reine de Suède, mais don Jean d'Autriche, mais l'immense majorité de la foule et des connaisseurs, ont vengé Teniers des dédains du grand roi, et ont constaté que, même dans les représentations d'objets abjects ou grotesques, la vigueur du coloris, l'esprit et la netteté de la touche, la naïveté et l'exactitude de la représentation de la nature, pouvaient donner une immense valeur aux productions assez heureuses pour réunir tant de mérites différents. Teniers joignait à toutes ces éminentes qualités celle de peindre avec une facilité prodigieuse. Il lui arrivait souvent de commencer et de finir un tableau dans la même journée. Ces tableaux sont désignés dans le commerce sous le nom d'*Après-souper* de Teniers. Le nombre de ses œuvres est immense, et il disait lui-même en plaisantant que ses tableaux garniraient une galerie de deux lieues de longueur. Devenu très-riche, il fit bâtir au village de Perk, entre Malines et Vilvorde, un magnifique château qui devint le rendez-vous de tout ce que la Belgique comptait alors d'hommes distingués. Pour juger sainement et apprécier convenablement le mérite des peintures de Teniers, il ne faut pas oublier que quelque immense que soit le nombre de ses productions, le nombre de ses imitateurs et de ses copistes est encore plus grand.

368. *L'évocation.*

B. — H. 0,25. — L. 0,33.

Un paysan sorcier lit dans un grimoire au milieu d'êtres fantastiques. Signé Teniers.

Collection du marquis de Lacaze. Gravé par Lebas.

369. *Danse de villageois.*

B. — H. 0,43. — L. 0,72.

Collection du marquis de Lacaze.

370. *Un buveur.*

B. — H. 0,27. — L. 0,24.

Un homme assis, tourné à gauche.

Acheté par la ville en 1852. Ce petit tableau est un de ceux qu'on appelle un *Après-souper*, parce que Teniers les achevait dans une soirée.

371. *Paysage.*

B. — H. 0,41. — L. 0,55.

Deux immenses arbres dominent un chemin sur lequel on aperçoit quelques animaux, et deux cavaliers qui semblent partir d'une ferme, à gauche.

Collection du marquis de Lacaze (école de Teniers).

Voyez n° 407, paysage de Vangoyen; nos 384 et 385, paysages de Van Artois : les figures ont été peintes par Teniers.

TERNUS *ou* TURNUS (Jean), *né en Italie vers 1795, mort en 1826.*

Il étudia la peinture à Paris, s'adonna à la représentation des fleurs et des fruits, et vint à Bordeaux où il contracta des amitiés les plus distinguées et laissa les plus honorables souvenirs.

372. *Un vase de fleurs.*

T. — H. 0,94. — L. 0,69.

Sur le bord d'une table de marbre s'élève un vase rempli de fleurs; à gauche, sur la table, un melon, des pommes et des raisins.   Signé : Jnni T.

Acheté par la ville en 1835.

THOMIRE (   ), *peintre bordelais, reçu membre de l'Académie de cette ville en 1784.*

DE BORDEAUX.

373. *Portrait de l'auteur.*

T. — H. 1,13. — L. 0,88.

C'est le morceau de réception de l'auteur à l'Académie.

TIARINI (ALEXANDRE), *peintre et littérateur, né à Bologne le 20 mars 1577, mort dans la même ville le 8 février 1668.*

Il fut considéré comme un des plus célèbres élèves des Carrache et réussit également bien dans tous les genres.

374. *Vision de la Vierge.*

C. — H. 0,53. — L. 0,42.

Le sujet de ce tableau, tiré des Évangiles apocryphes, s'explique suffisamment de lui-même. La Vierge, encore enfant, entourée de son père, de sa mère et d'un ange, aperçoit dans le ciel la Sainte-Trinité qui lui révèle les destinées qui l'attendent.

Collection du marquis de Lacaze. Tiré du palais Zampieri.

TIBALDI. *Voyez* PELLEGRINI.

TIEPOLO (JEAN-BAPTISTE), *peintre et graveur, né à Venise en 1692, mort à Madrid le 25 mars 1769.*

On a dit de lui qu'il était le dernier de la grande famille des peintres vénitiens. Il préférait les teintes pâles et ternes aux nuances vives et éclatantes, et chercha surtout à imiter la manière de Paul Véronèse. Son génie ardent et la surprenante facilité de son pinceau, le rendirent très-propre à couvrir de compositions à fresque les édifices qu'il fut chargé de décorer dans différentes villes d'Italie et d'Espagne.

375. *Éliézer et Rebecca.*

T. — H. 0,99. — L. 1,40.

Éliézer, serviteur d'Abraham, arrivé en Mésopotamie pour chercher une femme à Isaac, rencontra Rebecca, fille de Bathuel, et lui donna les bracelets et les bijoux destinés à celle qui devait être la femme du fils de son maître. (*Genèse*, ch. xxiv.)

Collection du marquis de Lacaze. Gravé par M. Lacour (*Musée d'Aquitaine*, t. II , p. 224).

TILBURG. — *Voyez* VANTHILBURG.

TINTORET. — *Voyez* ROBUSTI.

TITIEN. *Voyez* VECELLIO.

TORENVLIET (JACQUES), *né à Leyde en 1641, mort dans la même ville en 1719.*

Sa prédilection pour la parure détermina son père à faire tourner ce goût au profit de son avenir artistique. Il lui promit de beaux habits en récompense de ses progrès dans les arts, et cette spéculation réussit parfaitement. En avançant en âge, Torenvliet préféra les arts aux riches costumes, et devint plus sensible à l'estime qu'au lucre. Il se distingua dans le portrait et l'histoire, et peignit aussi avec succès des scènes familières. Ses tableaux, peu connus en France, ressemblent tellement à ceux de Jean Steen, qu'il est quelquefois difficile de les distinguer.

376. *Un buveur tourné à gauche.*

Maroufté sur bois. — H. 0,27. — L. 0,20.

Collection du marquis de Lacaze.

377. *Une buveuse tournée à droite.*

Maroufté sur bois. — H. 0,27. — L. 0,20.

Collection du marquis de Lacaze.

TORRE (FLAMINIO), *né à Bologne en 1621, mort à Modène en 1661.*

Il fut surnommé *Degli Ancinelli* à cause de la profession de son père. Élève de Cavedone, de Guide et de Cantarini, il imitait si facilement la manière des grands maîtres, qu'il vendit plusieurs de ses copies autant et quelquefois plus que les originaux.

DE BORDEAUX. 225

378. *Saint Jérôme.*

T. — H. 0,60. — L. 0,52.

Buste éclairé par en haut, le corps nu, la tête baissée à droite.

Collection du marquis de Lacaze.

TOUL (N......), *né et mort à Bordeaux au* XVIIIᵉ *siècle.*

M. Toul fut un des fondateurs de la nouvelle Académie de peinture créée à Bordeaux en 1768; il fut nommé recteur de l'Académie en 1773. Ses collègues achetèrent et donnèrent à l'Académie un tableau allégorique *très-compliqué*, exposé au salon de 1782. On ignore ce qu'est devenu ce tableau.

379. *Téte de vieillard.*

T. — H. 0,31. — L. 0,25.

Donné au Musée par M. Lacour en 1854.

TREVISANI (François), *né à Capo-d'Istria, près Trieste, le 10 avril 1656, mort à Rome le 30 juillet 1746.*

Il ne faut pas confondre Angiolo avec Francesco Trevisani. Celui-ci eut un talent merveilleux pour imiter les manières des différents maîtres et réussit dans tous les genres de peinture.

380. *Téte de Vierge.*

T. — H. 0,50. — L. 0,32.

La Vierge tournée à gauche, vue de trois quarts, les yeux baissés, croise les mains sur la poitrine.

Don du gouvernement en 1803.

TRÉZEL (Pierre-Félix), *né à Paris en 1782.*

Élève de Lemire, il obtint une médaille d'or en 1810; a fait partie de l'expédition scientifique de Morée en 1831, a été nommé chevalier de la Légion d'honneur en 1839.

10.

226 MUSÉE

381. *Adieux d'Hector et d'Andromaque.*

T. — H. 3,27. — L. 2,30.

Andromaque aux bras blancs, suivie de ses compagnes aux beaux cheveux, et tenant Astyanax dans ses bras, essaie en vain de retenir son mari; le magnanime Hector a repris son casque à la crinière flottante, il la repousse, et part pour le combat dont il ne doit pas revenir. (Homère, *Iliade*, liv. VI.)

Don du gouvernement en 1819.

382. *Circé abandonnée par Ulysse.*

T. — H. 2,98. — L. 2,30.

Sur un rocher désert, l'effroi de la nature...
Circé, pâle, interdite, et la mort dans les yeux...
D'Ulysse fugitif semblait suivre la trace...

Ce tableau exposé au salon de 1824, sous le nom de Circé, nous paraît réunir toutes les conditions convenables pour représenter la célèbre magicienne, telle que l'a dépeinte J.-B. Rousseau dans sa fameuse cantate; cependant il a été envoyé au Musée sous ce titre : *Médée abandonnée par Jason.*

Don du gouvernement en 1840.

TURCHI (ALEXANDRE), *dit* ORBETTO *ou* ALEXANDRE VÉRONÈSE, *né à Vérone en* 1582, *mort à Rome en* 1648.

Il servit longtemps de guide à son père aveugle; de là le surnom d'*Orbetto.* Il réunit le coloris des Vénitiens au dessin des écoles de Rome et de Bologne, et obtint de si grands succès qu'on l'a comparé à Annibal Carrache. Il a très-souvent peint sur marbre et sur agate. Beaucoup de copies faites par ses élèves passent pour des originaux.

383. *Sainte Catherine.*

T. — H. 0,68. — L. 0,50.

Femme assise, à mi-jambes, tournée à gauche, les mains croisées; l'une d'elles tient une palme.

Collection du marquis de Lacaze.

DE BORDEAUX.

TURNUS. — *Voyez* TERNUS.

VAEL *ou* **WAEL.** — VANVAEL.

VAN ARTOIS (JACQUES), *né à Bruxelles en 1613, mort dans la même ville en 1665.*

Peu de paysagistes flamands ont su mieux que lui rendre les différentes heures de la journée. Il chercha à imiter Titien. Teniers aimait beaucoup les paysages de Van Artois, et s'est plu à y peindre de petites figures. Van Artois était spirituel et généreux. Sa société était aussi recherchée que ses tableaux. Il gagnait beaucoup d'argent, mais le dissipait par vanité, en sorte qu'il mourut très-pauvre.

384. *Paysage*.

B. — H. 0,40. — L. 0,60.

A droite, dans un chemin creux, des bohémiennes disent la bonne aventure à un paysan.

Collection du marquis de Lacaze.

385. *Paysage*.

B. — H. 0,40. — L. 0,60.

A gauche, dans un chemin creux, paraissent trois voyageurs dont le dernier porte sur le dos un paquet blanc.

Collection du marquis de Lacaze.

VAN BECCARD (J.....   ), *peintre flamand du* XVIIᵉ *siècle.*

Cet artiste ne nous est connu que par sa signature.

386. *Marine*.

T. — H. 0,60. — L. 0,89.

Vue intérieure d'une ville maritime. Un pont à bascule ferme l'entrée d'un port où paraissent enfermés une multitude de navires. Signé J. VAN BECCARD.

Collection du marquis de Lacaze.

MUSÉE

VAN DEN EECKOUT (Gerbrandt), *peintre et graveur, né à Amsterdam le 19 août 1621, mort dans la même ville le 22 juillet 1674.*

Son père était orfévre et le destinait à la banque; mais le goût des arts l'emporta. Élève de Rembrandt, il devint un de ses plus habiles disciples. Il est quelquefois difficile de distinguer les tableaux de Rembrandt Gerrets de ceux de Gerbrandt Van den Eeckout.

387. *Jeune homme jouant de la flûte.*

B. — H. 0,63. — L. 0,47.

Il tient des deux mains la flûte dont il s'apprête à jouer. Tête à gauche.

Collection du marquis de Lacaze.

VAN DER DOES (Jacob), *né à Amsterdam en 1623, mort à La Haye en 1673.*

Fils d'un peintre de paysage et d'animaux fort estimé, il laissa un fils qui excella aussi dans le genre où s'étaient déjà illustrés son père et son grand-père. Il fut l'ami et l'émule de Carle Dujardin.

388. *Paysage.*

B. — H. 0,43. — L. 0,48.

Effet du Soir. A côté d'un âne, un jeune berger pousse de la main des brebis qui s'arrêtent à brouter quelques ronces.

Collection du marquis de Lacaze.

389. *Paysage.*

B. — H. 0,41. — L. 0,57.

Sur le premier plan, un troupeau de vaches et de chèvres; au fond, des montagnes se perdent dans les vapeurs de l'horizon.

Acheté par la ville en 1849.

VAN DER KABEL (Adrien), *peintre et graveur, né à Ryswick, près de La Haye, en 1631, mort à Lyon en 1698.*

Les tableaux de cet artiste sont plus estimables que sa conduite; car s'il a peint tous les genres, il a contrefait tous les maîtres de manière à tromper les plus habiles connaisseurs. Ses paysages peuvent aller de pair avec tout ce qu'on connaît de mieux en ce genre.

390. *Nature morte.*

T. — H. 0,85. — L. 0,74.

Divers poissons, dont un est accroché à un arbre; à côté un crabe cuit, un hareng fumé, des Huîtres ouvertes et fermées, etc.

Collection du marquis de Lacaze.

VAN DER MEULEN (Antoine-François), *peintre et graveur, né à Bruxelles en* 1634, *mort à Paris le* 15 *octobre* 1690.

Malgré son origine étrangère, cet artiste éminent peut à bon droit être compté comme une des gloires de l'école française. Il était fort jeune lorsqu'il vint à Paris; il s'est presque entièrement consacré à représenter nos batailles et n'a jamais quitté la France. Attiré en France par Colbert, sur la recommandation de Lebrun, il eut un logement aux Gobelins et une pension de 6,000 liv., indépendamment du prix de ses tableaux. Van der Meulen suivait presque toujours les armées de Louis XIV pour en représenter les actions, les personnages et les costumes avec une scrupuleuse vérité. Il jouit d'une si grande estime que, contrairement aux usages, il fut reçu membre de l'Académie de peinture sans avoir présenté de morceau de réception. Devenu veuf, il épousa la nièce de Lebrun; mais les chagrins causés par cette nouvelle union abrégèrent ses jours.

391. *Portrait d'un maréchal de France.*

T. — H. 0,61. — L. 0,70.

Collection du marquis de Lacaze.

VAN DER NEER (Arthus ou Aar), *né à Amsterdam vers* 1619, *mort en* 1684.

Destiné à l'état militaire, il peignit avec un succès remarquable les effets de lune et de glace. Presque toujours ses paysages représentent des pays plats. Ses tableaux sont très-rares en France. Il eut un fils qui se distingua comme peintre d'histoire, de paysages et de nature morte.

392. *Paysage.*

T. — H. 0,35. — L. 0,48.

Clair de lune. Une rivière divise en deux le tableau :

à gauche, un grand arbre et les toitures d'un château; de l'autre côté de la rivière, des coteaux élevés. Sur le premier plan se détachent sur l'eau les silhouettes de quelques bateaux et de divers personnages.

Acheté par la ville en 1854.

393. *Paysage.*

T.— H. 0,54.— L. 0,70.

La lune se reflète, à gauche, dans un étang qui baigne les murs d'un château; à droite, un chemin sur lequel passe un aveugle guidé par son chien. (Esquisse.)

Collection du marquis de Lacaze.

394. *Paysage.*

T. — H. 0,51.— L. 0,70.

La lune se lève, à droite, derrière une ligne d'arbres qui bordent une petite rivière. Sur la rivière, on distingue une barque et un canot chargés de pêcheurs.

Collection du marquis de Lacaze.

VAN DYCK (Antoine), *peintre et graveur, né à Anvers le 22 mars 1599, mort près de Londres le 9 décembre 1641.*

Van Dyck, fils d'un peintre verrier, est le plus illustre des élèves de Rubens; c'est une des plus nobles et des plus poétiques figures que présente l'histoire des arts. Malheureux à Anvers où son mérite rend jaloux son maître lui-même, il vient en Italie, et sa supériorité lui fait encore trouver des détracteurs parmi ses compatriotes. Il quitte Rome, et les mêmes jalousies le poursuivent en Sicile. Il arrive à Paris, Poussin venait d'y être chargé des travaux que Van Dyck croyait recevoir; il passe à Londres et ne peut pas même obtenir d'être présenté à la cour. Il revient à Anvers, découragé, osant à peine compter sur l'avenir. Mais la fortune s'était lassée de le poursuivre. Chacune de ses mésaventures l'avait fait connaître, et tout à coup les chances tournent en sens inverse. Il était à peine arrivé d'Angleterre qu'il y est rappelé et reçoit du roi une pension de 25,000 livres, un logement somptueux pour l'hiver et un autre pour l'été. Le prix de ses tableaux est fixé à 25,000 livres pour un portrait en pied, 12,500 livres pour un buste. La fortune lui sourit autant qu'elle lui avait été sévère. Généreux, voluptueux, prodigue, il ose dire que sa table est ouverte à tous ses amis et sa bourse à tous les caprices de ses maîtresses. Il a l'honneur d'être nommé chevalier du Bain, épouse une parente des rois d'Écosse et l'une des plus belles femmes de l'Angleterre, laisse l'alchimie dévorer l'or que ses pinceaux enfantent, et meurt comblé d'honneurs, de richesses et de gloire, n'ayant pas encore quarante-deux ans.

395. *Sainte Famille.*

T. — H. 2,87. — L. 2,05.

La Sainte-Vierge présente son fils à saint François qui le caresse. Des anges et des séraphins entourent ces divins personnages.

Cette copie, don du gouvernement en 1803, avait été prise en Belgique. Restauré par le musée central.

396. *Descente de croix.*

T. — H. 1,19. — L. 1,67.

Copie de la célèbre composition de Van Dyck qui a été si souvent reproduite en peinture, gravure, etc. Cette copie a été faite par Van Thulden, camarade de Van Dyck, et l'un des meilleurs élèves de Rubens.

Collection du marquis de Lacaze.

397. *Portrait en pied de Marie de Médicis.*

T. — H. 2,49. — L. 1,48.

Fille de François II, grand-duc de Toscane, et de Jeanne, archiduchesse d'Autriche, elle naquit à Florence le 26 avril 1573, épousa Henri IV en décembre 1600, et devint régente du royaume après l'assassinat de son mari. Elle est morte dans l'exil et la misère à Cologne, le 3 juillet 1642. Marie de Médicis est représentée en costume de veuve, assise, tournée à droite, tenant une fleur à la main. Dans le fond, à droite, on aperçoit le clocher de Saint-Denis. A gauche, la couronne de France est posée sur un tabouret, près d'un petit chien.

Don du gouvernement en 1803, vient de l'ancien cabinet du roi. Restauré par le musée central.

MUSÉE

398. *Portraits de Robert et de Charles-Louis de Simmeren.*

T. — H. 0,63. — L. 0,75.

Tous deux sont fils de Frédéric V, électeur palatin, roi de Bohême, etc., et d'Élisabeth, fille de Jacques Ier, roi d'Angleterre. L'aîné, Robert ou Rupert, duc de Cumberland, né en 1619, placé à gauche, vu de face, la tête nue, couvert de son armure, décoré du collier de l'ordre, est sans gantelets. Un col de guipure retombe sur sa cuirasse, la main droite tient un bâton de commandement, et la gauche est appuyée sur la garde de son épée. Ce prince mourut à bord d'un petit bâtiment qui, la nuit, heurta à pleines voiles contre un gros navire et sombra. Le second prince, Charles-Louis, né le 20 décembre 1617, placé à droite, vu de trois quarts, appuie sa main droite sur sa poitrine et la gauche sur sa hanche. Ce prince essaya de recouvrer les États que son père avait perdus; mais ayant été vaincu, ce ne fut qu'après le traité de Westphalie, en 1648, qu'il recouvra le Palatinat. C'est lui qui défia en combat singulier le maréchal de Turenne qui ravageait ses États. Il mourut le 28 août 1680.

Don du gouvernement en 1819. Copié réduite de l'original qui est au musée du Louvre.

399. *Portrait d'un inconnu.*

T. — H. 0,11. — L. 0,11.

Tête d'un homme blond, en face, sans coiffure et portant fraise et moustaches.

Collection du marquis de Lacaze.

400. *Renaud et Armide.*

T. — H. 1,10. — L. 0,81.

Renaud à moitié désarmé, vu en raccourci et la tête penchée en arrière, s'est endormi au pied d'un rocher.

Des amours volent dans les airs, une naïade chante dans une fontaine, et, près du héros, Armide, debout, l'entoure avec précaution de guirlandes de fleurs. (*Jérusalem délivrée,* chant XIV.)

Collection du marquis de Lacaze. Vient de la galerie du prince Henri de Prusse. Il y a au musée du Louvre une composition à peu près de la même dimension, sur le même sujet et par le même artiste, mais différemment arrangée. On attribue à Van Dyck plusieurs autres compositions sur le même sujet.

VAN EECKOUT. — *Voyez* Van den Eeckout.

VAN EVERDINGEN (Aldert), *peintre et graveur, né à Alkmaart en 1621, mort dans la même ville en novembre 1675.*

Peintre célèbre dans la marine et le paysage, il peignit néanmoins tous les genres. D'un caractère doux et d'une piété remarquable, il affectionnait la représentation des scènes les plus terribles. Il eut deux frères et trois fils qui se distinguèrent dans la peinture.

401. *Esquisse d'un paysage.*

Maroufié sur bois. — H. 0,28. — L. 0,35.

Le premier plan est occupé par une rivière sur laquelle passe un canot monté par trois pêcheurs; au fond du tableau on aperçoit une montagne.

Collection du marquis de Lacaze.

VAN GOYEN (Jean), *peintre et graveur, né à Leyde en 1596, mort à La Haye en avril 1656.*

Son inconstance lui fit souvent changer de maître et de domicile ; mais l'uniformité de sa touche hardie et la transparence des tons roussâtres qui dominent dans ses tableaux, font aisément reconnaître ses ouvrages.

402. *Paysage.*

B. — H. 0,48. — L. 0,56.

Vue d'un champ moissonné. Dans le fond, à droite, les clochers et les toitures d'une ville se montrent

234 MUSÉE

au-dessus des arbres, tandis qu'au premier plan on remarque, dans l'ombre, un gros tronc d'arbre abattu sur un monticule. Signé, à droite, V. G.

Collection du marquis de Lacaze.

403. *Paysage.*

B. — H. 0,44. — L. 0,63.

A gauche, une maison fortifiée au bord de l'eau ; à droite, une église avec un village ; sur le premier plan, deux vaches et deux bergers.

Collection du marquis de Lacaze.

404. *Paysage.*

B. — H. 0,48. — L. 0,64.

A gauche du tableau, plusieurs maisons, tours et clochers sur le bord d'une rivière qui coule à droite.

Collection du marquis de Lacaze.

405. *Paysage.*

B. — H. 0,49. — L. 0,70.

A droite, une église sur le bord d'une rivière ; à gauche, un canot monté par quatre personnes.

Collection du marquis de Lacaze.

406. *Paysage.*

T. — H. 1,66. — L. 1,45.

La toile est presque entièrement occupée par le ciel, et par le tronc d'un vieil arbre au pied duquel une bohémienne debout dit la bonne aventure à quelques paysans. Les figures sont peintes par Téniers.

Signé : I. V. GOYEN. 1633.

Collection du marquis de Lacaze. Don du roi de Bavière.

VAN HAALS. — *Voyez* HALS.

VAN HALEN. — *Voyez* VAN WEEN, n° 447.

DE BORDEAUX.

VAN KESSEL (Jean), *né à Anvers en 1626, mort dans la même ville en 1679.*

Le grand nombre d'artistes qui portèrent le nom de Van Kessel a jeté quelque incertitude sur les circonstances particulières de leur histoire et quelque confusion sur l'origine de leurs tableaux. Jean, le plus célèbre, travailla quelquefois avec Breughel de Velours, dont il imita assez bien la manière. Ses tableaux de genre sont beaucoup plus recherchés que les portraits qu'il essaya de faire dans la manière de Van Dyck, et qui réussirent médiocrement.

407. *Nature morte.*

B. — H. 0,35. — L. 0,52.

Sur une table couverte de divers fruits, on remarque un crabe, un citron pelé, etc.

Collection du marquis de Lacaze.

408. *Nature morte.*

B. — H. 0,68. — L. 0,51.

Des fleurs groupées autour d'un cartouche sculpté en pierre. Le sujet peint dans le cartouche a été enlevé et remplacé par une peinture en grisaille du XVIIIᵉ siècle, représentant trois amours couronnant le buste d'une femme.

Signé sous le cadre : Van Kessel.

Acheté par la ville en 1849.

VANLOO (André-Charles), *peintre et sculpteur, né à Nice en 1705, mort à Paris le 15 juillet 1765.*

La famille des Vanloo, originaire de Flandre, a produit pendant cinq générations un grand nombre d'artistes dont l'histoire a conservé les noms. Il fut un temps où il y eut quatre peintres de ce nom sur les fauteuils de l'Académie royale. Carle Vanloo né vingt-un ans après son frère, le célèbre J.-B. Vanloo, reçut de lui les premières leçons et remporta tous les prix de l'Académie. Il devait par conséquent être nommé pensionnaire de l'école de Rome; mais il fut obligé de partir à ses frais. A Rome, il remporta encore tous les prix de l'Académie de Saint-Luc; et alors, par le crédit du célèbre cardinal de Polignac, dont l'histoire n'est pas étrangère à celle des lettres et des arts à Bordeaux, il obtint enfin la pension complète à l'école de France. Nommé chevalier par le Pape et comblé de distinctions et d'honneurs, il vint à Milan et y épousa, en 1734, la célèbre cantatrice Christine Sommis, aussi distinguée par son esprit que par sa beauté, laquelle eut la première l'avantage de faire goûter aux Parisiens les charmes de la musique italienne.

Carle Vanloo, qui savait à peine lire et écrire, est un des artistes qui ont été le plus vantés pendant leur vie et le plus décriés après leur mort. Il fut reçu membre de l'Académie en 1735 et premier peintre du roi en 1762.

409. *Auguste reçoit les ambassadeurs de plusieurs peuples barbares.*

T. — H. 2,61. — L. 4,25.

Acheté par la ville, en 1835, à M. le comte de Pradines. C'est l'ébauche d'un tableau qui devait être exécuté pour la chambre des comptes d'Aix en Provence. Il ne fut payé que 400 fr. à cause du mauvais état dans lequel il se trouvait.

VANNI (FRANÇOIS), *peintre, graveur, architecte et mécanicien, né à Sienne en 1563, mort dans la même ville le 25 octobre 1609.*

Sorti d'une famille adonnée aux arts depuis trois siècles, il s'attacha surtout à imiter la manière de Baroche et y parvint de manière à tromper les plus habiles connaisseurs. Il passe pour le meilleur peintre de l'école de Sienne, quoiqu'il ait souvent peint à bas prix des tableaux qui ne sont pas dignes de lui.

410. *Saint Pierre reniant son maître.*

T. — H. 0,65. — L. 0,60.

Saint Pierre, assis près du feu et les jambes croisés, se tourne vers la servante pour lui dire : « Je ne le connais point et je ne sais ce que vous voulez dire. » (*Saint Marc,* ch. XIV, vers. 68.)

Collection du marquis de Lacaze.

VANNUCCI (PIERRE), *dit* PÉRUGIN, *né à Città della Pieve, près de Pérouse, en 1446, mort dans la même ville en 1524.*

Il était si pauvre quand il vint étudier à Florence, qu'il coucha plusieurs mois sur un coffre. Un travail opiniâtre et une économie excessive lui procurèrent peu à peu une fortune considérable. Dans les fréquents voyages qu'il faisait de Città della Pieve à Pérouse, il emportait avec lui tout son argent. Des voleurs l'ayant su, le dépouillèrent de tout ce qu'il avait; il faillit en mourir de chagrin. Mais dédommagé en partie par la générosité de ses protecteurs, il continua à travailler et ramassa encore une belle fortune. Il eut plusieurs enfants, mais ils ne se sont pas occupés d'arts. On a accusé Pérugin d'impiété, et Vasari disait entre autres qu'on n'avait jamais pu faire entrer la croyance à l'immortalité de l'âme dans la dureté de sa tête de porphyre. Quels que soient le mérite et le prix des tableaux de cet artiste, la plus grande gloire de Pérugin est d'avoir été le fondateur de l'école romaine et le maître de Raphaël.

411. La Vierge, l'enfant Jésus, saint Jérôme et saint Augustin.

B. — H. 2,13. — L. 1,86.

Sur un trône sculpté de marbre et d'or, au-dessus duquel est agenouillée dans le ciel une rangée d'anges et d'archanges, la Vierge est assise tenant sur ses genoux son fils debout et bénissant. La droite du trône est occupée par saint Jérôme debout et vêtu en cardinal; la gauche par saint Augustin, également debout et tenant d'une main un livre ouvert sur un feuillet blanc.

Don du gouvernement en 1803, vient de Pérouse. Restauré par le musée central.

VANNUCCHI (André), dit Andréa del Sarto, né à Florence en 1488, mort dans la même ville en 1530.

Le nom de Sarto lui fut donné à cause de la profession de son père qui était tailleur. A dix-sept ans, André Vannucchi entra en apprentissage chez un orfévre; mais peu à peu il se livra exclusivement à l'étude du dessin sous la direction de Jean Barile, assez habile sculpteur en bois. Trois ans après, André Vannucchi entra dans l'atelier de Pietro di Cosimo, étudia avec ardeur les cartons de Léonard de Vinci et de Michel-Ange, et, à vingt-trois ans, il passait pour un des plus habiles peintres de Florence. Il imitait si exactement ses modèles, qu'ayant fait une copie d'un portrait de Raphaël, Jules Romain, qui en avait peint les vêtements, y fut trompé et le prit pour l'original. Appelé en France en 1517, par François Ier, André Vannucchi jouit à la cour de la fortune la plus brillante; mais tourmenté par sa femme qu'il avait laissée en Italie, il partit en 1519, promettant sous serment de revenir, et chargé par le roi d'acheter des objets d'arts pour une somme considérable. De retour en Italie, il laissa sa femme dissiper en folles dépenses l'argent qui lui était confié et n'osa revenir. Il était déjà réduit à la misère lorsque la peste l'emporta à l'âge de quarante-deux ans.

412. Sainte Famille.

B. — H. 1,33. — L. 1,06.

A gauche, la Sainte-Vierge assise à terre soutient l'enfant Jésus qui lève les yeux vers le ciel que lui montre le petit saint Jean, debout, entre les bras de sainte Élisabeth. Le divin enfant semble accepter avec résignation la douloureuse mission que saint Jean lui révèle. Dans le fond, à gauche, deux anges nus semblent écouter avec douleur ces tristes présages.

Ce tableau, donné en 1819 par le gouvernement à l'église Saint-André de Bordeaux, fut échangé par les soins de M. le comte de Tournon, alors préfet de la Gironde, pour le grand tableau de Jaq. Jordaëns, décrit au nº   , et qui se voit actuellement dans l'église de Saint-André. Le tableau d'André del Sarto, que le musée a reçu en échange, est une répétition faite par l'artiste lui-même de la célèbre *Sainte-Famille* qu'il peignit pendant son séjour à Fontainebleau. L'original est actuellement au musée du Louvre, il a été gravé plusieurs fois. On cite une autre copie ancienne de cette composition dans la galerie impériale de Vienne.

VAN RYN. — *Voyez* REMBRANDT.

VAN STEENWYCK. *Voyez* STEENWYCK.

VAN THILBOURG (GILLES), *né à Bruxelles en 1625. On ignore l'époque de sa mort.*

Les circonstances de la vie de ce peintre sont à peu près inconnues; sa manière approche beaucoup de celle de Brauwer et de Teniers.

413. Intérieur.

B. — H. 0,59. — L. 0,48.

Des paysans flamands, debout autour d'une table, se moquent de celui d'entre eux qui vient de perdre une partie de *dames.*

Collection du marquis de Lacaze.

DE BORDEAUX.

VAN THULDEN (Théodore), *peintre et graveur, né à Blois-le-Duc en 1607, mort dans la même ville en 1686.*

Il profita si bien des leçons de Rubens et fut si bien apprécié de son maître, que celui-ci l'emmena à Paris et l'employa dans ses travaux du Luxembourg. Il a peint l'histoire et le genre, et très-souvent exécuté les figures qui peuplent les paysages faits par d'autres peintres.

Le musée ne possède de Van Thulden qu'une copie d'après Van Dyck. Voyez nº 396.

VAN TICHNEL (N***).

414. *Vase de fleurs.*

T. — H. 0,89. — L. 0,71.

Ce tableau, acheté par la ville en 1854, à la vente de la galerie de M. David Johnsthon comme étant fait par Vantichnel, porte sous la bordure cette signature : *V. L. fecit.*

VAN VAEL *ou* **VAN WAEL** (Corneille), *né à Anvers en 1594, mort en 1662.*

Son père et son frère, peintres assez distingués, sont mentionnés par Descamps, qui prétend que Corneille Vanvaël se fit remarquer surtout comme peintre de batailles; néanmoins le nom de cet artiste ne figure ni dans le catalogue du musée d'Anvers, ni dans la plupart des biographies des peintres flamands.

415. *La Bénédiction nuptiale.*

T. — H. 0,49. — L. 0,72.

Une multitude de personnages, à la physionomie espagnole, se pressent dans une humble chapelle autour d'un prêtre qui bénit l'union de deux jeunes gens.

Collection du marquis de Lacaze.

VAN VEEN (Otho), *dit* Otto Venius, *peintre, littérateur et mathématicien, né à Leyde en 1556, mort à Bruxelles en 1634.*

Appartenant à une famille distinguée, il fut destiné à la carrière des

sciences. Ses succès dans les arts ne lui firent pas oublier ses premières
études. Il remplit plusieurs fonctions importantes, et fit reconnaître en lui,
dans toutes les occasions, un homme d'un mérite supérieur; mais toutes ses
illustrations s'effacent devant l'incomparable honneur d'avoir été le maître
de Rubens.

416. *Mariage de sainte Catherine.*

T. — H. 0,94. — L. 1,23.

A droite, la sainte Vierge, assise sous une tenture
rouge et suivie de saint Joseph, tient sur ses genoux
l'enfant Jésus qui donne l'anneau d'alliance à sainte
Catherine, agenouillée, les cheveux épars et couronnée. A gauche, un jardin à l'antique dans lequel
deux anges cueillent des fleurs près d'un jet d'eau.
Dans le bas, une épée nue, et, près de la poignée,
cette signature en lettres majuscules :

OTTO. V. VEEN. F.

Collection du marquis de Lacaze. Le paysage est de Van Halen.

417. *Téte de sainte, d'après Corrège.*

Tournée à droite, vue de trois quarts, la sainte a
les yeux fixés sur un crucifix qu'elle soutient de la
main droite.

Don du gouvernement en 1803.

VAN VLIET (JEAN-GEORGES), *peintre et graveur, né en Hollande vers 1608, mort après 1650.*

Le nom de cet artiste ne figure dans aucune biographie, cependant il est
mentionné dans plusieurs catalogues qui le citent comme élève de Rembrandt.

418. *Intérieur d'un temple protestant.*

T. — H. 0,49. — L. 0,57.

Pendant que des ministres prêchent dans l'enceinte
réservée, à droite, divers personnages se promènent

DE BORDEAUX. 241

dans un des bas-côtés de la nef gothique de la voûte de laquelle pendent une grande quantité de lustres.

Collection du marquis de Lacaze.

VAROTARI (Alexandre), *dit* Padouan, *ou* Alexandre Véronèse, *né à Padoue en 1590, mort dans la même ville en 1650.*

Il était fils de Darius Varotari qui quitta Vérone pour établir à Padoue une école devenue célèbre, surtout quand elle fut dirigée par ses enfants Claire et Alexandre Varotari. Alexandre Véronèse aimait à traiter les mêmes sujets qu'avait traités Titien, et fit une étude si approfondie de ce maître, qu'il est sans contredit le plus habile de ses imitateurs. Il possédait à un très-haut degré la science des raccourcis, et se fit une manière qu'il est aussi facile de reconnaître que d'imiter; car les plus habiles professeurs vénitiens ont eu de la peine à reconnaître les œuvres de son pinceau d'avec celui de ses élèves. Il laissa un fils nommé Darius comme son grand-père, qui se distingua comme peintre, graveur, médecin et poëte.

417. *La Vierge et l'enfant Jésus.*

T. — H. 0,92. — L. 0,69.

La Vierge, à mi-corps, soutient et montre en face l'Enfant debout et nu.

Collection du marquis de Lacaze.

418. *Tête colossale de femme.*

T. — H. 1,18. — L. 0,90.

Vue de face, coiffée en cheveux, vêtue d'une draperie jaune; la main droite tient une flèche.

Collection du marquis de Lacaze.

419. *Tête colossale de femme.*

T. — H. 1,18. — L. 0,90.

Vue de profil, vêtue d'une draperie grise, la main gauche sur la poitrine.

Collection du marquis de Lacaze.

11

MUSÉE

VASARI (Georges), *peintre, architecte, littérateur, etc., né à Arezzo en 1512, mort en 1574.*

Il était issu d'une famille depuis longtemps consacrée aux arts. Son bisaïeul était peintre, son grand-père sculpteur, etc. Vasari, lié avec tous les grands artistes que possédait alors l'Italie, se forma un style où l'on reconnaît l'influence de ces différents maîtres, mais surtout une prédilection marquée pour Michel-Ange Buonarotti. Il fut un des plus habiles architectes de l'Italie, et joignit, aux connaissances théoriques, la pratique de tous les arts accessoires de l'architecture, en sorte qu'il pouvait diriger et exécuter lui-même les stucs, les dorures et tout ce qui concerne l'ornementation d'un édifice. La multiplicité de ses connaissances et l'amitié des plus grands artistes de l'Italie, lui firent acquérir une grande réputation. Malheureusement, l'ardeur de son imagination et une merveilleuse facilité de conception l'entraînèrent trop souvent à peindre de pratique, et le firent tomber dans l'incorrection et le maniéré. D'ailleurs un autre genre de succès, sans nuire à la gloire de ses pinceaux, en a fait un peu oublier l'éclat, c'est sa gloire littéraire. Non-seulement Vasari est le fondateur et le père de l'histoire de la peinture, mais le modèle et le guide de tous ceux qui veulent écrire sur les arts.

420. *Sainte Famille.*

B. — H. 1,05. — L. 0,80.

La Vierge debout, à mi-corps, en face, soutient d'une main la tête de son fils endormi, et de l'autre fait approcher le petit saint Jean. Dans le fond, on aperçoit à droite la tête de saint Joseph, et à gauche la tête de saint François.

Acheté par la ville en 1853 (4,000 fr.).

Le musée du Louvre possédait deux *Saintes-Familles* de Vasari. L'une a été rendue à l'Autriche en 1815, l'autre a été donnée au musée de Grenoble.

VASSILACCHI (Antoine), *dit* Aliense, *né à Milo (Grèce) en 1556, mort à Venise en 1629.*

Il était élève de Paul Véronèse, qui fut, dit-on, tellement jaloux de ses progrès qu'il le renvoya en lui conseillant de ne plus peindre que de petites figures. Parmi ses tableaux les plus remarquables, les historiens mentionnent une *Adoration des Mages* qui se trouve à Venise.

DE BORDEAUX.

421. *Adoration des Mages.*

T. — H. 0,96. — L. 1,20.

A droite, la Vierge, debout près d'un bœuf, tient par-dessous les bras l'enfant Jésus, auquel un des Mages agenouillé présente une offrande.

Collection du marquis de Lacaze.

VECCHIA ou VECCHIO. — *Voyez* DELLAVECCHIA.

VECELLIO (TIZIANO), *dit* TITIEN, *né à Pière, près Cadora en Frioul, en 1477, mort à Venise le 27 août 1576.*

Chef de l'école vénitienne, et le plus grand coloriste connu, c'est l'un des plus illustres peintres d'histoire; il excella dans le paysage, et personne ne l'a surpassé dans le portrait. Il montra fort jeune de grandes dispositions pour son art, et les conserva jusque dans un âge où il est bien rarement donné à la nature humaine de parvenir. Il travaillait encore à quatre-vingt-dix-neuf ans, et laissa la postérité indécise entre ses premiers essais et ses derniers chefs-d'œuvre. Les grands et les souverains ambitionnaient d'être peints de sa main. Charles-Quint le fit chevalier, comte palatin, et lui assigna une pension considérable. Il répondit à des courtisans qui s'étonnaient des honneurs et des marques de déférence extraordinaires qu'il donnait à un artiste : « Je puis faire un duc quand je veux; mais il n'y a que Dieu qui puisse faire un Titien. » Il se fit peindre jusqu'à trois fois par cet artiste, et poussa la bonté jusqu'à ramasser lui-même un pinceau que Titien avait laissé tomber. « Vous êtes digne, lui disait-il, d'être servi par les Césars. » (*Voyez à ce sujet le tableau de M. Bergeret, n° 22.*) Vecellio eut de nombreux élèves qui imitèrent parfaitement sa manière et multiplièrent ses tableaux par un grand nombre de belles copies que le maître ne dédaignait pas de retoucher.

422. *Repos de la Sainte Famille.*

T. — H. 0,78. — L. 1,01.

Dans un paysage, au fond duquel on aperçoit une maisonnette, la sainte Vierge et saint Joseph sont assis à terre; l'enfant Jésus, soutenu par sa mère, embrasse et caresse saint Joseph.

Collection du marquis de Lacaze, payé 2,400 fr. Il a tellement souffert qu'il est difficile de juger de l'attribution.

244 MUSÉE

423. *La femme adultère.*

T. — H. 1,34. — L. 2,05.

Vingt-deux figures à mi-corps, groupées dans le
goût des bas-reliefs antiques. Au centre, Jésus entouré de docteurs et de Pharisiens, montre la femme
coupable placée à gauche, la poitrine et les épaules
nues, et semble dire à ceux qui l'écoutent : « Que celui de vous qui est sans péché, lui jette la première
pierre. » (*Saint Jean*, chap. viii, vers. 7.)

Don du gouvernement en 1803. Restauré par le musée central. Ce magnifique tableau , que quelques personnes ont attribué à Paul Véronèse, a
fait autrefois partie du palais ducal de Modène, et il a été décrit dans divers
itinéraires.

424. *Sainte Madeleine.*

B. — H. 0,87. — L. 0,64.

La sainte pécheresse nue, en face, à mi-corps, se
voile de sa chevelure et de ses bras.

Don du gouvernement en 1803; faisait partie de l'ancien cabinet du roi.
Restauré par le musée central.

425. *Vénus soufflant le feu de l'Amour.*

T. — H. 1,30. — L. 0,93.

Une femme nue, assise à l'entrée d'une grotte, tient
un soufflet dont elle allume le feu auquel se chauffe
un Amour à genoux.

Don de M. Doucet en 1805 Le sujet et l'exécution de cette composition
font également douter qu'elle soit de Titien.

426. *Triomphe de Galatée.*

B. — H. 0,40. — L. 0,75.

La jeune néréide, amante d'Acis et de Polyphème,
est assise en profil, presque nue, et traînée par des

DE BORDEAUX.

dauphins. Elle s'éloigne du rivage, entourée d'Amours et précédée d'un triton jouant de la trompe marine.

Collection du marquis de Lacaze. Payé 3,500 fr.

427. Tarquin et Lucrèce.

T. — H. 1,75. — L. 1,45.

L'an 244 de Rome, et 509 avant J.-C., Sextus Tarquin, fils aîné du roi Tarquin le Superbe, s'étant introduit dans la chambre de sa cousine Lucrèce, femme de Collatin, la menaça de la tuer et de placer à côté d'elle le corps d'un esclave, si elle ne cédait pas à ses désirs.

Don du gouvernement en 1803; faisait partie de l'ancien cabinet du roi. Restauré par le musée central. Titien affectionnait ce sujet, qu'il a répété plusieurs fois ainsi que son pendant : *Lucrèce se poignardant*. Il en existe une copie au Louvre; il y en avait une dans la galerie du comte d'Arundel, en Angleterre, gravé par Cort; il y en a une dans la galerie impériale de Vienne. Celle de notre musée est donc la quatrième. Elle a été gravée du vivant même de Titien par Jaq. Valeguis; mais notre exemplaire présente des changements si considérables, qu'on peut le considérer comme la première pensée de l'artiste.

Voyez en outre *Vénus endormie* par Corrège, n° 5. Elle avait été attribuée à Titien.

VEEN. — *Voyez* VAN VEEN.

VELASQUEZ. — *Voyez* un tableau de Salvator Rosa, qui lui était attribué, n° 325.

VENIUS. — *Voyez* VAN VEEN.

VERDIER.— *Voyez* un tableau de Lebrun, qui lui était attribué, n° 206.

VÉRONÈSE (ALÉXANDRE). — *Voyez* TURCHI et VAROTARI.

VÉRONÈSE (PAUL). — *Voyez* CALIARI.

246 MUSÉE

VERTANGHEN (Daniel), né à La Haye vers 1599.

Élève de Poelemburg, il peignit comme lui des chasses, des baigneuses, des bacchantes, etc.; et très-souvent les compositions de l'élève ont été prises pour celles du maître.

428. Nymphes au bain.

T. — H. 0,37. — L. 0,30.

Trois jeunes filles se baignent dans des roseaux, près d'un bâtiment en ruines.

Collection du marquis de Lacaze. Ce tableau a été successivement attribué par M. de Lacaze à Boucher, à Lagrenée, et enfin à Vertanghen. Cependant le style et la manière de cette peinture ne conviennent guère à un artiste né dans le xviᵉ siècle, et il existe une composition de F. Boucher, absolument semblable à la nôtre, qui a été gravée par W. Ryland sous le titre de *Les Grâces au bain.*

VIEN (Joseph-Marie), *peintre et graveur, né à Montpellier le 18 juin 1716, mort à Paris le 27 mars 1809.*

La vie et l'influence du rénovateur de la peinture en France sont assez connues pour qu'il suffise d'en rapporter les principales dates. L'homme qui devait avoir l'honneur de réaliser dans les arts la révolution que le comte de Caylus avait déjà préparée dans l'histoire et la littérature, commença par être clerc dans l'étude d'un procureur ; il entra ensuite dans une fabrique de faïencerie et avait déjà vingt-cinq ans lorsqu'il partit pour Paris en 1741. Il obtint le prix de Rome en 1743, resta sept ans en Italie, et, chose singulière, ce qui fait aujourd'hui son honneur et sa gloire, fut précisément ce qui l'éloigna longtemps des portes de l'Académie. Ce fut Boucher, son antagoniste, s'il est permis de s'exprimer ainsi pour désigner le chef de l'école opposée, ce fut Boucher qui, le premier, osa proclamer le mérite incontestable de celui qui devait détruire l'école de Boucher. M. Vien fut reçu membre de l'Académie en 1754. Nommé directeur de l'école de Rome à la place de Natoire en 1771, chevalier de saint Michel en 1775, premier peintre du roi en 1788, il avait plus de soixante-quinze ans lorsque la révolution le priva tout à coup de toutes ses places et de tous ses honoraires; ses épargnes furent bien vite épuisées, et il allait manquer de tout, lorsque Napoléon le nomma sénateur, comte de l'empire, commandant de la Légion d'honneur, etc. Six mois avant que les portes du Panthéon s'ouvrissent pour son cercueil, à l'âge de quatre-vingt-treize ans, le Nestor de la peinture moderne exerçait encore ses pinceaux sur des sujets gracieux, dans lesquels il était facile de reconnaître les restes d'un véritable talent. Sa femme, Marie-Thérèse Reboul, morte le 28 décembre 1805, s'était fait un nom dans la peinture et la gravure; elle fut reçue membre d'Académie de Paris le 30 janvier 1757. Son fils nommé aussi Joseph-Marie

Vien, s'est distingué dans la miniature à l'huile, et avait épousé la fille du général Bache, laquelle s'est illustrée dans la littérature ; elle a fait partie de l'Académie des sciences, belles-lettres et arts de Bordeaux.

429. *La Circoncision* (esquisse).

Papier maroufé sur toile. — H. 0,27. — L. 0,18.

La sainte Vierge, debout à gauche, a posé son Fils devant le grand prêtre, qui se prépare à faire l'opération dont les anges se réjouissent dans le haut de la toile (esquisse).

Acheté par la ville en 1851.

VIGÉE (Madame). — *Voyez* Lebrun.

VINCENT (François-André), *peintre et littérateur, né à Paris le 5 décembre 1746, mort dans la même ville le 3 août 1816.*

Élève de Vien comme David, il remporta le prix de Rome en 1768, fut reçu membre de l'Académie de peinture en 1777. Quand il est mort, il était membre de l'Institut, officier de la Légion d'honneur, etc. Aussi aimé et aussi estimé par ses mœurs que par son talent, c'est assez dire pour sa gloire de rappeler qu'il fut pendant longtemps le rival de David et de citer le nom de quelques-uns de ces élèves dont le Musée possède des ouvrages : Ansiaux, Heim, Mauzaisse, Meynier, Monvoisin, Léon Pallière, etc.

430. *La leçon de labourage.*

T. — H. 2,82. — L. 3,13.

Ce tableau n'a pas besoin d'être daté pour qu'on reconnaisse l'époque à laquelle il a été fait ; il y a des scènes qui caractérisent mieux une époque que les costumes des personnages. La révolution commence : aux bergers en paniers et aux souliers de satin, ont succédé des agriculteurs en bas de soie et en gants jaunes. Un riche propriétaire, accompagné de sa famille, fait donner une leçon de labourage à son fils aîné pour compléter son éducation et lui faire honorer l'agriculture.

Acheté par la ville en 1830 (2,000 fr.) à M. J.-B.-N. Royer-Fonfrède, riche manufacturier de Toulouse, qui l'avait commandé et payé 6,000 fr. à l'artiste lui-même. Les figures sont des portraits de M. J.-B. Boyer-Fonfrède, de sa femme, et de M. J.-B. Boyer-Fonfrède, ancien avocat à Bordeaux.

VOLLERT.

Nous n'avons aucun renseignement sur cet artiste, dont le nom est probablement défiguré.

431. *Paysage.* — *Vue des bords du Rhin.*

T. — H. 0,41. — L. 0,54.

Un des bras du fleuve coule de gauche à droite. Sur le premier plan, une femme debout cause avec un homme assis. De l'autre côté du fleuve, diverses montagnes couvertes de villages se perdent dans un lointain bleuâtre.

Collection du marquis de Lacaze.

VOLTERRANO. — *Voyez* Franceschini.

VRANCK. — *Voyez* Franck.

WALKERT (Robert), *peintre et graveur, né à Sommerset en 1572, mort en 1658.*

Ce peintre anglais, formé par l'étude des tableaux de Van Dyck, jouit d'une grande réputation dans le parti républicain pendant tout le temps de la révolution.

432. *Portrait d'Olivier Cromwell.*

T. — H. 0,65. — L. 0,51.

Buste sans main, vêtu d'une cuirasse très-simple, la tête haute et regardant en arrière. Le futur protecteur de l'Angleterre, si c'est réellement son portrait, paraît âgé tout au plus de vingt-cinq ans, et, par conséquent, ce portrait a dû être fait vers 1628. R. Walkert a exécuté plusieurs portraits de Cromwell; cette circonstance nous a déterminé à attribuer à R. Walkert ce portrait, que les précédents catalogues donnent à un nommé Waller dont nous n'avons trouvé de trace nulle part.

Collection du marquis de Lacaze.

WATERLOO (ANTOINE), *peintre et graveur, né à Utrecht en 1618, mort dans la même ville en 1660.*

Malgré l'assiduité au travail, et malgré l'estime qu'obtinrent et que conservent les paysages de cet habile artiste, avec lequel Weenix et d'autres paysagistes célèbres ne dédaignèrent pas de s'associer, il mourut à l'hôpital.

433. *Paysage.*

T. — H. 0,29. — L. 0,38.

Temps brumeux, commencement de neige.

Collection du marquis de Lacaze. •

WEENIX *ou* **WEENINX** (JEAN-BAPTISTE), *né à Amsterdam en 1621, mort près d'Utrecht en 1660.*

Fils d'un architecte, il fut d'abord placé chez un libraire, puis chez un drapier. Il avait à peine vingt ans lorsqu'il quitta sa femme et son enfant pour aller se perfectionner dans les arts en Italie. La *bande joyeuse* le nomma le *Hochet* à cause du son de sa voix. Ses progrès furent rapides, mais sa femme n'ayant pu venir le joindre, il revint bientôt dans sa patrie et ne la quitta plus. Il s'exerça dans tous les genres et imita les différents maîtres, surtout G. Dow et Mieris, avec une grande facilité.

434. *Marine.*

T. — H. 0,50. — L. 0,41.

Trois barques réunies courent des bordées, celle du milieu a pris des ris.

Collection du marquis de Lacaze.

435. *Marine.*

T. — H. 0,50. — L. 0,41.

Au large, un petit trois-mâts n'ayant que ses petites voiles file vent arrière ; à droite, une petite gabarre le précède.

Collection du marquis de Lacaze.

11.

250 MUSÉE.

436. *Paysage.*

T. — H. 0,74. — L. 0,99.

Deux femmes, qui sont venues puiser de l'eau à une fontaine, font la conversation. Dans le fond, on distingue de grandes ruines, au pied desquelles passe une une route sur laquelle on remarque deux bœufs conduits par un bouvier.

Collection du marquis de Lacaze.

WEENIX *ou* WEENINX (JEAN), *né à Amsterdam en 1644, mort dans la même ville le 20 septembre 1719.*

Il avait à peine seize ans, lorsque mourut J.-B. Weenix, son père et son maître; mais il copia avec tant d'assiduité les tableaux de son père qu'il parvint à les imiter de manière à ce qu'on ne puisse les reconnaître que par la signature. Il s'exerça aussi dans d'autres genres, mais les connaisseurs paient les natures mortes du fils encore plus cher que celles du père.

437. *Nature morte.*

Marouflé sur bois. — H. 0,69. — L. 0,55.

Un pigeon renversé à côté d'un fusil, et d'autres ustensiles.

Collection du marquis de Lacaze.

438. *Nature morte.*

T. — H. 0,68. — L. 0,52.

Sur une table, une assiette remplie de citrons et de viandes de charcuterie avec un homard, des noix, etc.

Collection du marquis de Lacaze.

439. *Nature morte. — Une perdrix suspendue.*

T. — H. 0,64. — L. 0,54.

Collection du marquis de Lacaze.

440. *Nature morte. — Un canard suspendu.*

T. — H. 0,49. — L. 0,64.

Collection du marquis de Lacaze.

Voyez, en outre, Beich, n° 21.

WEISS (MARIA DEL ROSARIO), *née à Madrid vers* 1814, *morte dans la même ville le* 31 *juillet* 1840.

Comme artiste, mademoiselle Maria Weiss peut être considérée comme Bordelaise. Lorsque le célèbre auteur des *Caprices*, François Goya y Lucientes, se réfugia à Bordeaux, il emmena avec lui madame Leocadia Zorilla Weiss et sa fille, alors en bas âge ; et quand l'illustre vieillard mourut, le 16 avril 1828, il les laissa dénuées de toute espèce de ressources. M. Lacour, dans le voisinage duquel ces dames demeuraient, se chargea de l'éducation de l'enfant qui avait alors environ quatorze ans. Maria Weiss fit de rapides progrès ; et quand ses talents en peinture et en lithographie l'eurent mise en état de se créer une position indépendante, elle quitta Bordeaux pour aller s'établir à Madrid. Jeune, jolie, aimable, elle eut néanmoins beaucoup de peine à se faire connaître à la cour, et elle venait à peine d'être choisie pour donner des leçons de dessin à la jeune reine, quand une mort inattendue l'enleva subitement à sa mère et aux arts.

441. *Une sylphide.*

T. — H. 0,70. — L. 0,57.

Buste en profil, tourné à droite, faisant le geste du silence, et dans lequel l'artiste s'était représentée d'une manière fort ressemblante.

Acheté par la ville en 1849.

WILLE (PIERRE-ALEXANDRE), *peintre et graveur, né à Paris en* 1748.

Il reçut les premières leçons de son père, le célèbre graveur J. George Wille ; puis, sous la direction de Greuze et de Vien, il fit de rapides progrès en peinture, mais s'occupa peu de la gravure. Il fut nommé officier de la garde nationale en 1790.

442. *Tête de femme.*

T. — H. 0,56. — L. 0,46.

Acheté par la ville en 1836 ; vient de la collection de M. Journu Auber.

WILLEMANN (Michel), *peintre et graveur, né à Lubeck en 1630, mort en 1697.*

Élève de Backer et de Rembrandt, il retourna dans sa patrie et acquit une grande réputation en Allemagne.

443. *David vainqueur de Goliath.*

T. — H. 1,05. — L. 0,88.

Le jeune vainqueur est représenté nu, à mi-corps. Tout fait présumer que c'est un personnage moderne représenté sous les traits de David.

Collection du marquis de Lacaze (acheté 1,000 liv.).

WOUWERMANS (Pierre), *né à Harlem en 1625, mort en 1668.*

Élève et frère du célèbre Philippe Wouwermans, il imita son frère, mais ne l'égala pas.

444. *Cavaliers.*

B. — H. 0,19. — L. 0,27.

Deux cavaliers devant les tentes d'un camp; l'un d'eux a mis pied à terre.

Ce tableau, attribué à Wouwermans dans le catalogue de M. le marquis de Lacaze, porte au dos le nom de Querfurt, dont le Musée posséderait ainsi deux ouvrages.

WRIES. — *Voyez* Devries.

WYCK. — *Voyez* Steenwick.

ZACHTLIWEN, ZACFTLEVEN *ou* SAFTLEEVEN (Herman), *peintre et graveur, né à Rotterdam en 1609, mort à Utrecht en 1685.*

Élève de Van Goyen, il se distingua par la simplicité et la grâce de ses compositions. Il n'a presque jamais représenté que des vues des bords du Rhin.

DE BORDEAUX.

445. *Paysage.*

B. — H. 0,15. — L. 0,24.

Vue des bords du Rhin. A droite, les restes d'un village fortifié; à gauche, une grande barque qui descend le fleuve.

Acheté par la ville en 1850.

ZAMPIERI (LE DOMINIQUIN). — *Voyez* MONTI.

ZANCHI (ANTOINE), *né à Este, près de Padoue, en 1639, mort à Venise en 1722.*

Élève de Ruschi, il étudia surtout Tintoret et s'attacha uniquement à montrer l'ampleur et la hardiesse de sa brosse; il tenait peu au dessin, et préférait les formes vulgaires et sans distinction aux formes élégantes et nobles.

446. *Le bon Samaritain.*

T. — H. 0,91. — L. 1,12.

Au milieu du tableau, on aperçoit le voyageur renversé, demi-mort et mis à nu; à gauche, le Samaritain agenouillé, aidé de son serviteur, panse les plaies du blessé; à droite, le cheval du Samaritain. (*Saint Luc*, ch. x, vers. 34.)

Collection du marquis de Lacaze.

ZAPPA. — *Voyez* FONTANA.

ZAUFFELY (JEAN), *né à Ratisbonne ou à Regensburg en 1733, mort aux Indes en 1788, ou à Londres en 1795.*

On ne sait rien sur la vie de cet artiste, excepté qu'il a travaillé en Italie et qu'en 1750 il était membre de l'Académie de Londres. Un des anciens possesseurs des tableaux de Zauffely, les croyait de Natoire, mais on a retrouvé la signature de Zauffely.

447. *Vénus sur les eaux, soutenue par des tritons, est entourée de Nymphes et d'Amours.*

T. — H. 1,25. — L. 1,75.

Don de M. Doucet en 1805. Signé : ZAUFFELY inv. 1790.

448. *Vénus et Adonis.*

T. — H. 1,25. — L. 1,75.

La déesse de la beauté, assise à l'ombre, s'est endormie les jambes croisées ; des Amours semblent engager Adonis à ne pas s'éloigner. On a cru y voir Céphale et Procris.

Don de M. Doucet en 1805.

ZEEGHERS. — *Voyez* SEGHERS.

MAITRES INCONNUS

ÉCOLE FRANÇAISE

449. *Une Pieta.*

B. — H. 0,78. — L. 2,31.

Au milieu du tableau, la sainte Vierge, assise sous un dais, tient sur ses genoux le corps de Jésus-Christ. Elle est accompagnée, à gauche, de sainte Barbara, saint Simon et saint Sébastien, et, à droite, de saint André et de sainte Catherine, qu'on reconnaît à leurs attributs.

Ce tableau est dans le même état de dégradation où il se trouvait dans la chapelle des fonts baptismaux de l'église de Sainte-Croix de Bordeaux, sauf l'enlèvement d'une couche épaisse de crasse et de poussière. Il est entouré d'un cadre en bois uni et peint, sur lequel on voit diverses inscriptions en lettres dorées. Sur la traverse supérieure on lit : *Hæc pictura facta fuit anno Domini ab incarnatione millesimo quadringentesimo sexagesimo nono et fecit eam fieri Guillermus Nicolla Custum. de Lentade in Dei genetricis matris ac ejus filii honorem pro ejus...* Le montant de droite sur lequel se trouvait sans doute la fin de cette inscription, n'existe plus. Sur la traverse inférieure on lit les noms des différents personnages du tableau : *Sancta Barbara, sanctus Symon, sanctus Sebastianus, Jesus, Maria, sanctus Andreas, sancta Catharina.* Le montant de gauche, sur lequel on distingue à peine quelques fragments de lettres dorées mêlés à des fleurs, contenait probablement le nom de l'auteur. Il nous semble y distinguer encore : *Hans... Clot... fecit.* La date authentique d'une si ancienne peinture en fait un monument précieux pour l'histoire de l'art et celle de nos contrées.

Donné au musée par la fabrique de l'église de Sainte-Croix en 1838.

256   MUSÉE

450. *Jésus donnant les clefs à saint Pierre.*

B. — H. 2,47. — L. 0,89.

Simon-Pierre ayant dit à Jésus, qui lui demandait
qui il était : « Vous êtes le Christ, fils de Dieu vivant. »
Jésus lui répondit : « Vous êtes bien heureux, Simon,
fils de Jona,... parce que c'est mon père qui vous a
révélé ceci. Et moi, je vous dis que vous êtes Pierre,
et sur cette pierre je bâtirai mon Église... Je vous don-
nerai les clefs du royaume des cieux, et tout ce que
vous aurez délié sur la terre sera délié dans les
cieux... » (*Saint Mathieu*, ch. xvi, v. 19.) Tel est
le texte de l'Évangile. L'artiste a compris son sujet
autrement : Jésus, ressuscité et tenant une croix, ap-
paraît aux apôtres et donne les clefs à saint Pierre
agenouillé. Dans le ciel, des anges soulèvent une sé-
rie de médailles des papes qui doivent succéder à
saint Pierre.

Don du gouvernement en 1803. Derrière ce tableau, qui a servi de volet,
On trouve une figure de saint Pierre peinte en grisaille, mais par une autre
main.

451. *Portrait de Jacques d'Augeard.*

T. — H. 1,31. — L. 1,03.

Messire Jacques d'Augeard, conseiller d'État et
président de la chambre de l'édit de Guyenne en 1642,
est représenté en buste, dans le costume de sa charge,
à l'âge de quarante-quatre ans, ainsi qu'il est constaté
par une inscription placée à droite du tableau.

Vient de l'ancienne Académie de peinture de Bordeaux.

452. *Portrait de M. de Tourny.*

T. — H. 0,90. — L. 0,76.

Louis-Urbain Aubert, chevalier, marquis de Tourny,
baron de Selongey, seigneur de Pressaigny, Mercey,

DE BORDEAUX. 257

Lafalaise, Carcassonne, Lambroise, Lemesnil, Pierre-
fitte et autres lieux, conseiller du roi en ses conseils,
maître des requêtes ordinaire de son hôtel, intendant
de justice, police et finances en la généralité de Bordeaux, né aux Andelys en 1690, mort à Paris en 1761.
C'est le plus célèbre de nos intendants. Nommé intendant de Limoges en 1730, il passa à la généralité de
Bordeaux en 1743, où il fut remplacé par son fils en
1757.

> Acheté par la ville en 1847.

453. *Portrait d'un homme qui écrit.*

T. — H. 1,19. — L. 1,04.

Ce tableau vient de l'ancienne Académie des Beaux-
Arts de Bordeaux, et représente un de ses membres,
ainsi que l'indique le manuscrit ouvert devant lui.

454. *Portrait du roi Louis XVIII.*

T. — H. 2,40. — L. 1,65.

Louis-Stanislas-Xavier de Bourbon, fils de Louis-
Auguste de Bourbon, dauphin, et de Marie-Antoinette-
Josephe-Jeanne d'Autriche, né à Versailles le 17
novembre 1755, porta d'abord le titre de Monsieur,
comte de Provence, mort à Paris le 16 septembre
1824. Il est représenté en grand manteau royal, debout, en face, à côté de son trône (voyez le n° 149).

> Donné au Musée en 1848.

455. *Portrait du roi Louis-Philippe I*er*.*

T. — H. 2,61. — L. 1,66.

Voyez ses noms, prénoms et dates, n° 25. Ici, il
est représenté en costume de général de la garde nationale.

> Donné au Musée en 1848.

ÉCOLES HOLLANDAISES ET FLAMANDES

456. *Nativité : Adoration des anges.*

T. — H. 1,75. — L. 1,36.

A gauche, la sainte Vierge à genoux, les mains sur la poitrine, semble prier son fils étendu sur des linges, et que deux anges adorent.

Don du gouvernement en 1803.

457. *Portrait d'homme à barbe, portant une fraise; forme ovale.*

B. — H. 0,42. — L. 0,31.

Don du gouvernement en 1803.

458. *Paysage.*

T. — H. 0,59. — L. 0,79.

Sur le bord d'un large fleuve, qui occupe la droite du tableau, s'élève une rangée de divers monuments d'architecture peuplés de personnages de divers pays en costume du xviiie siècle.

Collection du marquis de Lacaze.

459. *Paysage.*

T. — H. 0,61. — L. 1,00.

A droite, la mer; à gauche, un rocher percé sous lequel passent divers personnages.

Collection du marquis de Lacaze.

460. *Marine.*

B. — H. 0,33. — L. 0,39.

Au large, quelques barques sous pavillon hollandais courent des bordées. Sur le premier plan, à gauche, on distingue quelques pieux sortant de l'eau,

DE BORDEAUX. 259

et auxquels s'est amarré un canot monté par deux pêcheurs.

Collection du marquis de Lacaze.

461. *Marine.*

B. — H. 0,33. — L. 0,39.

Diverses embarcations, dont un brick sous pavillon hollandais, ont été obligées de prendre des ris et semblent revenir de la pêche.

Collection du marquis de Lacaze.

462. *Marine.*

B. — H. 0,47. — L. 0,63.

Entrée d'un port à l'embouchure d'une rivière. Sur le premier plan, à droite, une gabarre, vent arrière, s'avance vers le spectateur.

Collection du marquis de Lacaze. Signé : I. B...

ÉCOLES ITALIENNES ET ESPAGNOLES

463. *David devant Saül.*

T. — H. 1,40. — L. 1,83.

David, vainqueur de Goliath, entouré de divers chefs de l'armée des Hébreux, présente à Saül la la pierre avec laquelle il a tué le géant philistin. (Esquisse.)

Don du gouvernement en 1803.

464. *Sainte-Famille* (École espagnole).

T. — H. 1,17. — L. 0,89.

La Vierge, accompagnée de saint Joseph, tient d'une main son divin Fils, auquel saint François embrasse les pieds, et appuie familièrement l'autre main sur le capuchon du saint prosterné.

Acheté par la ville en 1845.

465. Toilette d'Hersé.

B. — H. 0,58. — L. 0,45.

Cécrops, fondateur et premier roi d'Athènes, avait trois filles : Aglaure, Pandrose et Hersé. Mercure devint amoureux d'Hersé, et obtint d'Aglaure qu'elle favoriserait ses amours avec sa sœur. Minerve, pour punir Aglaure, la rendit jalouse d'Hersé. Un jour donc que Mercure arrivait pour voir Hersé, Aglaure se mit au-devant de la porte et s'opposa au passage du Dieu. Mercure, indigné, la frappa de son caducée et la changea en pierre.

Acheté par la ville en 1849. Ce tableau a été anciennement gravé sur bois, et nous paraît être de la manière de Timothée Viti.

466. Tête d'homme.

T. — H. 0,46. — L. 0,39.

Don du gouvernement en 1803.

PARIS. — IMPRIMERIE DE J. CLAYE, RUE SAINT-BENOIT, 7.

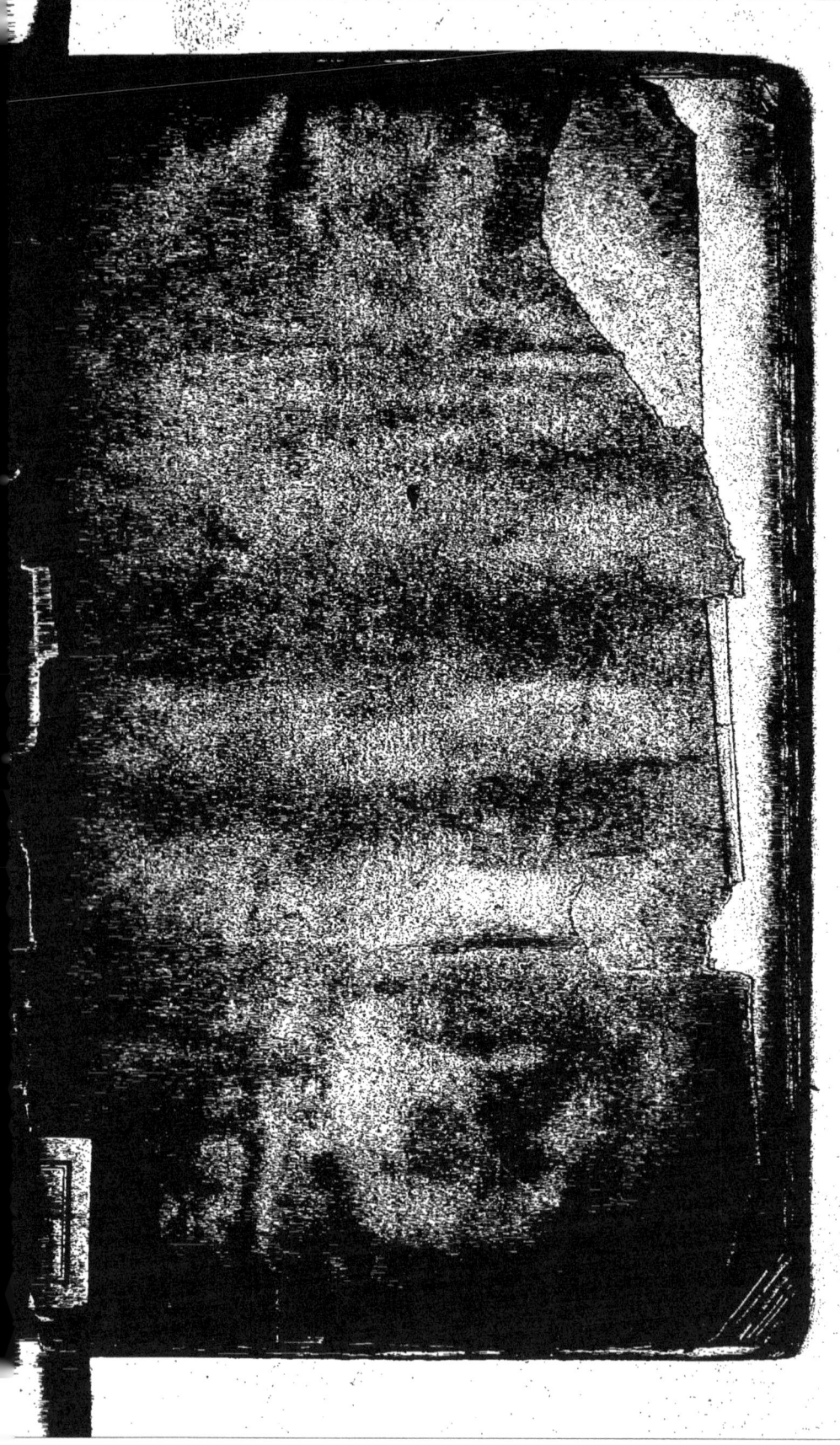

www.ingramcontent.com/pod-product-compliance
Lightning Source LLC
Chambersburg PA
CBHW050339170426
43200CB00009BA/1657